KB118980

트라우마 회복을 위한 자비의 마음 접근

자비중심치료의 적용

Deborah Lee 저

김선경 · 강미숙 · 왕선아 · 이윤희 · 조미나 공역

THE COMPASSIONATE MIND APPROACH
TO RECOVERING FROM TRAUMA
USING COMPASSION FOCUSED THERAPY

학지사

The Compassionate Mind Approach to Recovering from Trauma:
Using Compassion Focused Therapy
by Deborah Lee

Copyright © Deborah Lee, 2012

3

역자 서문

『트라우마 회복을 위한 자비의 마음 접근: 자비중심치료의 적용(The
Compassionate Mind Approach to Recovering from Trauma: Using Compassion
Focused Therapy)』은 자신에게 자비를 보내는 것이 정신건강과 치유에 핵심
이라는 자비중심치료를 활용하여 트라우마 생존자의 회복을 돕기 위한 책입
니다. 이보다 먼저 출간된 폴 길버트(Paul Gilbert) 박사의 저서 『자비중심치
료: 독특한 특징들(Compassion Focused Therapy: Distinctive Features)』이 자비
를 심리치료에 적용하기 위한 기본적인 내용들을 소개하고 있다면, 이 책은
트라우마를 겪은 사람들을 대상으로 하여 트라우마의 특징, 트라우마로 인한
뇌와 몸의 변화, 자비훈련의 기본 개념, 트라우마 생존자를 위한 자비중심치
료의 적용 등으로 이루어져 있다는 점이 특징입니다.

총 3부로 구성된 이 책의 제1부에서는 트라우마라는 사건으로 인해 우리
의 몸과 뇌가 어떻게 변하는지, 그리고 이때 자비가 왜 필요한지를 설명합니
다. 제2부에서는 자비중심치료의 기본 이론과 자비 연습을 소개하고, 제3부
에서는 트라우마를 겪은 내담자에게 적용할 수 있는 자비중심치료의 개입들
을 싣고 있습니다.

이 책은 트라우마 생존자를 만나는 전문가들에게 특히 유용할 것으로 보입

니다. 즉, 트라우마로 인한 뇌의 변화, 정서조절체계의 갈등, 진화론적 관점의 이해를 통해 트라우마로 인한 고통이 우리의 책임이 아님을 강조하고 있습니다. 또한 그럼에도 불구하고 자신을 비난하고, 세상을 두려워하는 많은 트라우마 생존자를 위해서 '자비'를 배우고 자신에게 '자비'를 보낼 수 있는 다양한 방법을 구체적으로 소개하고 있습니다.

이와 함께 자비중심치료의 이론적 배경과 자비의 필요성이 소개되어 있고, 자비를 훈련할 수 있는 구체적인 방법들이 상세히 포함되어 있기 때문에 다양한 상담현장에서의 적용 가능성도 열어 두고 있습니다. 따라서 전문가가 자신의 주요 상담접근을 사용하면서도 필요에 따라 자비중심치료를 적용하고 싶은 경우에도 병행해서 사용하기에 적합한 책입니다. 또한 트라우마 혹은 수치심으로 인한 어려움을 경험하는 분들이 스스로를 이해하고 자신에게 적용하기에도 손색이 없어 보입니다.

번역 과정에서 가장 고심이 되었던 부분은 'compassion'을 '자비'라고 번역할 것인가였습니다. '자비'라고 번역할 때 불교의 자비가 연상되어 제한적으로 이해될 가능성과 '자비'라는 단어가 지닌 무게감으로 인해 처음부터 어려운 접근이라고 단정지을 수도 있겠다는 생각에서였습니다. 그럼에도 불구하고 '자비'로 번역하기로 결정한 것은 책 내용에 '자비'라는 단어에 대한 오해들이 다루어지고 있고, '자비'의 큰 울림을 배우고 익히는 것이 치유에 도움이 될 수 있을 것이라는 기대 때문이었습니다.

번역의 시작이 제가 학교를 나오는 시점과 같았다는 것이 흥미롭게 기억됩니다. 학교를 떠나면서 박사과정 학생들과 의미 있는 무언가를 하면 좋겠다는 아이디어가 번역을 통해 실현되었습니다. 저야 관심이 있었던 영역이었지만 학생들에게는 생소했을 텐데도 불구하고 호기심과 열심으로 잘 따라와 주었고, 그 덕분에 제가 혼자서는 할 수 없었던 일을 끝까지 마무리할 수 있었습니다.

트라우마를 경험한 사람들을 돕는 전문상담사들과 항상 자신을 채찍질하며 살아가고 있는 많은 분이 이 책을 통해 '자비'가 얼마나 놀라운 마술을 보여 주는지 직접 경험해 보시기 바랍니다.

쉽지 않은 번역일을 함께해 준 강미숙, 왕선아, 이윤희, 조미나 선생님과 번역을 허락해 주신 학지사 관계자 분들께 진심으로 감사드립니다.

2023년 가을
역자 대표 김선경

감사의 글

드보라(Deborah):

솔직히 이 책에 대한 많은 사람의 영감과 지지, 그리고 기여에 감사할 수 있다는 것은 특별한 일입니다. 하지만 저는 제 내담자들에게 먼저 감사하고 싶습니다. 그들이 없었다면 저는 이러한 아이디어를 생각할 수 없었고, 다른 내담자들도 도움을 받지 못했을 테니까요. 회복하려는 용기 있는 노력, 저와 함께한 작업, 그리고 여러분이 노력하면서 얻은 통찰을 제게 제공해 준 것에 깊은 감사를 드립니다. 임상심리학자로서 지난 20년간 트라우마를 겪은 내담자와 함께 일하는 동안, 트라우마를 받아들이고, 그 경험에서 벗어날 수 있도록 돕는 자비중심치료법의 사용에 대한 아이디어를 개발하는 데 내담자 여러분은 도움을 주었습니다. 저는 진심으로 여러분이 건강하며, 자비로운 마음을 사용할 수 있기를 바랍니다!

여러분 중 일부는 따로 시간을 내어 연구 프로젝트에 참여해 주셨습니다. 이 연구 프로젝트는 트라우마를 겪은 사람들에게 자비를 사용했을 때의 효과를 알아보는 것입니다. 참여해 주셔서 진심으로 감사드립니다. 이 접근이 실제로 사람들이 어떻게 느끼는지에 영향을 미친다는 것을 증명할 수 있게 됨으로써 저는 이 아이디어를 계속 발전시킬 수 있었습니다.

지난 12년 동안 시리즈 편집자인 폴 길버트 교수와 함께 일하는 즐거움이 없었다면 저의 임상 및 전문적 커리어는 분명히 달랐을 것이고, 이 책을 쓸 기회 또한 없었을 것입니다. 그래서 저는 전문적인 측면에서 뿐만 아니라 개인적인 측면에서도 폴의 영감, 격려, 깊은 너그러움에 큰 빚을 졌습니다. 또한 저에게 자비중심치료를 소개해 주고, 이 치료법의 개발에 기여할 수 있는 기회를 준 것에도 정말 감사드립니다. 저의 임상 작업은 폴의 이론적 아이디어와 임상 실제를 통해 크게 향상되었습니다. 진심으로 감사드립니다.

자비로운 마음재단의 오랜 동료들은 자비중심치료의 임상 실제를 개발할 때 저에게 많은 즐거움과 영감을 주었습니다. 여러분 덕분에 너무 따뜻했습니다.

저에게는 트라우마 분야에서 수년간 일해 온 많은 전문가 동료가 있고, 그들은 제가 이러한 아이디어를 개발할 수 있도록 격려해 주었습니다. 이 책의 기반이 되는 자비중심그룹을 만들 수 있도록 도와주었으며 그간 함께 봉사해 왔던 카르멘 찬(Carmen Chan)에게 깊은 감사를 드립니다. 또한 연습의 일부를 개발하는 데 도움을 준 로라 보이어(Laura Bowyer)에게도 감사를 전합니다.

개인적으로, 저는 이 책을 완성할 수 있는 공간과 시간을 허락해 준 가족들에게 감사와 사랑을 전하고 싶습니다. 남편 앤드류(Andrew)와 아이들 아이오나(Iona)와 덜시(Dulcie)는 제가 이 프로젝트를 마칠 수 있도록 오전 5시에 열리는 글쓰기 축제에 참여했고, 주말과 공휴일도 기꺼이 기다려 주었습니다. 사랑과 자비가 항상 가족들의 삶에 충만하기를 바랍니다.

마지막으로, 저와 함께 이 프로젝트에 참여하기로 해 준 저의 시누이 소피(Sophie)에게 감사하고 싶습니다. 소피 덕분에 작업을 계속할 수 있었고, 제 아이디어를 쉬운 말로 적을 수 있었으며, 저의 형편없는 문법도 교정되었습니다. 당신은 모르겠지만 당신이 '그래요'라고 답할 때마다 놀라울 정도로 도움을 받았고, 당신은 정말 큰 감사를 받을 자격이 있습니다.

소피(Sophie):

드보라, 이 프로젝트를 도와 달라고 초대해 줘서 고맙습니다. 이것은 저에게 좋은 기회였습니다. 저는 글 쓰는 것도, 함께 일하는 것도 너무 좋았고 즐거웠습니다. 또한 폴 길버트 교수의 도움이 되는 코멘트에도 감사드립니다. 마지막으로, 닉(Nick), 멈(Mum), 게이(Gay)에게도 사랑과 감사를 전합니다. 여러분의 도움, 사랑, 지원이 없었다면 이 일은 끝낼 수 없었을 겁니다.

우리는 여러분 모두에게 도움이 되기를 바라는 마음으로 이 책을 여러분에게 바칩니다.

자비가 항상 당신과 함께하기를 바랍니다.

소개 |

  자비가 우리의 행복에 매우 중요하다는 것은 늘 알고 있다. 만약 우리가 스트레스를 받거나 화가 난다면, 비판적이거나 거부하거나 관심이 없는 사람보다는 친절하고 도움이 되고 지지적인 사람들이 곁에 있는 것이 언제나 더 도움이 된다. 그러나 친절과 자비의 가치에 대해서 우리에게 말해 주는 것은 비단 이런 상식만이 아니다. 최근에 자비와 친절에 관한 과학적 연구가 발전됨에 따라 자비의 마음 상태가 우리의 건강과 웰빙뿐만 아니라 뇌, 신체, 사회 관계에 어떻게 영향을 주는지에 대해 잘 알게 되었다. 심각한 스트레스와 트라우마에 직면할 때 자비는 특히 중요할 수 있다. 이때 무감각해지고, 플래시백과 침습을 경험하며, 정상적인 자기감과 정서에 변화를 경험하고 있음을 스스로 발견한다.

  외상성 사건으로 인한 이런 반응에 우리가 취약한 이유 중 하나는 뇌가 외상성 사건을 처리하는 방식 때문이다. 이 획기적인 책에서 드보라 리(Deborah Lee) 박사는 플래시백, 침습과 같은 트라우마와 관련된 여러 증상과 해리라고 불리는 변화된 현실감과 느낌을 탐구한다. 또한 이러한 증상과 뇌의 작동 방식 간의 관계도 살펴본다. 우리가 트라우마에 대해서 끊임없이 생각하고 왜 이런 일이 우리에게 일어났는지를 궁금해하는 것은 이상한 일이 아니다.

우리는 시각, 후각, 청각을 통한 작은 트리거(triggers)에도 예민해질 수 있는데, 이런 작은 트리거는 불쾌한 트라우마 기억과 느낌을 다시 활성화시키기 때문이다. 마음속에 일어나는 일을 이해하고, 침습이나 느낌의 변화를 다루기 위해 애쓰기 때문에 우리는 자기비판적이 될 수 있고, 이 때문에 위협감과 외상성 경험의 치유는 더 어려워진다. 트라우마를 극복하기 위해 노력하는 과정에서 스스로를 비난하고, 트라우마와 관련된 사건에 비판적이고 수치심을 느낄 수도 있다. 트라우마로 인해 자기감이 변화된 것 같은 자기비난적인 나선형의 느낌에 갇힐 수 있다.

그렇다면 왜 우리는 트라우마가 끝난 후에도 오랫동안 지속되는 이런 매우 불안한 경험들을 갖게 될까? 리 박사는 트라우마를 경험한 사람들과 함께 작업하면서 얻은 풍부한 지식과 경험을 토대로 우리의 이해를 돕고, 여러 가지 감정과 두려운 사건에 반응하는 방식이 매우 오래된 진화 역사의 결과라는 점을 인식하도록 돕는다. 우리는 동물들처럼 공포, 불안, 두려움, 좌절과 같은 특정 감정들을 느낀다. 우리가 동물들과 다른 점은 놀라운 기억력을 가졌다는 점과 스스로와 환경을 분석할 수 있는 능력이 있다는 점이다. 예를 들어, 얼룩말과 영양은 사자에 쫓기다가 성공적으로 탈출한 후에 안심하고 다시 먹는 일로 돌아간다. 그 사건을 계속 생각하지 않고, 이 일이 왜 자신에게 일어났는지, 자신이 더 잘 행동할 수는 없었는지, 혹은 이 일이 미래에 어떤 영향을 줄지 궁금해하지 않을 것이다. 미래에 잡혔을 때 일어날 수 있는 일을 깊이 생각하지 않을 것이고, 잡아먹히는 끔찍한 환상을 즐길 수도 있다. 만약 얼룩말이나 영양이 사자의 공격을 플래시백으로 경험한다고 해도 이것을 계속 생각하고, 의미가 무엇인지, 어떻게 막을 수 있었을지를 반복해서 생각하지는 않을 것이다. 물론 동물도 트라우마 이후에 불안하거나 공격적이 될 수 있기에 '구출된 동물들'에게 쉴 곳을 제공하기도 한다. 동물이 트라우마에서 치유되기 위해서는 지지적이고, 친절하며, 편안한 환경이 필요하다는 점을 잘 알고 있다. 동물에게 이것이 사실이라면, 우리에게도 사실임이 분명하다.

그러나 우리에게는 생각하고, 상상하며, 예상하고, 자신의 감정과 경험을 포함한 사물과 사건에 의미를 부여할 수 있는 뇌가 있다. 문제는 삶의 스트레스를 생각하고 반추하는 방식이 때로는 우리에게 문제가 될 수 있다는 점이다. 이것을 이해하고, 우리의 감정과 마음속에서 일어나는 것으로부터 물러설 수 있으면 외상성 경험으로 인한 취약성이 우리의 잘못이 아님을 알 수 있다. 우리는 불안, 두려움, 분노와 같은 감정을 통제할 수 있는 뇌를 갖지 못했다. 외상성 사건의 경험을 보다 강력하게 지속시키도록 하는 복잡한 생각도 우리가 만든 것이 아니다. 그리고 트라우마를 다루는 방법에 더 민감해지도록 만드는 환경을 우리가 선택하지도 않았다. 이것이 자비의 마음 훈련과 자비중심 치료의 중요한 메시지다. 왜냐하면 자비는 우리의 뇌가 얼마나 까다로운지에 대한 깊은 이해와 뇌는 서로 잘 어울릴 수 없다는 인식에서 시작되었기 때문이다! 그것은 꽤 이상한 메시지다. 그렇지 않은가? 하지만 일단 감정이 얼마나 어려울 수 있는지를 인식하면, 우리는 그것들로부터 물러설 수 있고, 우리가 경험하는 어려움에 대해 자비를 느낄 수 있다.

뇌가 진화에 의해 설계되었고, 과거와 현재의 환경에 의해 형성되었다는 것을 고려할 때(우리가 선택한 것이 아님), 외상성 사건에서 회복하려는 스스로를 돕기 위해서 우리는 무엇을 할 수 있을까? 첫째, 마음이 어떻게 작동하고 기능하는지에 주의를 기울이는 것을 배우고, 우리 안에서 일어나는 감정을 마음챙김해서 관찰할 수 있다. 리 박사는 트라우마와 관련된 특정 느낌을 불러일으키는 상황에 매우 민감하게 반응하는 법을 배울 수 있고, 이런 방식으로 마음과 몸이 작동하는 방식을 더 잘 알게 될 수 있음을 보여 주었다. 그런 다음 리 박사는 호흡 방법과 속도를 늦추는 방법, 우리 생각의 일부를 재구성하는 방법, 자신의 내부에 더 자비로운 느낌을 만들어 내기 위해 다른 유형의 이미지를 사용하는 방법에 대한 지침을 제공한다. 이 모든 것은 외상 증상에 중요한 영향을 미칠 수 있다.

만약 우리가 내면의 경험들을 불러일으키는 트리거들에 자비롭게 접근하는 방법을 배운다면 스스로에게 비판적이고 엄격했을 때보다 트리거들을 더 잘 이해하고 대처할 수 있게 된다. 만약 우리가 자신에게 불친절하다면, 우리의 내면 세계는 살기에 편안한 장소가 아니다. 부끄러움을 느끼고 자기비판적이 되는 것, 자책하는 것, 심지어 자기를 혐오하는 것은 자신감을 약화시키고, 위협 시스템에 대한 압력을 증가시키며, 나쁜 감정을 갖게 한다. 연구에 따르면, 우리가 자신에게 자비로울수록 우리는 더 행복해지고, 삶에서 어려운 사건을 겪을 때 회복력이 더 강해진다. 또한 다른 사람에게 도움을 더 잘 요청할 수 있고, 도움이 필요할 때 도움을 찾고 도움을 받으며, 다른 사람에게도 더 자비롭게 느낄 수 있다. 트라우마의 비극 중 하나는 그것이 사람들에 대한 우리의 좋은 감정을 빼앗을 수 있다는 점이다. 왜냐하면 세상이 위험하거나 악의적인 장소처럼 느껴지기 때문이다. 삶과 삶 속에 있는 사람들에 대한 느낌의 변화는 큰 손실이 될 수 있다.

자비의 가치에도 불구하고 자비는 때로 약간 '부드럽다'거나, '약하다'거나, '경계를 늦춘다'거나, '충분히 노력하지 않는다'거나, 심지어 '책임을 면제해준다'고 볼 수도 있다. 이런 식으로 생각하는 것은 큰 실수다. 왜냐하면 이와는 반대로 자비는 우리의 고통스런 감정에 대해 열려 있고 그것을 인내하는 방법을 배울 것을 우리에게 요구하고, 고통스런 감정이 우리 안에 생길 때 그것을 더 잘 받아들임과 동시에 이 경험을 다루기 위한 지혜의 자비를 개발시킬 것을 요구하기 때문이다. 자비는 감정적 어려움 혹은 불편함을 외면하거나 없애려고 노력하는 것을 의미하지 않는다. 자비는 쉬운 선택이 아니다. 오히려 자비는 우리가 직면한 어려움에 대처하는 법을 배울 용기, 정직, 헌신을 제공하고, 어려움을 치유하고 완화하기 위한 노력을 할 수 있도록 우리를 안내한다. 자비는 우리가 번영하는 데 도움이 되는 일을 스스로 할 수 있게 해준다. 요구나 요건이 아니라 우리의 삶을 더 완전하고 만족스럽게 살 수 있도록 도와준다.

이 책에서 리 박사는 트라우마 전문 클리닉에서 다양한 트라우마를 다루는 임상심리학자이자 치료자로서 수년간의 경험을 소개했다. 그녀는 트라우마를 경험하고 외상후 스트레스 장애(PTSD)를 겪는 사람들과 함께, 그리고 그들을 위해서 자비중심치료 접근을 개발하는 데 앞장서 왔다. 이 책에서 그녀는 뇌가 어떻게 작동하는지, 뇌를 달래고 진정시키는 것이 무엇인지, 트라우마와 관련된 직면의 어려움에 대처할 수 있도록 용기와 자신감을 구축하는 것이 무엇인지에 대한 이해가 자비와 어떻게 연결될 수 있는지를 설명한다. 우리는 트라우마의 본질과 그것이 우리에게 어떤 영향을 미칠 수 있는지, 왜 이것이 우리의 잘못이 아닌지, 고통스러울 때 우리를 돕는 우리 자신과의 지지적인 우정을 만드는 방법에 대해 더 많이 배운다. 리 박사는 자비의 동기부여, 자비의 관심, 자비의 감정, 자비의 사고, 자비의 행동을 개발하도록 우리를 안내한다. 자신에 대한 자비의 감각을 만드는 데 초점을 두고 내면의 지혜와 자비의 자질(우리가 평온함을 느끼거나 다른 사람들에게 관심을 보일 때 느낄 가능성이 가장 높은 자질)을 끌어내는 자비의 이미지를 개발하는 잠재적인 힘에 대해 배운다. '천천히' 숨 쉬는 법과 이러한 자비의 자질을 활용하는 방법을 배우는 것은 불안, 두려움, 분노가 우리를 휩쓸 때 큰 도움이 될 수 있다. 다양한 자비의 이미지를 사용해서 자비 초점은 시각적이거나 청각적일 수 있고(예: 필요할 때 자비로운 목소리가 당신에게 무언가를 말하는 것을 상상하는 것), 고통 속에서 내적 자비의 느낌과 욕구에 접근할 수 있도록 할 때 특히 도움이 된다는 것을 우리는 발견했다.

　　리 박사가 취하는 접근법은 자비의 마음 접근이라고 불린다. 왜냐하면 자비심을 가지면 우리의 주의, 생각, 감정, 행동, 즉 마음의 전체적 작동 방식에 영향을 미칠 수 있기 때문이다. 리 박사가 설명한 자비의 마음 접근은 불교와 같은 동양의 전통적 접근법을 포함하여 기존의 다른 많은 접근법을 사용하고 있다. 또한 자비의 마음 접근(특히 자비중심치료)은 우리 마음이 어떻게 작동하는지에 대한 과학적 이해와 증거기반 심리치료에 뿌리를 두고 있다. 의심할 여지 없이 수년에 걸쳐 마음의 과학에 대한 우리의 이해는 치료법과 마찬가지로 변화하고 개선될 것이다. 하지만 바뀔 것 같지 않은 한 가지는 친절함, 따뜻함, 그리고 이해심이 고통스러울 때 우리를 돕는 데 큰 도움이 된다는 사실이다. 이 책을 통해 당신은 이러한 자질이 풍부하다는 것을 발견하게 될 것이고, 그 결과 당신 또한 트라우마 경험을 작업할 때 이해하고, 지지하고, 친절하고, 매력적이고, 용기 있게 되는 것을 배울 수 있다.

많은 사람은 자신에게 일어난 정말 불쾌하고 충격적인 사건들 때문에 발생한 여러 가지 고통으로 인해 아무도 모르게 고통받고 있다. 하지만 어떤 사람들은 도움을 구하기보다는 자신에게 일어난 일, 그 당시에 어떻게 대처했는지, 혹은 지금 어떻게 대처하고 있는지에 대해 수치스러워하거나 두려움을 느낀다. 또한 어떤 사람들은 몇 년 전에 트라우마가 일어났기 때문에 지금쯤은 충분히 극복해야 한다고 생각해서 자신의 감정과 고통을 숨길 수도 있다. 슬프게도, 수치심은 많은 사람이 도움을 요청하지 못하게 한다. 우리는 새로운 방법으로 어려움을 처리하기 위한 첫걸음을 내딛을 수 있다. 그 방법이란 만약 우리가 이런 경험을 했다면 우리는 결코 혼자가 아니라는 것을 인식하고, 그것은 절대로 우리의 잘못이 아니라는 것을 인식하며, 우리의 마음을 자비에 열어 주는 것이다. 고통을 겪고 있는 우리들에게 이 책이 주는 이점 중 하나는 고통이 진짜로 어떻게, 그리고 왜 발생하는지를 깨닫게 해 줄 수 있다는 것이다. 또한 트라우마를 겪은 사람들을 돕기 위해 일하고 있는 많은 사람이 있다는 점도 중요하다. 확실히 지난 20년 동안 트라우마를 겪은 사람들이 치료받을 수 있는 방법에 상당한 진전이 있었다. 따라서 전문적 도움을 요청할 수 있는 가능성을 열어 두고 필요한 경우 전문가에게 반드시 문의하기를 바란다. 나는 이 책이 많은 사람에게 영감과 지침의 원천이 되기를 바란다. 나의 자비로운 소원이 당신의 여행에 함께할 것이다.

2011년 11월
폴 길버트 박사 FBPS OBE

누구에게 필요한 책인가

이 책은 외상성 경험[1]을 받아들이는 것이 힘들고, 플래시백, 기억, 정서로 여전히 고통받는 사람들을 돕기 위한 책이다. 우리 중 90%는 인생의 어떤 시기에 외상성 사건에 노출된다. 이 경험은 우리를 괴롭히고, 웰빙을 방해하며, 삶을 힘들게 하기 때문에 이 경험을 다루는 것은 어렵다. 이 책은 스스로를 돕는 책이다. 그러나 어떤 경우는 회복을 도와줄 치료자에게 도움을 청할 수도 있다. 증상이 수개월간 지속되고, 삶의 질을 떨어뜨리거나, 자신이 원하는 것을 하지 못하도록 한다면 전문적인 도움을 고려할 수도 있다. 증상으로 인해 친구관계나 가족관계에 영향을 받을 때에도 전문가를 찾을 수 있다.

이 책에 제시된 몇몇 사례는 심각하다. 독자 중에 심각한 트라우마를 경험한 분이 있다면 당신이 혼자가 아니라는 점을 말해 주고 싶다. 이 책에 제시된 사례의 내담자들은 자비중심치료를 통해 도움을 받았다. 그러나 그들은 치료에서 나에게 지지를 받음으로써 도움을 받기도 했다(노트: 사례는 여러 사

---

1) 역자 주: 이 책에서는 'trauma experience'를 '트라우마 경험'으로, 'traumatic experience'를 '외상성 경험'으로 번역하였고, 책 전반에 걸쳐서는 'trauma'를 '트라우마'와 '외상'으로 각각 맥락에 따라 혼용하여 번역했다. 또한 'compassionate'은 '자비의' '자비로운' 등으로 맥락에 맞게 번역했다.

례를 섞은 것으로서, 어떤 한 개인과 직접적으로 관련되지는 않는다). 따라서 이 책에 나온 연습이 당신에게 맞지 않거나, 너무 부담스럽다면 자격과 경험을 갖춘 치료자와 함께 작업하는 것도 좋겠다.

이 책은 트라우마를 경험한 내담자와 함께 작업했던 20여 년간의 경험을 바탕으로 했다. 매년 나의 트라우마 클리닉을 방문한 수백 명의 사람은 심각한 외상성 사건으로 영향받고, 그 경험의 여파로 고통받고 있다. 나는 각계각층의 사람들을 만나 치료해 왔다. 이들은 때로는 상상할 수도 없는 공포로 고통받았다. 그들은 용기를 내어 어려운 발걸음을 옮겨 클리닉의 문을 열고 도움을 청했다. 그들 중 몇몇은 PTSD 진단을 받았는데 이 상태는 트라우마의 일반적인 증상이었다. (PTSD에 대해서는 이후에 좀 더 상세히 설명하겠다.) 이 책은 극복할 수 없어 보이는 장애물을 극복하고 자신의 삶을 살아 나갈 수 있도록 돕는 경험을 했던 영감을 주는 사람들과의 작업을 통해 나왔다.

대부분의 사람은 삶에서 문제가 되는 고통스러운 외상성 사건을 다루는 것이 어려울 수 있다. 당신이 만약 이 사건들과 관련된 반복된 이미지와 불쾌한 정서로 괴로워하고 있다면 이 책의 여러 아이디어가 도움이 되기를 바란다. 이 아이디어들은 효과가 있었고 사람들이 실제로 도움을 받았다. 그러나 어려울 때도 있고 쉬울 때도 있을 것이다.

이 책은 당신의 외상성 경험을 자비를 가지고 다룰 수 있게 돕는다. 특히 일어난 일에 대해서 만약 자신을 탓하고 매우 자기비난적이라면 더 그렇다. 당신은 혼자가 아니다. 트라우마를 겪은 사람들은 그들에게 일어난 끔찍한 일이 자신의 잘못이라고 혹은 자신이 그럴 만하다고 믿는다. 그래서 그들은 고통받는다. 그러나 그렇지 않다.

트라우마의 정서적 충격이란 수치심, 불안, 공포의 고통스러운 느낌에 압도된 것같이 느끼는 것이다. 다른 사람이 자신을 판단하고, 자신을 불쌍하게 생각하거나 혹은 자신에게 일어난 일을 알면 등을 돌릴 거라는 생각으로 두려워할 수 있다. 이렇게 다른 사람이 이해하지 못할 것이라는 느낌(sense)으로 외롭고 고립된 느낌에 빠진다. 이것이 트라우마 클리닉을 찾는 사람들의 경험이다. 만약 당신도 그러하다면 이 책이 당신에게 유용할 것이다.

그러나 자조서가 전문적 도움의 대체가 될 수는 없다는 것을 당신에게 분명하게 말하고 싶다. 이 책이 할 수 있는 것 중 하나는 치료자를 만나는 것이 당신에게 도움이 될 수 있음을 당신이 깨닫게 하는 것이다. 당신이 여기에 적은 증상들을 과도하게 느낀다면 전문가를 만나서 어려움을 이야기해 볼 수 있다.

이 책을 읽으면서 당신은 외상후 스트레스의 증상들에 대해 보다 잘 이해하게 될 것이고, 계속 고통받을 필요가 없으며, 당신에게 도움이 될 치료가 있음을 알게 될 것이다. 그러나 당신에게 치료적 도움이 필요할 수도 있다. 당신들 중 몇몇은 이 책으로 인해 자신에게 보다 자비로워질 수 있고, 나아가 당신의 트라우마 기억과 작업할 수 있는 역량을 키울 수도 있다.

자비중심치료는 자신과 타인에 대한 수용과 자비를 개발하는 것이 깊은 치유, 강화, 진정이 일어나도록 하며, 삶의 많은 도전에 직면하도록 돕는다는 원칙에 기반을 두고 있다. 자비라는 개념의 핵심은 자신과 다른 살아 있는 것이 경험하는 고통을 편안하게 인식하며, 고통이 감소하기를 바라고 노력하는 것이다.

이 치료를 배울 때 우리 자신에게 자비롭기가 어려운데 자비로운 길을 따르는 것이 항상 쉽지 않음을 인식하는 것이 중요하다. 이 책은 자비와 친절을 위한 일련의 안내된 연습을 제공한다. 그러나 연습을 하고 그것을 자신의 삶에 적용하기 위해서는 용기와 원칙이 필요하다. 예를 들어, 삶에서 긍정적인 정서를 자극하는 것에 주의를 기울이도록 스스로를 훈련하는 것, 그리고 우리의 강점과 재능을 키우는 것이다. 이렇게 함으로써 우리는 자신과 타인에 대한 자비를 경험할 수 있다. 이것은 때로는 새로운 그러나 진짜 중요한 것들(자비로운 동기와 같은)을 개발하는 것이다. 자비로운 동기(compassionate motivation)란 도움이 되고, 치유와 회복을 구하는 진실한 욕구를 발달시키는 것이며, 피하거나 밀어내려고 하는 것이 아니다. 이 책은 우리로 하여금 자신의 고통—그리고 타인의 고통—에 보다 열려 있을 수 있도록 돕는다. 또한 자신과 타인을 도울 수 있는 방식을 사용해서 고통을 견디고 이해하는 방법을 가르친다. 우리는 타인을 판단하지 않는 것을 배울 것이다. 이는 스스로를 공격하는 우리의 본능을 멈출 수 있게 한다. 비판단(non-judgement) 연습이란 자동적으로 비난하고, 이러한 자동적인 반응이 우리를 화나게 하고, 자신과 타인을 무시하게 된다는 것을 인식하는 것이다.

배워야 할 가장 중요한 기술은 자신의 트라우마 역사와 그로 인한 어려움들을 이해하려는 자비롭고, 지혜로우며, 친절한 마음을 사용하는 능력이다. 고통스럽고, 상처가 되며, 수치스러운 삶의 경험들에 대해서 자비, 돌봄, 강점 찾기, 따뜻함, 이해를 제공하는 것은 우리의 아픔과 고통을 견디고 수용할 수 있게 하며, 어려움의 경험에서 벗어나 앞으로 나아갈 수 있는 길을 발견하도록 한다.

이 개념을 탐색할 때 외상성 경험과 관련된 어려움은 우리의 잘못이 아니며, 단지 뇌는 원래부터 해로운 것을 막도록 만들어졌기 때문임을 배우게 될 것이다. 마지막으로, 삶을 살아 나가기 위해서 스스로를 돕는 방법을 살펴볼 것이다. 결국 우리가 원하고, 마땅히 살아야 할 삶을 살게 될 것이다.

차례

제1부
트라우마로 인한 반응 이해하기

제1장 외상성 인생 사건에 대한 우리의 반응 이해하기 • 29

제2부
자비의 마음 기술 개발

제3부
외상을 입은 마음을 진정시키기 위해 자비의 마음 활용하기

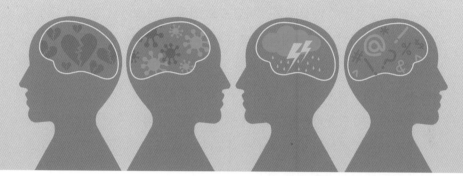

제1부
트라우마로 인한 반응 이해하기

제1부에 대하여 ─────────────────────

이 책은 트라우마 경험에 대해 생각하고, 우리의 삶에서 나타날 수 있는 다양한 범위의 외상성 증상을 이해할 수 있는 자비의 틀(compassionate framework)을 제공하는 것이다. 매우 심각한 외상성 사건은 물론이고 덜 심각한 사건도 '외상성(traumatic)'이라고 부를 수 있다. 제1장에서는 트라우마에 노출된 후 나타나는 더 공통적인 증상과 덜 공통적인 증상들을 탐색할 것이다. 또한 이러한 증상들을 외상후 스트레스 장애(PTSD)라고 부를 수 있는지에 대해서도 알아볼 것이다. 몇몇 행동은 트라우마와 관련되지 않는 것처럼 보여도, 증상은 지속될 수 있다.

제2장에서는 뇌가 어떻게 외상성 사건을 처리하는지, 그리고 제1장에서 살펴본 증상들이 뇌에서 어떻게 만들어지는지 살펴볼 것이다. 트라우마 기억과 플래시백은 우리를 힘들게 하기 때문에(upset) 제3장에서는 이것을 이해하는 데 할애했다. 제4장에서는 깊은 수치심이 우리에게 어떤 영향을 주는

지, 그리고 그것이 자기비난과 어떻게 관련될 수 있는지를 설명할 예정이다. 이 과정은 우리가 생각하고 행동하는 방식을 형성할 수 있다. 이것은 우리가 외상성 사건에 어떻게 반응하고, 대응하는지를 결정하는 성격 측면이기도 하다. 때로 우리는 수치심과 자기비난으로 인해 트라우마로 생겨난 증상에서 벗어나지 못한다. 제5장에서는 왜 우리가 자신의 삶에 자비를 행해야 하는지, 그리고 삶이 힘들 때 스스로에게 자비로울 수 있는 능력을 형성하는 데 어린 시절의 경험이 어떻게 영향을 줄 수 있는지도 살펴볼 것이다.

우리의 마음이 작동하는 방식을 이해하게 되면 이 책의 후반부를 이해하는 데 도움이 된다. 책의 후반부에서는 회복하는 데 도움이 되는 지식을 쌓고, 다양한 연습과 실제적 과제를 제공할 것이다.

이 책은 당신 혼자 혹은 치료자와 함께 해 볼 수 있도록 구성되었다. 당신에게는 약간의 시간과 헌신이 필요할 것이다. 매번 할 수 있을 때마다 한 번에 한 단계씩 해 보기를 권한다. 너무 많이 하려고 하지 말라. 당신의 고통과 트라우마 과정에 자비로운 접근을 취할 수 있는 동기를 발달시키는 것에 초점을 두라. 이런 방식으로 당신은 좀 더 쉽게 회복의 길에 들어설 수 있고, 외상성 경험과 그 이후의 트라우마 증상들을 받아들이게 될 것이다.

제1장
외상성 인생 사건에 대한 우리의 반응 이해하기

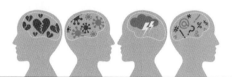

1. 이 책은 누구에게 필요한가

우리는 살면서 한 번쯤은 화가 나고 고통스러운 사건들을 경험한다. 슬프게도 우리 모두는 죽음, 이혼, 또는 관계가 끝남으로 인해 사랑하는 사람을 잃는다. 또 어떤 경우는 직장을 잃거나, 사랑하는 사람을 잃거나, 혹은 심각한 병을 얻을 수도 있다. 심리학에서는 이를 '주요 인생 사건'이라고 부른다.

우리의 삶은 외상성 사건에 의해 영향을 받기도 한다. 트라우마는 극도로 스트레스를 받거나 외상성 사건을 겪은 후에 느끼는 감정적인 충격이다. 교통사고, 다른 사고나 폭행 피해 사건 같은 일들이 '외상성 사건'으로 알려져 있다. 그 일은 종종(우리나 다른 사람들에게) 예기치 못한, 예측할 수 없는, 압도적이고, 매우 위협적인 것이며, 그 사건을 받아들이기 매우 어려울 수 있다. 이러한 외상성 사건들이 예상된 다른 주요 인생 사건들과 다른 점 중 하나는 감정적 충격의 규모와 비예측성이다. 두려움, 무력감, 심지어 공포와 같은 것 말이다. 이러한 느낌은 실제로 트라우마가 일어난 지 오랜 뒤에도 계속될 수 있기 때문에 느낌의 강도는 우리를 압도하고, 삶을 심각하게 방해할 수 있다. 여기에 더해 그런 일을 당해 마땅하다는 생각과 고통은 자신의 잘못이고 자신의 행동 때문에 일어났다는 생각으로 괴로워한다. 그리고 이 생각은 수치심을 불러일으킬 수 있다. 외상성 사건의 몇 가지 예는 다음에 제시된 상자에 열거되어 있다. 보다시피 어떤 트라우마는 매우 개인적이고 누군가의 불쾌하고 악의적인 행동에 의해 야기되는 반면, 다른 트라우마는 기차 충돌이나 산업재해와 같이 더 공적인 사건에 의해 발생한다.

교통사고 열차사고, 기타 교통사고, 산업재해 쓰나미, 지진 등 자연재해 테러 등 대규모 재난 전쟁과 그로 인해 발생하는 스트레스 반응 삶을 위협하는 질병의 진단	어린 시절 성적 · 신체적 · 정서적 학대 살인사건 피해 생존자 고문 납치 강도 상해 또는 폭행 성폭행 강간 가정폭력 따돌림

이것이 모든 외상성 사건을 포함하는 목록은 아니지만 이 책에서 다룰 사건들에 대한 아이디어를 제공한다. 물론 이런 트라우마들은 더 심각한 유형이지만, 사실은 우리 모두에게 영향을 미치는 작은 사건들을 경험할 수 있고 우리는 그 사건들을 받아들이려고 투쟁에 가까운 애를 쓸 수 있다. 예를 들어, 폭언이 오가는 이혼과정은 '외상성'으로 경험될 수 있다. 심지어 어떤 사람들에게는 심각한 악몽도 트라우마 같은 불안과 플래시백(flashbacks)을 경험하게 한다.

그러므로 이 책에서 개괄적으로 설명한 몇 가지 기술을 배우는 것은 당신이 겪고 있는 많은 종류의 어려움에 도움이 될 수 있다. 만약 당신이 겪은 일이 이 목록에 없다고 해서 당신이 트라우마를 겪지 않았다는 것은 아니다. 또는 그 일이 외상성 사건이 아니라는 뜻도 아니다. 외상성 사건의 공통점은 그 사건이 우리에게 신체적 · 정신적 · 정서적으로 충격을 주었으며 우리의 생존, 웰빙, 자기감 또는 미래에 대한 희망을 위협한다는 것이다. 다른 사람에게 심각한 상처를 입었거나 생명의 위협을 받은 사람들은 신뢰하거나 친밀하게 지내는 능력도 손상되었을 수 있다. 우리는 이러한 일들 중 몇 가지를 직접 경험했을 수도 있고, 아니면 우리가 사랑하는 사람에게 일어났을 수도 있고, 그 후폭풍에 대처하는 데 어려움을 겪고 있을 수도 있다.

2. 자비의 마음 접근은 무엇을 의미하는가

이 책은 외상성 경험이 생각, 감정, 동기, 행동에 미치는 영향을 탐색할 때 자기자비를 개발하고 사용하는 방법에 대한 것이다. 그러나 자비를 받을 자격이 없다고 생각하기 전에 자비로워지는 것은 받아들이기 어려운 접근이 될 수 있다. 왜냐하면 당신을 화나게 하고 괴롭게 하는 것들을 기꺼이 마주해야 하기 때문이다. 자비는 이 작업에 도움이 된다. 그리고 도전적으로 느껴질 수 있지만 압도할 정도는 아니다.

여기서 우리가 취할 기본적 접근법은 폴 길버트 교수가 개발한 자비중심치료(Compassion-Focused Therapy: CFT)라는 치료법에서 나온 것이다. 영국 버크서에 있는 나의 트라우마 스트레스 클리닉은 외상을 입은 사람들에게 자비중심치료를 사용하는 데 앞장서고 있다. 이 일을 통해 나는 엄청난 통찰력과 피드백을 얻었고, 그 결과 이 접근을 자조적 지침으로 발전시킬 수 있었다.

3. 외상성 사건의 영향

우리는 외상성 사건이 우리에게 심각하게 영향을 미칠 수 있다는 것을 알고 있다. 이 사건으로 인해 우리는 삶을 예측할 수도 통제할 수도 없다고 느끼게 된다. 또한 자신과 자신의 판단을 믿을 수 없게 되기 때문에 스스로 안전하다고 느끼거나 다른 사람들을 믿기 어렵게 된다. 내가 이 책을 통해 탐구하고자 하는 것은 안전이라는 주제인데, 안전이 외상 이후 인간을 다시 믿게 되고 자신의 삶을 회복하는 데 필수적인 것이기 때문이다. 우리가 외상성 사건들로 인하여 심하게 동요하는 이유는 이 사건들이 불공정하고 부당하며 비인간적이고 잔인하다고 느껴지기 때문이다. 우리는 묻는다. "왜 나야?" "왜 지금이야?" 그로 인해 우리 자신, 우리가 살고 있는 세상, 그리고 우리에게 그런 해로움과 정서적 고통을 유발하였을 사람들에 대한 시각과 감정들에 대해 의문을 갖게 된다. 심지어 잔인하다고 인식하는 것을 마주하게 되면, 영적 신념 체계가 주는 위안을 잃어버릴 수도 있고 부가적 손실로서 단절감이 야기되기도 한다. 이러한 일은 자신의 신념을 잃을 수 있는 거대한 인간의 잔인성에 직면하였을 때뿐 아니라 우리 자신과 우리가 사랑하는 사람들에게 세상이 잔혹하다고 느껴질 때에도 일어날 수 있다.

외상성 사건은 삶을 산산조각 내고, 그 조각들을 집어내는 엄청난 과제를 우리에게 떠맡길 수 있으며, 삶을 다시 조립하고 다시 살아가며 삶을 신뢰하는 방법을 찾게 할 수도 있다. 외상을 경험한 사람들과 작업을 한 적이 있는 대부분의 사람은 그들이 독한 칵테일 같은 격렬한 감정에 압도된다고 말한다. 그중 몇몇은 스스로를 나쁘다고 느끼는데, 실제로 그들이 극심한 슬픔, 공포, 외로움, 부끄러움, 분노, 죄책감 등의 감정을 느끼는 것은 일반적이다.

1) 자기비난

앞에서 묘사된 괴로운 감정들은 종종 자기비난과 자기혐오, 그 사건을 유발한 것에 대한 책임감을 수반한다. 외상을 입은 사람들은 그들이 마치 그 사건에 책임이 있는 것처럼 "그것은 다 내 잘못이야." "난 이럴 만해." 혹은 "내가 다르게 했어야 하는데."라는 식으로 말할 수 있다. 종종 고통의 정점에는 자기비난이 자리하고 있다. 여러분 중 일부는 이미 일어난 일에 대해서 스스로를 비난하는 것이 어떤 것인지 알 것이다. 외상에 대해서 스스로를 비난하는 이유는 셀 수 없이 많다. 때로는 자신이 통제했거나 통제할 수 있었다고 필사적으로 매달리고 싶기 때문이기도 하고, 때로는 단순히 제멋대로인 혼란 속에서 사건을 이해하고 의미를 찾고 싶기 때문이기도 하다. 가끔은 아이에게 나쁜 일이 일어났을 때 그것은 아이의 잘못이라는 인상을 부모가 심어 준 것에서부터 비롯되기도 한다. 그리고 때로는 세상이나 신에 대한 분노를 다루기보다는 자신을 비난하는 것이 더 쉽기 때문이기도 하다. 다음 샐리와 톰의 이야기에서 볼 수 있듯이, 부정적인 사건을 어떻게 해석하는가에 따라 그 사건을 다루는 방법은 크게 달라질 수 있다.

(1) 샐리의 이야기

샐리는 14주에 자연 유산을 했는데 이 일을 자신이 10대일 때 낙태했던 것에 대한 신의 처벌이라고 생각했다. 상실의 결과 그녀는 매우 우울해졌고, 신의 더 큰 처벌을 두려워했다. 이것은 샐리가 이전에 했던 낙태를 나쁘다고 느꼈기 때문에 다른 사람들이(신을 포함하여) 자신을 벌주고 싶어 할 것이라고 가정하는 상황이다.

우리가 얼마나 흔히 다른 사람들(신을 포함하여)이 우리를 어떻게 생각할지에 대한 가혹한 결론에 성급히 도달하고, 삶에 일어난 슬픈 일에 대해서 자신을 비난하기 시작하는지 여러분도 알 것이다.

(2) 톰의 이야기

톰은 어느 날 저녁 퇴근 후 기차역에서 집으로 걸어가다가 서류 가방을 강탈당했다. 그 사건은 톰이 길을 걷고 있을 때 갑자기, 순식간에 일어났음에도 불구하고 톰은 강탈당한 것에 대해 자책했고, 그 사건은 톰의 웰빙에 큰 영향을 미쳤다. 그는 자신이 얼마나 바보스럽게 서류 가방을 놓쳤는지에 대한 생각을 멈출 수가 없었다. 그 젊은이와 싸우지 않은 자신을 책망했다. 그 일을 그냥 마음에서 흘러가게 내버려 둘 수가 없었고 그 사건과 그가 해야 했던 것이나 다르게 할 수 있었던 것에 대한 생각으로 몇 시간을 보내곤 했다. 그는 굴욕감과 분노를 느꼈고, 혹시라도 다른 사람들이 그를 겁쟁이라고 여길까 봐 사람들에게 그 일에 대해 말하는 것이 부끄러웠다. 톰을 알게 되면서 톰에게는 자신을 비난하고 비판하는 것이 오랜 습관이었다는 것이 드러났다. 치료를 통해 우리는 그가 어린 시절에 잘못된 일에 대해 다른 설명을 찾기보다는 자신을 비난하는 습관을 길러 왔다는 것을 알아냈다. 기본적으로 그는 나쁜 일이 일어난 이유를 항상 자신에게서 찾았다.

나는 임상 장면과 연구를 통해 자신의 삶에서 일어난 일에 대해 심하게 자신을 비판하거나 비난하는 사람들이 극심하게 고통스러운 수치심에 시달릴 뿐 아니라 외상 경험의 후유증과 싸우는 경향이 더 많다는 것을 발견했다. 그들의 자기비판과 자기비난은 스스로를 수치스러운 상태에 놓이게 하고, 그로 인해 외상을 극복하는 데 도움이 되는 방법으로 대처하는 것은 어려워진다. 자기비판적인 사람들은 수치심으로 가득 찬 기억이 자신에게 많은 고통과 괴로움을 주기 때문에 피하는 경향이 있다. 그러나 슬프게도, 이러한 회피로 인해 외상과 수치심이 해결되지 않는 의도치 않은 결과를 맞이하게 된다.

2) 자신에게 일어난 나쁜 일에 스스로를 비난하는 경향이 있는가

우리가 '자기 탓'을 하는 몇 가지 중요한 이유가 있다. 자비중심치료에서는 우리가 두려워하거나 의존하는 강한 '사람들'을 마주했을 때 자신을 비난하는 선천적인 경향성에 주목한다. 예를 들어, 천 년 이전의 고대 문화는 기근, 질병, 그리고 전쟁과 같이 어느 정도 생명을 위협하는 사건들에 노출되었을 것이다. 그때에는 다양하고 강력한 신이 이러한 사건들을 통제한다고 널리 알려져 있었고, 사람들은 '자신의 편'에서 자신을 보호해 주고 벌을 받지 않도록 해 줄 신을 필요로 했다. 이렇게 함으로써 사람들은 생명을 위협하는 사건들에서 어느 정도의 통제감을 얻을 수 있었다. 여러 문화권에서 이런 통제감은 더 높은 존재에 대한 충성, 복종, 그리고 사랑을 보여 준다는 믿음으로, 이집트 태양신 라(Ra)와 같이 어떤 이름 붙여진 신에게 인간을 제물로 바침으로써 이루어졌다. 그들은 자신의 신을 잠재적인 조력자와 구원자로 보는 동시에 끔찍한 일을 일으킬 수 있는 잠재적인 처벌자로 보기도 했다.

역사적으로 볼 때 그런 희생이 이루어졌음에도 불구하고 생명을 위협하는 사건들은 지속적으로 일어났다. 여전히 질병이 생기고 아이들은 계속해서 영양실조로 죽어 가는 이유를 사람들이 어떻게 설명했다고 생각하는가? 전형적으로 사람들은 그들 자신을 비난했고 자신들의 잘못 때문에 신이 화가 났다고 생각했다. 그래서 그들의 해결책은 다음 해 분노한 신들을 달래기 위해 훨씬 더 많은 희생을 치르는 것이었다. 여기에서 자기검열(self-monitoring) 과정을 볼 수 있는데 이 자기검열 과정은 스스로에게 의문을 제기하고(내가 무엇을 잘못했지?) 자신을 비난하는(내가 제대로 희생을 하지 않았어.) 것을 말한다. 이 예는 두려워하거나 의존하는 사람들을 마주했을 때 자신을 비난하는 타고난 선천적인 인간의 경향성을 보여 준다.

이런 인간의 선천적인 경향성이 어떻게 일어날 수 있는지 이해하면 그것이 부모-자녀 관계에서 얼마나 쉽게 일어날 수 있는지 알 수 있다. 아이들은 부모의 사랑과 관심을 필요로 하는 동시에 무서워할 수도 있다. 아이들은 부모를 화나지 않게 하기 위해 자신의 행동을 검열하도록 배운다. 또한 부모가 화났을 때 '나 때문에 엄마가 화가 난 거야. 그렇게 하면 안 되었는데…….. 엄마가 화난 건 내 잘못이야.'라고 자신을 비난하는 것을 배운다. 잘 알다시피 태양신에게 기도하는 사람처럼 자신보다 힘 있는 존재를 비난하는 것은 자신을 비난하는 것보다 더 두렵다. 그래서 오랜 시간 동안 우리는 자신과 자신의 행동을 검열하는 것을 배우고, 특별히 관계에서 무언가 잘못될 때 다른 사람보다 우리 자신을 비난하는데, 그 자체가 어떤 통제를 유지하려는 하나의 방법이기 때문이다.

　마치 고대 문화권에서 신을 탓하거나, 심지어 신이 존재하지 않는다고 여기는 것이 쉽지 않았듯이 우리도 마찬가지다. 비록 부모가 우리에게 해를 끼쳤더라도, 부모의 잘못을 탓하거나 부모의 행동을 비난하는 것은 매우 어렵다. 어릴 때 부모는 우리에게 큰 비중을 차지하고 있기 때문이다. 부모를 탓하거나 비난하게 되면 자신을 위해서 애쓰고 있다고 생각되는 사람을 배신하고 있다고 느끼게 만든다. 따라서 다른 사람을 비난하기보다 자신을 비난하는 것이 더 쉽다. 자신이 이렇게 하고 있다는 것을 인식하지 않으려 하거나, 혹은 그러한 힘을 가진 사람이 자신의 삶에 존재한다는 사실을 모를 수도 있다. 다른 사람으로 인해 경험한 트라우마에 대해 "내 책임이 아니라고 생각되더라도 다른 사람들을 비난하면 기분이 안 좋아."라고 말할지도 모른다. 그렇게 되면 자신을 비난하는 대신 타인을 비난할 때 '분노(rage)'와 같은 무시무시하고 강한 감정이 끓어오를 수 있다. 비록 자신을 비난하지 않더라도 기분이 좋아지지는 않는다. 왜냐하면 타인이 자신에게 고통을 주었다는 사실을 마주하고 다루어 나가야 하기 때문이다. 이것이 바로 자신의 잘못이 아님을 인식한다고 해도 타인이 아니라 자신을 비난하는 것이 쉬운 이유다. 이 상황을 제4장에서 더 자세하게 살펴볼 것이다.

　자신을 비난하는 또 다른 이유는 세상을 의미 있는 것으로 보고 싶고, 삶에서 발생한 나쁜 일들에 대해 이유가 있을 것이라고 믿기 때문이다. 예를 들어, 일본 지역에 발생했던 비극적인 자연재앙인 쓰나미를 그저 수백만 년 동안 지속되어 온 해저의 지각변동 플레이트 이동의 결과라고 생각하기는 어렵다. 그렇게 고통스러웠던 자연재앙이 어떻게 별 다른 의미가 없을 수 있을까? 자연의 현상이라는 것이 이 비극적인 자연재앙의 유일한 이유이며, 다른 의미는 없다는 것을 받아들이는 것은 어렵다. 따라서 이렇게 힘든 고통이 우리의 삶과 타인에게 영향을 미칠 때 이 고통을 자비의 마음으로 다루는 것이 중요하다.

4. 우리는 트라우마에 어떻게 대처하는가

우리는 종종 자신을 타인과 비교한다. 그것은 우리 삶을 평가하는 방식이고, 만약 외상을 경험했다면 그런 비교는 멈추지 않는다. 많은 사람은 자신의 트라우마가 타인의 트라우마보다 나쁘지 않거나 그리 심각하지 않다고 생각하고, 다른 사람이 '더 크고 더 심각한' 외상성 사건을 겪었거나 그들이 훨씬 더 잘 대처하고 있다고 생각한다. 물론 이렇게 생각하면 자신이 성격적으로 약하고 결함이 있다고 느낄 수 있다. 하지만 그렇지 않다. 그런 비교는 회복에 도움이 되지 않는다. 외상성 경험의 정도와 상관없이 우리가 살기 위해 애쓰는 수많은 타당하고 이해할 만한 이유가 있다.

우리의 이전 삶의 경험과 우리가 외상을 입기 전에 어떻게 대처했는지는 우리가 현재의 고통을 관리하는 방식을 이해하는 데 도움이 된다. 외상성 경험을 극복하고 대처하는 과정에 영향을 미치는 것들이 많다. 어떤 사람들은 아무 도움 없이 외상성 경험을 받아들이는 것을 배우는 반면, 어떤 사람들은 그로 인한 반응들과 싸우며 PTSD라고 불리는 증상들을 만들어 내기도 한다. 이러한 증상들은 사건 이후 즉각적으로 나타나거나 몇 주, 혹은 몇 달 후에 나타나서 수개월 또는 수년 동안 지속될 수 있다.

만일 당신이 외상성 경험으로 인해 힘들어하고 있다면 그것은 당신이 약해서도 무능해서도 아니다. 그것은 그저 당신에게 주어진 상황일 뿐이며, 당신이 현재 힘들게 겪고 있는 어려움을 이해하고 돕는 중요한 다른 영향들이 있을 수 있다.

개인의 역사는 우리의 삶 속에서 일어나는 것에 대해 어떻게 느끼고 반응하며 응답하는지를 이해하는 데 있어 중요한 부분이다. 어린 시절의 경험은 중요한 영향 중 하나다. 예를 들어, 어렸을 때 학교에서 따돌림을 당했다면 어땠을까? 그 경험은 자신감을 손상시켰고, 다른 사람을 신뢰하는 능력에 영향을 미쳤으며, 자신에 대해 안 좋게 느끼거나, 자신이 타인들만큼 좋지 않다는 신념을 남겼을 수도 있다. 이것은 삶의 전반에 걸쳐 마음에 남아 있는 힘들고 고통스러운 신념이다. 그 결과 우리는 '안 좋은(go wrong)' 일들에 대해서 자신을 비난하기 쉽다.

　애정 어리고 지지적인 친구가 있다면 삶의 어려움들을 잘 이겨 낼 수 있다. 여러 연구에 따르면, 우정은 정서적인 지지와 격려가 되는 돌봄을 제공하고 타인들과의 연결감을 만들어 주기 때문에 양질의 사회적인 지지가 스트레스를 완충시킬 수 있다. 좋은 사회적 지지 체계(또는 친밀한 친구들과 가족들)는 외상성 경험으로 인한 문제의 정도를 감소시키거나, 악화되는 것을 막을 수 있다. 하지만 트라우마 경험 그 자체는 사랑했던 사람들과 단절을 느끼게 하고, 정서적으로 무감각하게 하며, 우리가 겪고 있는 것을 아무도 이해하지 못한다고 느끼게 한다. 이러한 느낌은 친구들이나 가족들에게 이야기하기를 더 어렵게 만든다. 하지만 오히려 이렇게 해야 우리는 어려움들을 극복할 수 있다.

　외상성 사건에 대한 우리의 반응을 생각할 때 고려할 수 있는 다른 중요한 요인은 외상을 입었을 당시 삶의 단계나 연령 같은 것들이다. 예를 들어, 학대(abuse)와 같은 외상성 사건을 경험한 아이들은 자신을 비난하는 경향이 있다. 그 이유는 네가 잘못했고 벌 받을 만했다고 말하는 어른들이 있었기 때문이다. 어른들은 "이것은 네 잘못이야. 그러니 너는 자신을 비난해야 해."라고 말할 수 있다. 무슨 일이 일어났는지 아이가 말하지 않거나, 아이의 잘못이 아니라고 안심시켜 주는 어른이 없었다면, 그 아이들은 커서 어릴 때 일어난 나쁜 일들이 자신의 잘못이라고 믿는 어른이 된다. 물론 아이들을 학대한 어른들 또한 비밀과 거짓의 덫을 만들어서 아이들이 학대에 대해서 말하지 못하도록 정서적으로 조종하고 협박할 것이다. 그 결과 아이들은 자신을 보호해 주고 도와줄 수 있는 어른들에게 다가갈 수 없게 된다. 부모나 다른 양육자로 인한 트라우마는 아이의 신뢰를 저버리는 일이 될 것이며, 이 일 이후의 삶에서 아이가 관계를 맺는 방식에 부정적인 영향을 줄 수 있다.

5. 내가 외상후 스트레스 장애(PTSD)로 진단될까

어떤 사람은 외상성 사건을 경험한 후 외상후 스트레스 장애(PTSD)를 갖게 된다. 당신은 이미 PTSD에 대해서 들어 봤고, 자신이 그에 해당하는지 궁금할 것이다. PTSD란 공식 진단명으로서 PTSD로 인한 증상들을 보일 때 진단된다. (이는 마치 몸이 아프고 두통이 있을 때 독감으로 진단되는 것처럼, 통증이 있는 몸, 아픈 머리와 같은 알려진 증상이 있다는 것을 말하는 것과 같음) PTSD와 관련된 증상들은 다음에 요약된 세 가지 범주로 나뉜다.

- 플래시백을 통해 외상성 사건을 반복적으로 재경험한다. 플래시백은 고통스럽고 혼란스럽다고 느끼는 사건의 이미지가 반복적이고 침습적으로 떠오르는 것이다. 당신이 원하지 않을 때 그런 이미지들이 마음속에 불쑥 떠오른다.
- 외상성 기억[2]을 회피한다. 반복적인 재경험이 너무 괴로워서 트라우마를 떠오르게 하는 사람이나 장소를 피하려 하거나 주의를 다른 곳으로 돌리는 방법들을 찾으려 할 수 있다. 가족이나 친구에게서 멀어지기도 한다. 그 사건을 생각하거나 말하는 것을 회피하기 위한 수많은 방법을

---

2) 역자 주: 'trauma memory'를 '트라우마 기억'으로, 'traumatic memory'는 '외상성 기억'으로 번역했다. '외상성'의 의미는 트라우마로 규정될 수 있는 사건이 아니라 해도, 그 영향에 있어서 트라우마에 비견할 사건을 의미한다.

만들어서 그 사건으로 야기되는 부정적이고 고통스러운 느낌을 통제하려고 할 것이다.

• 당신은 항상 경계하는 느낌이나 과각성을 경험하기도 한다. 또한 주의 집중 곤란, 짜증스러움, 수면부족으로 고통스러울 수 있다. 늘 위험을 경계하고 조심하기 때문에 높은 수준의 불안과 기분 변화를 경험할 수 있다.

자비중심치료 장면에서 일하는 우리들은 트라우마 경험에 대한 반응의 정도와 차원이 다양하다는 것을 관찰했다. 사람들은 항상 혹은 때로, 증상 모두를 경험하거나 그중 일부를 겪는다. 다른 한편으로 고통은 시간이 지나면서 호전되기도 하고 악화되기도 한다.

이 책의 목적은 당신에게 어려움이 있다면 돕는 것이다. 이 책을 읽을 때 자신을 진단하려 할 수 있지만 당신이 PTSD가 있는지 없는지를 이해하려고 하기보다는 당신이 가지고 있는 어려운 점들에 중점을 두고, 그런 점들을 극복할 수 있는 방법에 대해 생각하는 것이 더 도움이 될 수 있다. 만약 이 책을 읽으면서 트라우마로 심각한 어려움이 야기되는 것이 걱정이 된다면 정신과 전문의를 만나거나 트라우마 치료 경험이 있는 상담사를 찾으라.

다음에는 PTSD나 트라우마가 존재하고 있음을 알려 주는 주요 증상 혹은 징후가 간략히 설명되어 있다.

PTSD의 주요 증상은 무엇인가

플래시백
• 원치 않을 때 마음속에 혼란스러운 기억들이 나타남(이미지, 느낌, 감각, 소리)
• 악몽
• 다시 발생할 것 같은 느낌
• 신체적·감정적으로 혼란스러운 느낌

회피

• 발생한 것에 대해 생각하거나 말하지 않으려는 노력

• 상기시키는 것(reminders)을 멀리함

• 감정이 없는 것 같은 느낌

'경계 상태(On-Guard)'에 있음

• 수면 문제

• 주의집중 곤란

• 화나거나 무서운 느낌

• 위험을 끊임없이 조심함

트라우마에 대한 다른 일반적인 감정 반응들

• 우울하거나 불안한 느낌

• 오르락내리락 하는 기분 변화 또는 짜증스러운 느낌

• 가족과 친구들로부터 철수

• 단절되거나 무감각한 느낌

• 죄책감이나 자기비난

이제 알렉스가 트라우마 경험과 그 사건의 여파로 어떤 증상을 보이는지 살펴보자. 다음은 심각한 성폭행을 당한 사례다. 그녀는 트라우마로부터 회복하는 데 도움을 받기 위해 트라우마 클리닉을 찾았다.

1) 알렉스의 이야기

어느 날 알렉스는 친구들과 저녁을 먹은 후 밤거리를 걷고 있었는데 2명의 남자가 그녀를 칼로 위협하며 공격했다. 저녁 식사 후 친구가 알렉스에게 택시를 타고 집에 가라고 했지만, 그녀는 걸어가도 괜찮다고 했다. 그 남자들이 다가울 때 알렉스는 도망가려고 했지만 그들에게 잡혔고 성폭행과 강도를 당했다. 공격을 당하는 동안 알렉스는 그 남자들이 자신을 죽일 것이라고 확신했다.

공격을 당한 후 알렉스는 수치심과 자기비난으로 괴로웠고, 자신에게 일어난 일을 아무에게도 말하고 싶지 않았다. 그녀는 밤에 혼자 집으로 걸어갔다가 공격을 당한 것에 대해 사람들이 어리석다고 자신을 비난할까 봐 매우 걱정했다. 그 이후 알렉스는 어두운 길을 혼자 걸을 때마다 전전긍긍하고 조마조마한 느낌이 들기 시작했다. 그 공격에 대한 기억들이 하루에도 몇 번씩 그녀를 괴롭혔고, 그때마다 마치 그 사건들을 다시 경험하는 것처럼 느꼈다. 이것은 그녀를 겁먹게 하고 두려움으로 가득 차게 만들었다. 그녀는 왜 이런 일이 자신에게 일어났는지를 알아내기 위해서 자신의 마음속에서 계속 공격을 재연했다. 시간이 흐르면서 알렉스는 오직 집에 있을 때만 안전하다고 느꼈고, 외출을 피하기 시작했다. 칼과 같이 그 공격을 상기시키는 것을 볼 때마다 마치 그 공격이 다시 일어나는 것처럼 가슴이 두근거리는 것을 느꼈다.

센터에 왔을 때 알렉스는 PTSD 증상, 수치심, 자기비난으로 힘들어했다. 알렉스의 증상은 다음과 같다.

- 무섭고 고통스러운 사건의 이미지가 떠오르고, 이로 인해 두렵고 무서운 느낌
- 그 사건이 다시 일어나고 있는 것 같은 느낌
- 공격자의 로션 냄새가 나는 것 같고, 목소리가 들리는 것 같은 상상
- 잠이 들거나, 잠을 자는 것이 어렵고, 다시 공격받는 끔찍한 악몽
- 수치심, 경멸, 죄책감에 압도됨. '네 탓이야.' '멍청이.' '이런 일을 당할 만도 하다.'와 같은 자기비난, 자기비판적인 사고
- 사람들이 그 사건을 알게 되면, 자신을 더럽고 혐오스럽다고 생각할까

봐 두려움

• 타인과 가까워지거나 타인을 신뢰하는 것이 어려움
• 남자와 친밀한 관계를 맺는 데 문제가 있음

생명을 위협하는 고통스러운 외상성 사건 이후에 알렉스가 경험한 이러한 증상들은 PTSD로 인해 고통을 겪고 수치심과 자기비난에 압도되어 괴로워하는 사람들의 증상이다. 그녀의 느낌은 공격자라는 외부에 초점을 두는 것이 아니라 자신에게 초점을 두고 있음을 주목해야 한다. 복수나 분노의 감정은 찾아볼 수 없다. 알렉스는 왜 자신을 비난할까?

트라우마와 같은 일이 우리의 삶에 발생했을 때, 우리는 40~41페이지 박스에 있는 증상들을 경험한다. 그러나 트라우마를 경험했다고 해서 모두가 PTSD를 보이거나 PTSD 진단을 받지는 않는다. 이러한 증상이 있다면 당신은 혼자가 아니라는 점을 명심하라. 그리고 병원을 방문해서 증상을 말하고 도움을 받을 수 있다면 공식적인 도움을 받는 방법을 고려하라.

2) 플래시백과 악몽이라는 특정 단어

플래시백과 악몽은 이 장에서 특별히 언급할 필요가 있다. 그 이유는 이 두 가지가 트라우마의 핵심 증상이며, 이로 인해 우리는 두려움을 느끼고, 정신이 나간 것처럼 느끼기 때문이다. 플래시백은 PTSD의 핵심 증상이라고 볼수 있고 트라우마 내담자는 대부분 플래시백을 경험한다. 플래시백은 트라우마가 있는 사람들에게 가장 고통스러운 공통 증상으로서 마치 외상성 사건이 계속해서 다시 벌어지고 있는 것처럼 느끼게 만든다. 플래시백을 다루기 위해서는 플래시백이 무엇이고, 왜 발생하는지를 설명하는 것이 필요하다. 이를 통해 우리는 우리 마음속에 무엇이 일어나고 있는지를 알 수 있다. 플래시백을 이해하는 것은 그것을 조절할 수 있다는 느낌을 가질 수 있도록 돕는다. 그리고 그것이 내가 다음 장 전체를 트라우마 기억과 플래시백을 이해하는 데에 할애한 이유다.

6. 트라우마가 우리의 웰빙과 삶에 미치는 또 다른 영향

외상성 경험은 앞에서 설명한 다른 여러 가지 방법으로 우리 삶에 영향을 미칠 수 있다. 만약 오랜 시간 동안 다른 사람들에 의해 외상을 입거나 해를 입는 반복된 경험을 견뎌야 했다면 이것은 특히 더 그럴 수 있다. 이런 종류의 경험은 우리의 어린 시절(성적, 신체적 혹은 정서적 학대)이나 성인기(가정폭력, 고문)에 일어났을지도 모른다.

어떤 경우든 트라우마의 핵심은 강렬한 공포감이 마음속에서 얼마나 활성화되는가에 있음을 명심하라. 예를 들어, 부모의 신체적 폭력이 없더라도 아이에게는 강력한 공포감을 불러일으킬 수 있다. (신체적 혹은 성적인 해가 없이) 강렬하게 반복되는 지속적인 공포는 자신과 타인에 대해 생각하는 방식에 깊은 영향을 미칠 수 있다. 이것은 '가족의 치부(big skeleton in the cupboard)'가 없다고 해도 왜 우리가 스스로에 대해서 어떤 방식으로 느끼는지를 이해하는 데 도움이 된다.

트라우마가 당신의 삶에 남기는 유산은 다음과 같다.

- 감정을 조절하는 데 어려움이 있을 수 있으며, 혹은 사물에 대해 압도적으로 강한 감정적 반응을 보일 수 있다.
- 자살 충동을 느낄 수 있다.
- 항상 화가 나고 짜증이 날 수 있다.
- 너무 빨리 운전하거나, 도박을 하거나, 물건을 훔치거나, 안전하지 않은 성관계를 쉽게 갖는 등 충동적이거나 무모한 행동을 하는 자신을 발견

할 수 있다.

- 스스로에게 일부러 상처를 주는 자신을 발견할 수 있다.
- 당신 주변에서 무슨 일이 일어나고 있는지에 대해 무감각하거나 '단절됨'을 느낄 수도 있다. 어쩌면 당신이 무엇을 했는지 기억하지 못하는 기간도 있을 것이다. 이런 증상은 때로 해리라고 부른다.
- 외상성 경험을 반복하거나, 왜 이런 일이 당신에게 일어났는지 알아내려 애쓰는 데에 골몰하고 있는 자신을 발견할지도 모른다.
- 무력감 혹은 당신 삶을 위한 계획을 세우려고 버둥거리는 자신을 느낄 수도 있다.
- 자신에게 일어난 일에 대해 스스로를 비난하거나, 수치심과 죄책감에 압도되는 느낌이 들 수도 있다.
- 자신은 다른 사람과 다르다고 느낄지도 모른다. 왠지 상처받은 것 같고 다른 사람들과 같이 평범하게 살아갈 수 없을 것 같다는 생각이 들 수도 있다.
- 친구, 가족들과 동떨어져 있다고 느껴서 외로움과 오해받는 느낌이 들 수 있다.
- 때로 혼란스러울 수 있다. 왜냐하면 당신에게 상처를 준 사람을 미워하지 않거나 혹은 여전히 그들과 관계를 유지하고 있기 때문이다.
- 가족이나 친구들과의 관계가 더 이상 예전 같지 않게 느껴지거나 관계가 없을 수도 있다.
- 자신의 신앙과 종교적 신념에 대해 환멸을 느끼고 포기할 수도 있다.
- 삶이 무의미하고 이해가 되지 않아서 무력감과 절망을 느낄지도 모른다.

7. 해리 혹은 백일몽과 단절

차를 몰고 집에 가다가 집 앞에서 갑자기 딴 생각에 빠져 어떻게 차를 몰고 여기까지 왔는지 전혀 기억할 수 없었던 적이 있는가? 이를 중간 정도의 '해리'라고 부르는데, 이때 몸은 자동적으로 움직이고 마음은 산만한 상태다. 이 것은 일종의 백일몽이다. 해리는 말 그대로 마음의 여러 다른 부분에서 오는 '정보를 통합하는 데 어려움이 있음'을 의미한다. 일반적으로, 해리는 모든 사람이 매일 사용하는 방어기제다. 해리의 정도는 다양한데, 트라우마를 겪 었을 때 확실히 나타난다. 해리 증상이 이상하게 보일지 모르지만, 마음과 뇌 는 그들이 할 수 있는 한 트라우마와 그로 인한 영향에서 우리를 보호하기 위 해 최선을 다하는 것이다. 때때로 뇌가 이런 방식으로 일하는 이유는 압도될 만한 것을 피하기 위해 특정 시스템을 끄려고 하는 것이다. 이런 일이 일어날 때 우리는 특정한 시점에서 무감각해지거나, '멍하게' 되거나, 감정이 현실적 으로 느껴지지 않거나, 심지어 현실적이지 않다는 느낌과 같은 모든 종류의 단절을 경험할 수 있다. 트라우마를 겪은 사람들은 밖에서 안을 들여다보고 ('몸 밖'의 경험), 주변이 초현실적이라고 느끼는 '자동조종사(automatic pilot)' 가 된 것 같다고 스스로를 설명한다.

해리는 우리의 마음이 정보를 통합할 수 없을 때 폐쇄하는 것이다. 그것 은 결정적인 생존 메커니즘으로서 위기와 위기 이후에 자신을 보호한다. 해 리가 어떻게 작용하는지 가장 먼저 인식하고 주목한 사람은 프랑스의 치료 사인 피에르 자넷(Pierre Janet, 1859~1947)이었다. 이후 지그문트 프로이트 (Sigmund Freud, 1856~1939)는 해리가 고통스러운 기억이나 감정을 방어하는 방법이 될 수 있다고 생각했다.

비록 해리가 매우 괴롭고 고통스럽지만, 해리를 끔찍한 질병의 한 종류라 거나 혹은 무언가 잘못되거나 나쁜 일이 우리에게 일어났다고 생각하기보다는 자연스러운 보호 메커니즘으로 생각하는 것이 최선이다. 그러나 때로 외상성 경험들을 통합하고 치유하기 위해서는 이 보호 시스템을 무시하는 방법을 배울 필요가 있다.

어떤 사건을 비현실적이거나 몽환적인 것으로 경험하거나, 사물이 슬로모션으로 진행되는 것 같거나, 마치 실제로 당신이 그곳에 있지 않은 채 영화의 일부가 펼쳐지는 것을 보는 것처럼 느껴진다면 당신은 해리를 경험하고 있는 것이다. 상황이 너무 무섭고 긴장되어서 마음은 스스로를 보호하기 위해 자동적으로 '중단한다(cuts out)'. 그것은 우리가 어떤 사건의 정서적 영향을 완전히 경험하지 않으면서도, 여전히 기능할 수 있다는 것을 의미한다. 이런 방식으로 해리가 일어나는 것이 이해될 수 있다. 플래시백, 악몽, 그리고 극심한 스트레스 상황들이 해리가 일어나도록 촉발할 수 있다. 또한 약물을 복용하고 있을 때도 이런 느낌을 경험할 수 있다.

해리가 자주 발생하거나 아주 강렬하다면 고통스러운 문제가 될 것이다.

해리의 징후
• 한동안 '정신이 나간 것 같은' 느낌
• 시간이 지남을 알아채지 못함
• 비현실적이거나 몽환적으로 느껴지는 시간
• 누군가에게 말한 것을 기억하지 못함
• 유체이탈을 한 것 같은 느낌
• 무감각함
• 지금 있는 장소에 어떻게 왔는지 확실하지 않음
• 구매했다는 것을 기억할 수 없는 소지품들을 발견함

해리는 다양한 수준이 있다. 우리 모두가 경험하는 '일상적 해리(everyday dissociation)'에는 백일몽과 '한동안 정신이 나간 것 같은 느낌'이 있다. '외상

성 해리(traumatic dissociation)'일 경우에는 무감각함, 죽은 정서, 그리고 유체 이탈을 한 듯한 감각 등이 있다. 외상성 사건 후 지속되는 증상들은 문제를 일으킬 수 있다. 예를 들면, 관계에서 어려움이 발생할 수 있는데, 그것은 당신이 단지 '그 순간에 있지 않을' 때가 있을 수 있기 때문이다. 또한 만약 당신이 위험한 기계를 운전하거나 조작할 때 자신이 무엇을 하는지 어디로 가는지 모른다면 위험할 수 있다. 항상은 아니지만 이런 느낌들은 그 자체만으로도 두려울 수 있다. 하지만 패닉에 빠질 이유도 없고 그것이 미쳐 간다는 증거도 아니다.

앞에 언급된 어려움의 목록 중에 해당되는 것이 있는가? 만약 이런 종류의 두려움과 문제들을 경험하고 있을 때 그것을 극복하지 못할 거라고 느끼는 경우가 많았을 것이다. 당신이 겪어 온 것의 거대함을 고려해 볼 때 이해가 되지만 이 책이 도움을 줄 수 있을 것이다.

8. 요약

우리는 고통스러운 외상성 사건들을 받아들이기 어렵다는 것이 일반적이라는 점을 강조하면서 이 장을 시작했다. 실제로 많은 사람은 특정 외상성 사건으로 인한 플래시백, 침습적 이미지, 다루기 어려운 고통스러운 기억과 같은 어려움을 겪을 수 있다. 이것이 심해지고 정서적 충격과 트라우마가 클 때, 사람들은 외상후 스트레스 장애(PTSD) 진단을 받는다. 정서적 충격과 트라우마를 처리하는 과정에 대한 연구를 통해서 우리는 뇌가 실제로 어떻게 작동하는지, 그리고 증상들로 왜 고통받는지에 대해 매우 중요한 정보를 알 수 있게 되었다. 우리는 제2장에서 이것을 좀 더 깊이 살펴볼 것이다.

우리가 경험한 외상성 사건들은 아주 가벼운 것에서부터 심각한 것까지 다양하며, 그 결과로 나타나는 정서적 충격과 트라우마 또한 마찬가지다. 우리는 이 장의 앞부분에서 설명된 가벼운 증상을 경험할 수도 있고, PTSD의 심각한 증상들을 모두 경험할 수도 있다. 공통적인 것은, 그 사건으로 인해 어떤 식으로든 영향을 받았고 우리 모두는 더 행복하게 삶을 지속해 나가기를 바란다는 것이다.

삶을 위협하는 외상성 사건의 결과로 고통받는 사람들은 그것이 우리 삶의 질에 얼마나 강력한 영향을 미치는지 알 것이다. 다양한 정도의 부정적인 정서는 우리를 비참하게 하고 마치 삶이 망가진 것처럼 느끼게 할 수 있다. 가장 강력하게 영향을 주는 PTSD 경험은 플래시백이다. 이렇게 외상성 사건이 악몽처럼 되살아나는 것은 의식적인 통제 밖에서 촉발되고, 완전히 통제할 수 없다고 종종 느낄 수 있다. 그렇긴 하지만, PTSD일 때만 플래시백으로 고통받는 것은 아니라는 점을 유념하기 바란다. 어느 정도의 외상을 경험한 대부분의 사람은 플래시백과 침습적 기억으로 고통받는다.

트라우마 클리닉에 다니고 있는 대부분의 사람은 일어난 일에 대해 자신을 탓한다. 그들은 비판적이며 경멸적인 방식으로 스스로를 대하고, 자신을 압도하는 수치심과 자기혐오의 느낌을 극복하기 위해 필사적으로 노력한다.

우리 중 몇몇은 타인을 신뢰하고 관계를 맺는 게 어려울 수 있다. 특히나 다른 사람으로 인해 상처를 받았다면 말이다. 관계는 너무 위험하다고 느낀다. 어떤 사람들은 어릴 때부터 이러한 어려움을 겪어 왔기 때문에, 이것이 삶의 방식이며 신뢰할 수 있는 안전한 관계를 가질 수 없다고 생각한다.

어떤 사람들에게 있어서 고통스러운 기억과 감정을 다루기 위한 노력은 우리를 마음의 어두운 곳으로 데려가서, 고통을 끝내는 것에 목표를 둔 온갖 종류의 도움이 되지 않는 행동을 할지도 모른다. 자해하거나, 과음하거나, 약물을 하거나, 음식을 먹지 않거나, 사람들이 우리를 상처 주기 전에 사람들에게서 도망쳐 버리거나, 혹은 심지어 자살을 생각하기도 한다. 느낌, 기억, 두려움에 대처하기 위해 우리가 찾은 방식이 그것을 다루려는 최선의 노력임을 스스로에게 자비롭게 다시 알려 주는 것이 중요하다. 그러나 그러한 노력들이 삶에 온갖 종류의 의도치 않은 결과를 낳게 될 때 그 노력은 우리의 문제들 중 일부가 된다.

우리가 무엇을 겪든, 얼마나 고통받든 간에 어려움은 경험한 것에 대한 자연스럽고 이해할 수 있는 반응이라는 점을 이해하는 것이 중요하다. 특히 트라우마나 외상성 기억을 다루는 방법을 배운 적이 없다면 어려움을 겪는 것은 너무나도 당연하다. 외상성 사건을 다루는 것이 우리 일상의 일부가 아님을 기억할 필요가 있다. '정상적인 삶'을 잘 살 수 있게 하는 기술이 트라우마를 관리하는 데 항상 충분하지는 않기 때문에 그 사건에 대한 기억이 그토록 여러 가지 문제와 고통을 일으키는 것이다.

제**2**장

외상성 사건으로 인한 반응 이해하기: 뇌, 동기, 그리고 정서

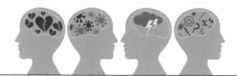

트라우마가 우리에게 어떤 영향을 미치는지를 이해하는 가장 쉬운 방법 중 하나는 뇌의 작용을 이해하고 외상성 사건과 위협을 뇌가 어떻게 감지하고 반응하는지를 아는 것이다. 제2장에서는 뇌가 외상성 경험과 관련된 정보들을 어떻게 진전시키고 처리하는지를 탐색한다. 이를 통해 트라우마로 인해 생긴 플래시백, 침습적 사고, 악몽, 수치심 혹은 자기비난과 같은 많은 어려움이 자연스러운 반응이고, 압도되는 위협적인 사건을 다루기 위한 뇌의 최선의 노력이었음을 이해할 수 있게 된다. 뇌가 어떻게 진화해 왔는지 더 자세히 살펴보자.

1. 진화-'구뇌'의 욕망과 '신뇌'의 딜레마

진화과정은 뇌가 우리를 하나의 종으로서 생존하고 번성할 수 있도록 했다. 이와 함께 우리는 일상의 위협에도 대처해야만 한다. 마음과 몸이 오랫동안 어떻게 진화되어 왔는지를 이해하게 되면 자연, 동물, 다른 인간, 행성과의 연결도 이해하고 인식할 수 있다. 이를 통해 뇌의 반응 메커니즘이 실제로

자동적이고 매우 원시적(기본적)일 수 있다는 것이 어느 정도 우리에게 밝혀
질 것이다.

우리의 뇌(지구상의 다른 모든 인간의 뇌와 마찬가지로)는 생존하고 번식할 수
있도록 진화했다. 우리는 때로 '생명의 흐름'이라 불리는 것의 일부다. 따라
서 '생명의 흐름' 속에 존재하는 모든 것이 어떻게 작동되는지를 알게 되면 우
리가 자신의 삶을 어떻게 경험하는지 또한 이해할 수 있게 된다.

뇌는 많은 것이 가능하도록 설계되었다. 다른 모든 생물과 마찬가지로 우리
는 생명을 유지하고 번성하기 위해 환경으로부터 충분한 영양분을 얻어야 한
다. 즉, 우리는 가능한 한 위협과 부상을 피해야 하고, 생식을 위해 다른 사람
들과 관계를 형성해야 한다. 이것은 모든 종의 뇌도 이러한 기능을 수행하도
록 진화했다는 것을 의미한다. 다른 종들은 이것을 약간 다른 방식으로 한다.

인간은 기본적인 욕구, 느낌, 필요(이를테면 음식, 따뜻함, 섹스, 안식처 등)가
있으며, 이러한 욕구는 종으로서 우리의 생존에 성공적으로 기여했다. 이러
한 기본적인 동기들 중 많은 것이 인간에게는 새로운 것이 아니다. 그것은 우
리가 '구뇌(old brain)'라고 부르는 것의 일부분이고, 다른 동물들과 마찬가지
로 우리도 이것을 가지고 있다. 동물과 마찬가지로 우리도 음식과 따뜻함을
추구하며, 고립된 동굴보다는 모여서 생활하고, 성적인 관계를 갖는 것, 아이
를 돌보는 것, 우정을 맺는 것을 좋아한다. 이러한 동기와 목표를 달성하는
것이 우리의 생존을 보장해 주었다.

우리의 뇌는 진화 역사에서 서로 다른 시기에 진화해 온 다른 시스템과 부
분들로 구성되어 있다. 이것은 인간의 뇌가 독특한 능력을 가지고 있을 뿐만
아니라 우리가 다른 동물들과 기본적인 욕구와 동기를 공유한다는 것을 의미
한다.

예를 들어, 모든 동물과 마찬가지로 우리는 먹이를 사냥할 수 있고, 먹잇감
이 되는 것을 피하며, 피난처를 찾고, 짝짓기를 하며, 서로 싸울 수 있다.

약 1억 2천만 년 전에 포유류는 진화했고, 이러한 변화와 함께 온혈동물

(warm bloodedness)이 되었으며, 동맹/우정을 맺고, 자손을 돌보는 새로운 동기가 생겼다. 이러한 동기는 기본 동기에 추가되어서 음식, 따뜻함, 섹스, 포식자로부터의 피난처와 같은 우리의 욕구와 필요를 가능하게 했다. 중요한 것은 포유류의 출현과 함께 새로운 감정들이 생겨났다는 것이다. 우리는 아이들에게 애착이 생기고, 그들을 보살피고, 위협에서 보호하고, 먹이고, 상호작용을 하도록 진화했다.

그러나 인간의 특별한 점은 약 2백만 년 전에 뇌의 진화가 시작되어 생각하고, 생각하고 있다는 사실을 인지하고, 거울 속의 자신을 보고, 우리가 누구인지 인식하고, 미래를 계획하고, 사물에 대해 숙고하고, 환상을 품을 수 있는 능력의 출현이다. 이것은 '신뇌(new brain)'의 역할로 볼 수 있는데, 이는 '구뇌'와 함께 작동한다. 신뇌는 특히 전두엽 피질(frontal cortex; 이 장의 뒷부분에서 자세히 설명할 예정임)이라고 불리는 뇌 영역과 연결되어 있다. '신뇌'는 자기감, 정체성, 과거는 물론 미래에 대한 사고능력, 모든 종류의 가능성, 기회, 위협의 인식을 가능케 했다. 이러한 역량은 예술, 과학, 문화를 낳았는데, 이는 인간 경험의 일부분이다.

정교한 사고를 하는 신뇌의 문제는 더 오래되고 더 원시적인 뇌의 부분에 의해 지배받는 동기 및 정서와 함께 작동해야 한다는 점이다. 정교한 사고 뇌는 다른 포유류들이 겪지 않는 온갖 방식으로 우리의 정서를 자극한다. 예를 들어, 얼룩말은 잠에서 깨어 먹이를 먹을 때 사자들을 경계할 것이지만, 아마 사자들이 아침에 어디에 있을지에 대해 생각하면서 밤에 깨어 있지는 않을 것이다. 침팬지 역시 바나나 나무 아래에 앉아서 자신이 살이 너무 많이 쪄서 심장병에 걸릴 위험을 걱정하지는 않는다! 이것은 '신뇌'에 의해 야기된 인간들만의 특성이다.

정교한 사고를 하는 신뇌는 세상의 위협에 대해 광범위한 방식으로 생각할 수 있게 했지만, 문제는 웰빙의 위협을 다루는 방식은 여전히 아주 기본적(basic)이고 구뇌에 의해서 지배되고 있다는 점이다. '구뇌'의 욕구와 '신뇌'로 인한 딜레마 사이에 실제적인 갈등이 있다. 우리는 그저 동물이나 파충류처럼 행동하고 경험하지 않는다. 우리는 경험과 욕구에 대해서 생각할 수 있고, 경험과 욕구로 인해 어떻게 느끼는지, 경험과 욕구로 인해 스스로에 대해서는 어떻게 생각하게 되었는지에 대해서도 생각할 수 있다. 우리는 또한 생각, 느낌, 기억 때문에 스스로를 고문할 수도 있다.

결국 우리는 정글과 사바나의 삶에서 현대 도시로 뇌를 데려왔다. 대부분의 경우 우리가 하는 방식으로 생각하고, 반성하고, 계획하고, 마음속으로 일을 뒤집고, 걱정하고, 우리 자신에 대한 인식을 가질 수 있는 능력이 우리에게 유용할 수 있지만, 항상은 아니다. 때때로 이런 식으로 생각하는 것은 우리를 악순환에 빠지게 하는 골칫거리다. 우리가 무언가에 대해 더 불안해할수록, 우리의 생각은 그 불안에 더 집중하고, 우리는 더욱 불안해진다.

트라우마 경험이 자신에게 주는 의미를 생각하거나, 트라우마로 인해 자신을 부정적으로 인식하게 되는 것은 오직 인간만이 하는 일이다. 인간의 뇌는 우리에게 온갖 문제와 정신적 고통을 야기할 수 있다. 예를 들어, 동물은 음식이 있으면 먹을 뿐이다. 반면에 인간은 음식을 보고 나서 먹은 다음 자제력을 잃었다고 자신을 탓한다. 동물과 인간 모두 기본적인 생식 욕구와 성 욕구를 지니지만 인간은 다음과 같이 자신의 행위와 시점에 대해서 걱정한다. '나는 그것을 정말 원했을까?' '그 사람을 다시 보고 싶은가?' '너무 빠르지는 않았을까?' '나를 여전히 사랑하고 존중할까?' 이것은 정신적 '되새김질'로서 우리에게 정신적 고통을 주며 '구뇌'와 '신뇌' 간 갈등의 핵심이다. '구뇌'는 우리에게 기본적 욕구를 제공하지만, '신뇌'는 우리의 행위와 정서를 생각하고 검토하는 능력을 준다.

우리는 수백만 년 동안 존재해 왔고, 이제는 정교하게 사고하는 뇌(thinking brain)와 연결되어 있는 다양한 정서적 동력과 욕구를 지니고 있다. 이것은 인간이 지닌 위대한 창조성의 원천이지만, 동시에 고통을 줄 수도 있다. 정서가 어떻게 작동하는지를 이해하기 위해서는 정서가 어떻게 설계되어 있고,

어떻게 기능하는지에 대해서 생각해 볼 필요가 있다.

2. 정서의 이해

정서는 우리가 어떻게 살고 있는지를 보여 준다. 정서는 삶의 의미를 발견할 수 있게 하는 것에 대한 정서적 반응이며, 우리를 사건, 성취, 관계로 이끈다. 예를 들어, 축구에 열정이 있다면 우리나라가 월드컵 출전권을 땄을 때는 흥분하겠지만 못 땄을 때는 우울하거나 심지어 짜증이 날 수도 있다. 정서는 우리의 관심사를 반영한다.

정서는 또한 '필요 상태'를 나타내는데 이것은 정서가 우리로 하여금 필요한 것을 성취하도록 동기부여한다는 것을 의미한다. 예컨대, 우울할 때 우리는 삶을 더 즐기고 싶다는 것을 알아차릴 수 있다. 그래서 어떤 즐거움이나 좋은 느낌을 얻지 못할 것을 알고 있어도 파티 초대에 응한다. 파티에서 즐거움을 얻고 싶은 열망은 우울함을 완화시키고 자신에 대해서 좋은 느낌을 느끼고 싶어 하는 우리의 '필요'를 나타낸다.

삶의 기본적인 과업에 성공 혹은 실패하고 있는지도 정서를 통해 알 수 있다. 새 집을 사고 싶다고 상상해 보라. 그 과정 동안 당신은 여러 가지 정서를 경험할 것이다. 집을 사게 되면 행복하고, 흥분되고, 안심이 될 것이다. 그렇지 못하면, 불행하거나 실망할 것이다. 좋은 혹은 걱정스러운 느낌과 같은 정서는 목표를 이루는 것과 관련되며 우리로 하여금 목표를 이루는 방향으로 안내하고, 우리가 성공했는지 실패했는지도 알려 준다.

다음이 요점이다. 정서는 우리의 필요를 나타내는 열쇠다. 정서가 어떻게 작동하는지, 정서가 어떤 동기 및 결과와 관련되는지를 이해할 때, 우리는 정서를 더 잘 다룰 수 있게 된다. 여러 다른 유형의 정서 시스템이 있고, 이에 대한 이해는 트라우마와 트라우마에 대한 대처를 이해하는 열쇠다.

3. 정서 조절 시스템

뇌 속에는 여러 다른 정서 시스템이 있는데, 이는 함께 상호작용해서 정서 세계를 조절하고, 생존을 위한 기본 욕구(음식, 생식 등)를 충족시킨다. 세 가지의 특히 중요한 정서 조절 시스템이 있는데, 이 시스템은 함께 작동하여 우리의 정서 경험을 진정시킴으로써 삶의 도전들을 다룰 수 있도록 돕는다. 각 시스템은 각기 다른 일을 하고, 다른 시스템과 함께 작동하도록 설계되었기 때문에, 서로 균형을 유지한다. 폴 길버트(Paul Gilbert) 교수는 그의 저서 『자비의 마음(The Compassionate Mind)』(329~330페이지의 유용한 자원을 참조하라)에서 이 세 가지 정서 시스템의 중요성을 개략적으로 설명하고 있으며, 그것은 다음과 같다.

- 첫 번째 시스템은 **위협 보호 시스템**(threat protection system)이다. 이 시스템은 위협(분노, 불안, 혐오)을 탐지하고 다룬다. 이 시스템은 우리 자신을 보호하고 방어하도록 고안되어서, '위협 정서 조절 시스템(threat emotion regulation system)'이라고 불린다.
- 두 번째 시스템은 **성취 및 활성화 시스템**(achieving and activating system)이다. 이는 우리의 욕구를 자극하고 지시하여 음식, 섹스, 우정과 같은 좋은 것을 성취하도록 하며, 우리로 하여금 목표를 달성하도록 돕는다. 기쁨의 느낌과 관련되며, '성취 달성 시스템(achieving acquisition system)'이라고 불린다.
- 세 번째 시스템은 **친밀 및 진정 시스템**(affiliative and soothing system)이다. 이는 진정되는 느낌, '안전' 및 평화의 느낌과 연결되어 있다. 이완됨, 자비를 느낌, 타인과의 연결과 관련된다. 이 시스템은 우리로 하여금 다른 두 시스템을 조절해서 만족스러운 상태를 경험할 수 있게 한다(따라서 우

리는 항상 어떤 것을 찾느라 서두르거나 위협에서 도망치지 않는다). 우리는 이를 '만족 및 진정 시스템(contentment and soothing system)'이라고 부를 것이다.

이들 시스템이 우리의 '마음가짐(mind set)' 혹은 '정신(mentality)'을 조절할 수 있게 돕는다는 점은 흥미롭다. 다시 말해서, 우리로 하여금 정서와 마음 가짐을 다루어서, 우리의 관점을 바꾸고 조절할 수 있게 돕는다.

예를 들어, 위협 시스템이 잠재적 위협을 확인한다면 불안을 느끼게 되며 심장은 뛰기 시작하고, 위협-초점 '정신(mentality)'을 채택한다. 정신이란 마음이 조직화되어 있는 방식을 의미한다. 위협을 받을 때 우리가 주목하는 것, 우리가 생각하는 방식, 몸과 느낌에서 일어나는 것, 그리고 우리가 실제로 하는 것은 거의 위협 이슈에 집중되어 있다. 마음은 특정 방식인 '위협에 기반한 정신(threat-based mentality)'으로 조직되어 있다. 만약 여러분이 휴가를 가거나 사랑하는 가족과 크리스마스를 즐긴다면 여러분의 마음이 어떻게 조직될 것인지 생각해 보라. 정서 시스템은 특정한 방식으로 우리의 주의를 집중시키고 그에 해당하는 방식으로 행동하게 하는 특정한 유형의 감정을 촉발시킴으로써 '정신'을 조율한다.

다음은 세 가지 주요 정서 시스템이 상호작용하는 방식을 보여 주는 그림이다. '성취 및 달성(활성화)' 시스템, '위협 보호' 시스템, '만족 및 진정' 시스템이 균형을 이룰 때 우리는 삶의 도전에 대처할 수 있도록 안내된다.

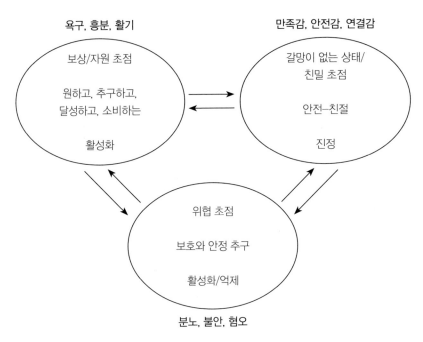

[그림 2-1] 세 가지 정서 조절 시스템

출처: P. Gilbert의 저서 『자비의 마음』(London: Constable & Robinson, 2009)에서 허락받은 뒤 게재함.

1) 위협 정서 조절 시스템

위협 정서 조절 시스템(위협 보호 시스템) 및 위협과 관련된 과정이 트라우마 이해의 핵심이다. 그리고 이런 이유로 나는 여기에서 그에 대해 좀 더 구체적으로 초점을 맞출 것이다. 위협 시스템은 신체적·심리적 위해로부터 우리를 안전하게 보호하기 위해 고안되었다. 우리는 유쾌한 감정보다 불쾌한 감정을 감지하고 대응하는 데 훨씬 빠르고 뛰어나다. 인간은 다른 동물들과 마찬가지로 다른 동물, 사람 또는 환경(예: 독성 식품)의 위협을 탐지해야 하는 경우가 많기 때문에 이렇게 진화되었다. 위협 시스템은 '후회보다는 안전이 낫다'는 사고에 근거하여 여러 상황을 다루기 위해 마련되었다.

위협 시스템에는 활성화할 수 있는 다양한 특정 감정이 있는데, 가장 일반적인 감정은 분노, 불안, 혐오감이다. 이 감정들은 각기 다른 신체 느낌, 사고 방식, 행동과 연관되어 있다. 예를 들어, 분노를 느낄 때 몸이 긴장하는 것을 경험할 수도 있고, 턱이 움츠러들거나, 온몸에 에너지가 솟구치는 것을 경험할 수도 있다. 격분하거나 좌절감이 있을 때 공격하거나 소리치고 싶은 경험을 할 수 있다. 불안은 분노와 같이 높은 흥분 상태에 있지만 분노의 느낌과는 다르게 생각하고 행동한다. 즉, 불안을 느낄 때 우리는 도망가거나 안전을 위한 방법을 찾고 싶어 한다. 혐오감을 느낄 때는 약간의 메스꺼움이나 구토감이 생기고, 생각은 불쾌함에 집중되어 혐오감을 없애거나 추방시키거나 혹은 그 원인을 제거하고 싶어 한다.

각기 다른 신체 느낌, 사고방식, 정서와 관련된 행동들은 뇌에 패턴을 만드는데, 이는 뇌가 진화되어 온 방식에 의해 어느 정도 결정된다. 다시 말해서, 인간이 분노, 불안, 혹은 혐오를 느낄 때 신체 느낌, 사고방식, 행동 욕구는 유사하다.

(1) 위협 시스템의 방어적 선택들
이미 설명했듯이 위협 시스템에는 신속하게 행동하는 여러 가지 감정과 행동이 존재한다. 여기에는 다음이 포함된다.

- 싸움—좌절과 짜증이 생김. 혹은 격노하여 소리 지르거나, 때리거나, 공격적인 모습을 보임
- 도망—불안의 느낌과 공포의 감정을 느껴서 탈출하고 싶음
- 굴복—요구를 들어주거나 항복하며, 숨어 버리고, 아무 말도 하지 않고, 가능한 한 몸이 작게 움츠러듦
- 얼어붙음—위협에 압도되었기 때문에 거의 마비 상태가 됨(트라우마의 흔한 반응)
- 해리—내부 혹은 외부로 철회됨. 제1장에서 탐색한 트라우마 증상

심각한 위협을 받고 있을 때 우리는 하나 이상의 방어적 대응이 촉발될 수 있다. 예를 들어, 싸우기와 도망가기를 동시에 원할 수 있다. 이것은 우리의 대응을 훨씬 더 복잡하고 어렵게 만들 수 있다. 폭행을 당하는 사람은 자신을 보호하기 위해 몸을 움츠려 방어하는 것과 '일어나서 때리는 것'을 동시에 고려할 수 있을 것이다. 그런데 만약 이 두 가지를 고려하지 못하고 하나의 위협 정서만을 느낄 수 있다면 이것은 우리를 보호하는 데 있어서 심각한 결과를 초래할 수 있다. 그러나 한편으로는 동시에 다양한 위협 정서를 느끼면 마음의 중심을 잡기 어려울 수도 있다.

(2) 뇌가 위협을 처리하는 방식

위협과 트라우마를 처리하는 데 있어서 중요한 영역은 **시상하부, 편도체, 해마, 전두엽 피질**이다. 이것은 복잡한 이름처럼 들릴지 모르지만 우리가 꼭 알아야 하는 이름들이다. 병원을 방문하는 사람들에게 뇌의 이러한 부분을 설명할 때, 나는 종종 비유를 사용한다. 사람들에게 특히 도움이 된다고 생각하는 비유는 뇌의 영역들을 캐릭터로 생각해 보는 것이다. 다음은 다른 일을 하는 4개의 캐릭터로 설명되는 뇌의 영역들이다.

① 시상 혹은 '문지기'

첫째, '문지기' 역할을 하는 시상이 있는데, 이 부분은 모든 방문자(자극)를 뇌의 오른쪽 부분으로 향하게 한다. 비유하면, 뇌의 방문객들은 우리의 오감을 통해 다섯 가지 다른 방식으로 도착하는 정보원들이다. 외부 세계로부터의 정보는 시각, 청각, 후각, 촉각, 미각을 통해 우리의 뇌에 수신된다. 시상 또는 '문지기'는 부지런하고 열심히 일하며, 방문자(정보)를 입력하는 것뿐만 아니라 그것을 다루는 뇌의 다음 부분에 정확하게 전송한다.

② 편도체 혹은 '세관'

둘째는 편도체다. 뇌의 양쪽 귀 바로 뒤쪽에 자리 잡고 있는 2개의 편도체는 한 나라(여기에서 나라는 우리의 뇌)의 '세관' 역할을 하며, 다가오는 잠재적 위협에 관한 정보를 체크한다. 편도체는 뇌의 '경고 시스템'으로서 문지기인 시상이 보내는 정서 신호에 반응하고, 외부 세계(혹은 때때로 기억, 이미지, 생각과 같은 우리 자신의 마음속)에 잠재적인 위협의 원천이 있음을 우리에게 알려 준다. 편도체는 불안이나 분노와 같은 감정을 터뜨리게 만드는데, 이것은 우리에게 행동을 취하라는 경고다. 이는 또한 '문지기'나 시상에 의해 확인되는 다가오는 위협으로부터 우리를 보호하기 위한 것이다. 몸은 앞에서 설명한 것처럼 다양한 방어적 행동, 즉 싸움, 달아남, 굴복, 얼어붙음, 해리 등을 하게 된다.

(a) 후회보다는 안전

여러 가지 이유로 인해 뇌는 위협에 매우 민감하도록 진화되어서 심지어 위협을 과대평가하고 그것에 지나치게 집중함으로써 실수를 하기도 한다. 만약 여러분이 잔디밭이나 공원에서 먹이를 먹고 있는 새들을 본다면, 새들이 먹으면서도 주변 환경에 있을지도 모르는 위협을 점검하고 있다는 것을 알게 될 것이다. 적은 양의 음식을 먹게 됨에도 불구하고 이렇게 하는 것은 그들이 얼마나 위협을 의식하고 있는지를 보여 준다. 우리 역시 예상치 못한 소음이나 움직임으로 인해 갑자기 불안감이 일어날 수 있는데 이 자극들이 위협 시스템의 경보를 울렸기 때문이다.

편도체의 문제는 위험에 매우 민감하고 과민 반응할 수 있어서 위험이 미미함에도 불구하고 그것을 위협으로 분류할 수 있다는 점이다. 이것은 안전을 보장하기 위해 고안된 것이며, '후회하는 것보다는 안전한 것이 낫다'는 원칙에 따라 운영된다. 따라서 편도체는 쉽게 총질을 하기도 하는데 그 하나의 이유는 순간적인 위협에 대응할 준비가 되어야 하기 때문이다. 편도체는

HPA 축(시상하부-뇌하수체-부신 축)이라는 또 다른 위협 초점 시스템과 함께 작동한다. HPA 축은 본질적으로 부신(스트레스 호르몬인 코르티솔을 생산하는 곳)과 같은 다양한 기관에 여러 가지 화학적 메시지를 보냄으로써 몸을 움직이게 하는 뇌의 영역이다. 또한 교감신경계를 활성화시켜 심박수를 높이고, 근육에 산소를 주입해서 우리가 행동하도록 준비시키기도 한다.

(b) 정서적 몸 기억

편도체는 또한 몸에 남겨진 정서적 기억을 담당한다. 트라우마 기억과 같은 정서적 기억들을 저장하는 곳이다. 몸에 남겨진 기억(body-focused memory)이란 주로 우리 몸속에 있는 기억이다. 예를 들어, 당신이 파티에 가서 500cc 정도의 맥주를 마신 뒤 몇 분 뒤 매우 아팠다고 상상해 보자. 얼마 뒤에 맥주 500cc를 마시고 홉 향기를 맡으면 몸에서 무슨 일이 일어날까? 즉각적으로 메스꺼움이 일어난다. 그 냄새는 우리가 '몸 기억'[1]이라고 부르는 것을 촉발시킨다. 이것은 지난번에 맥주를 마셨을 때 어땠는지(잠시 후)를 당신의 몸이 기억하는 것이고(편도체 덕분에), 실제로 토할 수도 있다. 만약 편도체가 작동하지 않는다면, 지난번 맥주를 마시고 아팠다는 것을 기억하지만 실제로 몸이 토할 것 같다고 느끼지는 않을 것이다.

(c) 조건화

편도체는 또한 '조건화'를 담당한다. 뇌는 우리로 하여금 '몸 기억들'을 만든 이전의 위협을 연상시키고 그것을 두려워하도록 학습시킨다.

---

1) 바벳 로스차일드(Babette Rothschild)가 트라우마에 관한 자신의 책 『몸은 기억한다: 트라우마 및 트라우마 치료의 정신생리학(The Body Remembers: The Psychophysiology of Trauma and Trauma Treatment)』(W. W. Norton & Co, 2010)에서 사용한 용어다.

존의 이야기

존은 어렸을 때 개에게 물렸는데 여러 해 동안 개 짖는 소리나 개를 보기만 해도 즉시 불안 반응이 생겼다. 심장이 쿵쾅거리는 것을 느끼고 불안감을 경험하며 도망치고 싶었다. 편도체 덕분에 어릴 때 개에게 물렸을 때 경험했던 것과 똑같은 정서와 '몸 기억'을 경험하는 것이다.

⒟ **몸 기억**

편도체가 몸의 느낌과 기억을 활성화할 수 있다는 것을 알고 있는 것이 중요하다. 외상성 사건(뇌가 위협으로 해석하는)을 경험할 때 플래시백, 악몽, 침습적 사고들과 같은 트라우마 기억들은 모두 편도체에 저장된다. 편도체는 이 트라우마 기억들을 떠올리게 하는 모든 것을 위협으로 간주하고, 트라우마로 겪었던 신체적 느낌과 기억들을 다시 되살릴 것이다. 뇌에서는 트라우마 기억과 연관되는 것은 어떤 것이든 그것을 위협으로 취급하도록 '조건화'시켰다는 것을 의미한다. 제3장에서 플래시백과 트라우마 기억을 더 자세히 알아볼 것이다.

③ **해마와 사건 기억 혹은 '바쁜 행정가'**

세 번째 캐릭터는 해마다. 해마를 편도체(세관)가 한 위협에 대한 평가를 검증하는 매우 바쁜 행정가라고 상상해 보자. 해마는 시기와 장소를 기록하는 문서 정리원과 같다. 이를 위해 해마는 시상('문지기')에 의해서 확인된 뒤에 편도체('세관')에게 보낸 위협을 평가하기 위해서 뇌에 저장되어 있는 다른 기억들을 참조한다. 만약 해마가 위협이 없다고 결정하는 필수적인 정보를 찾아낸다면, 인지된 위협은 실제 위험이 아니기 때문에 '진정'해도 된다는 것을 알리는 신호를 편도체에게 보낸다. 반면에 만약 해마가 실제 위협이 있다는 것을 확인하는 정보를 발견하면, 뇌의 모든 부분은 위험에서 벗어나 안전을 유지하기 위한 반응들을 조직화한다. 이 과정의 궁극적인 목표는 우리를

살아 있게 하고 상해를 피하게 하는 것이다. 전두엽 피질이 위협에 대한 우리
의 반응을 어떻게 조정하는지도 이후에 살펴볼 것이다.

(a) 맥락

해마 혹은 '행정가'는 기억에 장소와 시간을 할당하면서 기억을 맥락 속에
넣는다. 이렇게 함으로써 어떤 일이 지금 일어나고 있는지 아니면 과거에 일
어났는지를 구별할 수 있게 된다.

해마가 손상된 사람들은 시간과 사건을 함께 기억하지 못한다. 따라서 월
요일에 만난 사람을 화요일에 다시 만나도 자신이 월요일에 그 사람을 만났
다는 사실을 기억하지 못한다. 해마가 손상된 사람들도 위협적인 사건에 대
한 몸의 반응('몸 기억'이라고 불림)이 있을 수 있지만, 그 기억들을 언제 어떻
게 얻게 되었는지는 기억하지 못한다. 따라서 해마는 위협을 평가할 때 위협
이 현재 있는지(즉, 실제로 지금 일어나고 있는지), 아니면 위협이 지나갔는지
(즉, 과거에 일어났든지)를 평가하는 뇌의 부분이다.

④ 전두엽 피질 혹은 '지휘자'

네 번째 캐릭터는 전두엽 피질인데, 이 부위는 뇌 속 정서적 '오케스트라'
의 지휘자로 간주될 수 있는 '신뇌'의 한 부분이다(정서적 오케스트라는 '위협 보
호' '성취 및 활성화' '만족 및 진정' 시스템들로 구성된다). 뇌의 이 부분은 세 가지
정서 조절 시스템을 조율하고 있는데, 긍정적인 정서를 관장하는 두 종류의
시스템인 '성취 및 활성화' 시스템과 '만족 및 진정' 시스템을 살펴본 후에 이 장
후반부에서 뇌의 이 부분을 좀 더 자세히 살펴볼 예정이다. 특히 이 두 가지
의 긍정적인 정서 시스템이 어떻게 위협 시스템을 조절할 수 있는지 이해하
는 것이 중요하다.

2) 성취 달성 정서 조절 시스템

삶을 영위하는 데 있어서 위협을 피하거나 위협이 발생했을 때 대응하는 것 이상의 일을 해야 한다는 것은 분명하다. 다시 말해서, 우리는 무언가를 성취하고 달성할 필요가 있는 것이다. **성취 달성**(성취 및 활성화) 시스템은 우리에게 긍정적인 느낌을 주는데, 이 느낌으로 인해 우리는 인간으로서 생존하고 번영하는 데 도움이 되는 것을 찾고 발견할 수 있도록 안내되고 동기화된다. 이것은 음식, 섹스, 지위, 권력, 관계와 같은 것으로 동기화되고, 즐거움을 발견하는 것이다. 동기, 에너지, 욕망을 제공하는 것이 바로 이 시스템이다. 예를 들어, 운전면허 시험에 통과하거나, 시험에 합격하거나, 스포츠 경기에서 우승하는 것처럼 인생에서 무언가를 얻거나 성취했을 때 어떤 기분이 드는지 상상해 보라. 우리는 흥분, 즐거움, 강한 에너지의 느낌을 경험한다. 그리고 성공으로 가는 동안, 우리가 선택한 길을 계속 갈 수 있도록 만드는 작은 소리를 듣는다. 이 느낌은 **성취 달성** 시스템에 의해 생성되며, 성취 달성 시스템의 중요한 기능 중 하나는 성장하고 목표를 달성하는 데 도움이 되는 것을 하도록 우리를 안내한다는 점이다. 예컨대, 인생의 파트너를 찾는 것, 친구를 사귀는 것, 새로운 직업을 얻는 것, 새로운 취미를 얻는 것 등이 될 수 있다. 우리는 이 모든 것이 즐겁다는 것을 알기 때문에 그것을 찾게 되는 것이다.

음식, 섹스, 우정 등의 목표를 추구하려는 욕망이나 동기가 **성취 및 활성화 시스템** 내에서 어떻게 조절되는지를 이해하는 것이 유용한데, 그 이유는 이 또한 정서로 인해 가능하기 때문이다. 목표가 무엇인지는 중요하지 않다. 일이 잘 되어 가면 우리는 즐거운 느낌을 갖게 될 것이다. 이 즐거운 정서 반응이 우리로 하여금 그 일을 지속하게 만든다. 반면에 목표가 만족스럽지 않으면, 정서 반응은 덜 즐거워지고, 불안, 좌절과 같은 위협 관련 정서를 경험하게 될 것이다. 방향을 바꾸고, 목표를 변경하거나 포기하도록 만드는 것이 바로 이런 느낌들이다. 예를 들어, 중요한 시험에 합격하고 싶거나, 데이트를 하러 나가거나, 새로운 직장을 구하고 싶을 때, 그 목표를 성공적으로 달성하는지 아니면 좌절감을 느끼는지에 따라 우리는 기분이 좋거나 나쁠 것이다. 따라서 우리가 그 일을 계속 할지 포기할지는 우리의 기분이 좋은지 혹은 나쁜지에 달려 있다.

(1) 위협과 긍정 정서

위협 시스템이 지닌 어려움 중 하나는 긍정 정서를 무시하도록 설계되었다는 점이다. 예를 들어, 친구와 즐거운 시간을 보내고 있는 중에 받은 전화에서 다른 친구 또는 자녀가 사고를 당했다는 소식을 들었다고 상상해 보자. 혹은 공원에서 한가로이 산책을 하는 중에 탈출한 사자를 갑자기 발견했다고 상상해 보자. 이 두 가지 상황에서 당신은 높은 불안감을 일으키는 위협을 다루는 데 주의를 집중하고 긍정 정서는 재빨리 사라진다. 때로 스트레스를 받을 때 긍정적 느낌을 느끼기 어려운데 그 이유는 **위협** 시스템이 활성화되어 긍정 정서는 약해지거나 사라지기 때문이다. 물론 어떤 위협이 있을 때에도 다른 긍정 느낌을 일으키는 것이 충분히 가능하다고 느낄 수도 있다(예: 낙하산 점프). 실제로 어떤 사람들은 위험한 것을 즐겨서 익스트림 스포츠와 같이 위협 시스템을 활성화시키는 활동에 참여하기를 좋아한다. 이는 **위협** 시스템과 **성취** 시스템 간의 관계가 얼마나 복잡한지를 보여 주는 예다.

성취 달성 시스템이 위협 및 **진정** 시스템과 균형을 이룰 때 삶의 중요한 목표로 우리를 인도할 수 있다. 성취 달성 시스템이 과도하게 자극되면 우리는 '점점 더 많은' 것을 원하거나 혹은 과도하게 활성화되어서 마음은 질주하게 되고, 잠들지 못하게 된다. 반면에 성취 달성 시스템이 저자극 되었을 때 우리는 동기 부족과 에너지 및 욕구의 상실을 경험한다.

3) 만족 및 진정 정서 조절 시스템

동물들이 어떠한 위협도 받지 않고 만족해할 때(즉, 음식과 같은 자원을 찾지 않을 때) 이완되고, 놀이와 탐험을 할 수 있다는 점을 상상할 수 있다. 이를 만족의 상태, 애쓰지 않는 상태, 위협적이지 않은 상태라고 한다. 만족 및 진정 시스템(협력 및 진정 시스템)은 뇌에서 엔도르핀이라는 화학 물질을 방출하며, 평화로운 웰빙감을 만드는 것과 관련된다. 고통스러워하던 아기가 부모에게서 위로를 받고, 아기의 위협 기반 정서가 달래질 때에도 엔도르핀은 생성된다. 명상 혹은 수련을 통해 마음을 늦추는 법을 배우면 더 강력한 웰빙감과 더 강한 만족감으로 내면이 보다 차분해짐을 느낀다. 이를 통해서 우리가 알 수 있는 것은 긍정적인 느낌을 갖는 것이 가능하다는 사실이다. 이 긍정적인 느낌은 흥분되거나 고조된 상태가 아니며, 우리로 하여금 위협 기반 정서를 진정시키게 하는 고요하고 긍정적인 느낌이며, 혹은 평화로운 느낌과 관련되는 것이다. 자비와 친절함은 만족 및 진정 시스템에서 나온다.

만족 및 진정 시스템의 흥미로운 점은 자비와 돌보는 행동의 진화에 매우 중요하다는 것이다. 아기가 괴로워하고 울면(위협 시스템), 부모는 아기를 안고 쓰다듬으면서 부드러운 목소리로 진정시키고 달래 줄 수 있다. 이러한 모든 행동은 아기의 뇌에 새겨져 엔도르핀과 옥시토신이라는 호르몬이 분비되고 아기는 다시 안전하다고 느낀다. 엔도르핀은 평화롭고 차분한 웰빙감과 연결되어 있으며, 옥시토신은 우리가 사회 환경에서 어떻게 안전하고 편안하게 느끼는가에 중요한 역할을 한다.

이것은 진정 시스템이 위협 시스템을 조절하고, 불안, 분노, 혐오와 같이 우리가 위험할 때 경험하는 정서를 진정시키는 데 도움이 될 수 있다는 정말 중요한 것을 보여 준다.

만약 무언가가 우리를 화나게 했다면, 기분이 나아지도록 우리가 할 수 있는 일은 무엇인가? 앞서 논의했듯이 과제에 착수하고 성취 달성 시스템을 활성화할 수 있을 것이다. 그러나 종종 우리는 다른 사람들과 이야기를 하면 기분이 나아지는 것을 발견하는데, 이는 우리가 지지와 이해를 받고 타당하다고 느끼기 때문이다. 그리고 이것은 실제로 우리가 화가 났을 때 기분이 나아지도록 도움을 주는데, 이는 **진정 시스템**이 위협에 기반한 정서를 진정시키기 때문이다.

앞에서 언급했듯이 아기가 괴로워할 때 다정하고 애정 어린 부모와 함께 있다면 부모는 아이가 진정될 때까지 안아 준다. 이것은 우리 인간도 다른 동물들과 마찬가지로, 위협 시스템에 의해 활성화되는 정서(예: 고통과 불안)가 친절, 애정, 자비를 받으면 누그러질 수 있음을 말한다. 애정과 친절은 우리에게 매우 중요해서 실제로 두뇌 발달에 영향을 미친다. 또한 뇌에는 특별한 호르몬을 생산하고 다른 사람의 친절과 자기자비, 자기친절에 반응하는 특별한 영역이 있다. 그러므로 위협받고 있다는 느낌을 안정시키거나 진정시키는 데 친절함이 도움이 된다는 것에는 의심의 여지가 없다.

만족감을 느끼고, 안전하고, 다른 사람들과 다정하게 연결되는 긍정적인 정서들은 성취에 의해 얻어지는 정서와 매우 다르다. 진정시키는 긍정 정서들은 두 가지 측면에서 우리에게 유익할 수 있다. 먼저, 위협 시스템이 활성화되었을 때 위협을 탐지하고 자신을 보호하는 감정(예: 두려움, 불안, 분노)을 진정시키는 데 도움이 된다. 또한 중요한 시험이나 원하던 운전 시험에 통과하지 못하는 것과 같이 성취와 관련된 긍정적인 느낌이 방해될 때 경험하는 불쾌한 느낌을 관리하는 데에도 도움이 된다.

괴로워하는 아기의 예로 돌아가면, 아기가 우는데 부모가 아기를 달래서 진정시키지 않고, 심지어 아기에게 소리를 지르거나 다치게 했을 때 아기의 뇌에서 어떤 일이 일어나는지 상상해 볼 수 있다. 아기의 뇌는 방치 및/또는 부정적인 행동을 매우 위협적인 것으로 등록하고 위협 중심 시스템이 활성화된 상태로 유지되어 아기는 계속 고통을 겪게 될 것이다. 이는 **만족 및 진정 시스템**이 활성화되지 않고 있다는 것을 의미하며, 따라서 아기는 자신의 화에 반응하여 긍정적인 돌봄과 따뜻함을 받는 경험을 발달시키지 못한다. 물론 모든 부모는 아이들에게 짜증을 내고 그들이 원하는 보살핌을 제공하지 않을 때가 있다. 결국 우리는 모두 인간일 뿐이다. 그러나 이러한 처리 방식이 어린 시절 내내 일관되게 지속된다면 아동의 뇌는 **만족 및 진정** 시스템을 활성화하는 방법을 배우지 못해 문제가 될 수 있다. 만약 어떤 사람이 어렸을 때 자비를 경험하지 못한다면 어른이 되어 자신을 향한 사랑, 친절, 따뜻함의 자비로운 느낌을 갖기 위해 고군분투할 수도 있다. 이러한 느낌을 만들 수 있는 핵심적인 아동기 발달 단계가 **빠진** 것이다. 그 대신 그때의 아동과 성장한 어른은 위협에만 집중하게 된다.

4) 전두엽 혹은 '지휘자'

앞에서 설명했듯이 우리의 네 번째 캐릭터는 전두엽 피질이라 불리는 뇌의 영역인데 이 부위는 뇌 속 '감정적 오케스트라'의 지휘자 역할을 하며, 정서 조절 시스템들(위협 보호, 만족 및 진정, 성취 및 활성화)로 구성되어 있다. 실제 지휘자가 연주회에서 특정한 시점, 빠르기, 볼륨에 따라 각각의 악기가 연주할 수 있도록 안내하는 것처럼 뇌의 지휘자는 3개의 정서 조절 시스템을 통합하는 데 핵심적인 역할을 한다.

(1) 정서 조절

전두엽 피질은 유아기, 유년기를 지나 청소년기를 거치면서 매우 천천히 성숙하고 점차 더 정서적인 뇌 영역과 연결된다. 결국 그것은 부분적으로는 학습을 통해서, 부분적으로는 부모를 모델링하면서 정서를 조절하는 역할을 한다. 뇌의 이 영역이 성숙에 핵심적인 역할을 하기 위한 관건은 성장하면서 돌봄과 '안전', 그리고 주변 사람들로부터 도움을 얼마나 경험하는가다. 수 게르하르트(Sue Gerhardt)가 쓴 『사랑이 왜 중요한가?: 애정이 아기의 뇌를 형성하는 방식(Why Love Matters: How Affection Shapes a Baby's Brain)』이라는 훌륭한 책이 있다(332페이지 참조).

(2) 집행 기능

전두엽 피질은 생각하고, 예측하고, 계획하고, 결과를 계산하고, 다른 사람들에게 공감할 수 있는 능력을 제공한다. 우리가 의식적으로 '생각'을 할 때, 뇌의 매우 많은 부분이 관여한다. 또한 전두엽 피질은 우리의 트라우마 경험과 그것을 어떻게 다루는지를 배울 때 중요한 역할을 한다. 왜냐하면 전두엽 피질은 플래시백, 악몽 등의 측면에서 트라우마 경험의 일부를 형성하는 과거의 정서적 관련성들과 사건들을 재활성화하는 역할을 하기 때문이다.

(3) 정서 인식

뇌의 이 영역은 정서를 인식하고, 정서에 반응할지 여부를 결정할 수 있는 능력을 우리에게 제공한다. 또한 위협을 의식하는 편도체가 생성하는 몸의 느낌에 어떻게 반응할 것인가를 평가할 수 있게 해 준다. 예를 들어, 만약 당신이 시험이나 운전면허 시험을 치러야 한다면, 편도체는 이것이 잠재적으로 당신의 웰빙을 위협하는 것으로 인식하고, 지금 우리에게 익숙한 위협에 대한 모든 반응을 생성하는 데 최대 속도를 낼 것이다. 배가 조이고, 심장이 뛰고, 정말 불안하고, 집에 가고 싶을 것이다. 그러나 전두엽 피질은 장기적으로 현재 상황을 평가하고, 정서를 인식하고, 그에 따른 행동 여부를 결정하는 결과를 계산한다. 만약 우리가 (도망가기보다) 그 상황에서 불안에 머무를 수 있다면 불안감에 익숙해질 수 있고 (시험이나 운전면허 시험) 과제를 수행하여 이익을 얻을 수 있다는 것을 인식한다. 전두엽 피질은 현재 행동에서 비롯되는 미래의 결과를 인식할 수 있는 능력이 있기 때문에 편도체의 메시지(싸우거나, 도망가거나, 얼어붙거나/굴복하게 만드는)를 무시할 수 있게 해 준다.

(4) 공감

전두엽 피질은 다른 사람의 마음속에서 일어나는 일을 공감하고 생각할 수 있게 하고, 우리 마음속에서 일어나는 일을 우리 스스로 이해할 수 있게 돕기도 한다. 전두엽 피질은 우리로 하여금 뒤로 물러서서 반영할 수 있게 한다.

전두엽 피질은 만족, 안전, 행복, 돌봄을 받거나 돌보는 느낌의 신호에 매우 민감하다. 전두엽 피질은 **만족 및 진정** 시스템을 활성화시키는 뇌의 다른 많은 영역 중에서 핵심적인 역할을 한다. 앞에서 언급했듯이 실제로 전두엽 피질이 성숙하는 데 필요한 주요 요인 중 하나는 타인으로부터 사랑받고, 돌봄받는 연결 경험이다. 돌보고, 지지하며, 타당화하고, 격려하는 접근을 스스로에게 하는 방식을 연습함으로써 스스로에게 친절하고 지지적일 수 있게 되면, 만족, 안전, 자기진정의 느낌과 관련된 정서 시스템을 활성화시킬 수 있다. 반대로, 만약 우리가 자기비판적이고, 쉽게 수치심을 느낀다면, 이는 쉽게 우리의 위협 시스템을 활성화시키게 된다. 수치심 경험에 대해서는 제4장에서 더 자세히 살펴볼 것이다.

4. 요약

이 장에서는 뇌가 트라우마를 처리하는 몇 가지 방법을 소개하였고, 특히 뇌의 설계가 어떻게 우리에게 고통을 야기시키는지를 탐색했다. 고통은 절대 우리의 잘못이 아니다.

편도체는 트라우마와 '몸 기억'을 저장하고, 우리에게 강력한 느낌을 불러일으킬 수 있는 뇌의 한 부분임을 알게 되었다. 해마는 기억을 시간과 장소라는 맥락 속에서 저장한다. 전두엽 피질도 중요한 역할을 하는데, 그 이유는 우리의 내부와 외부에서 일어나는 일을 조망할 수 있게 하기 때문이다. 문제는 트라우마가 위협 시스템에 엄청난 자극을 줌으로써 코르티솔을 방출시키고, 그로 인해 일시적으로 해마와 전두엽 피질 작동을 중지시킴으로써, 몸의 위협 반응들을 통해 트라우마를 재경험하게 된다는 것이다.

뇌가 어떻게 작동하는지를 이해하는 데 있어서 중요한 것은 문제를 야기시키는 방식으로 우리가 설계된 것이 우리의 잘못이 아니라는 점을 인식하는 것이다. 트라우마에 대한 반응은 기억이 뇌에 코드화되어 있는 방식 때문이며, 뇌가 진화되어 온 방식 때문임을 이해하는 것이 우리 자신을 돕기 위한 첫 번째 단계가 될 수 있다. 우리는 의식적 통제를 넘어서는 방식으로 기능하는 뇌로 진화되었다. 뇌는 우리를 신체적 · 정신적으로 안전하게 유지시킴으로써 지구상에서 생존을 연장할 수 있게 하는 것에 매우 관심이 있다. 우리가 이 목표를 달성하도록 돕기 위해서, 뇌는 위협 초점 시스템을 고도로 발달시켜 왔다. 위협을 받을 때 불안, 분노, 혐오, 슬픔과 같은 느낌은 정상적이며, 이것은 우리를 안전하게 지키려는 뇌의 최우선 임무를 돕는 데에도 중요하다. 우리는 삶의 다양한 상황에서 이러한 위협 초점 정서를 느낄 것이며, 평화와 안정을 느끼는 **만족 및 진정** 시스템이 관장하는 정서들을 경험함으로써 위협 초점 정서들을 조절할 수 있다는 점이 중요하다. 자비는 위협에 민감해진 뇌를 진정시키기 때문에 도움이 된다.

제3장

트라우마 기억의 이해:
플래시백, 악몽, 침습적 사고

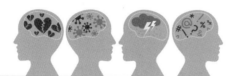

외상성 경험과 트라우마에 대한 반응을 자비심을 가지고 이해하는 데 도움이 되는 핵심적 통찰은 뇌가 일상의 기억들을 외상성 경험의 기억들과는 다르게 처리한다는 점이다.

쉽게 말해서 뇌는 일상의 기억과는 다른 방식으로 트라우마 기억을 저장한다. 외상성 사건 동안 우리가 경험한 압도적인 정서로 인해 뇌는 일상의 사건과는 다른 방식으로 외상성 사건을 처리한다. 이 장의 뒷부분에서 이 기억들이 어떻게 다르게 저장되는지 탐색하게 되는데, 이를 통해 플래시백과 같은 트라우마 기억의 고통스럽고 불안한 측면들을 이해하게 될 것이다.

우리는 기억이 **몸**에 있는 것으로 경험할 수도 있다. 이때 몸은 특정 기억과 관련된 몸 감각을 다시 만들어 낼 수 있다. 제2장에서 500cc의 맥주를 마시고 병이 났던 예가 있었다. 이후에 맥주 냄새를 맡으면, 즉시 메스꺼움이 생긴다. 냄새는 이전의 몸에서 느꼈던 감각을 기억하면서 '몸 기억'을 유발했다. 이 기억은 자동적이고, 빠르며, 몸 전체에 파동을 일으킨다.

몸에 영향을 미치는 것들에 대해서 강한 정서를 가질 때 단지 작은 신호 혹은 단서에도 자동적으로 빠르게 몸 기억은 다시 유발된다. 그 결과 트라우마와 관련된 신호를 경험할 때 몸이 느끼는 방식은 빠르게 변화하는 것을 경험할 수 있다.

트라우마로 인한 문제들, 트라우마가 우리에게 미치는 영향, 그리고 우리의 경험을 스스로 어떻게 이해하는지를 보다 자세히 이해하기 위해서는 뇌가 외상성 사건을 실제로 어떻게 처리하는지를 보다 자세히 살펴볼 필요가 있다.

1. 일상 기억과 트라우마 기억의 차이점 이해

우리가 가장 먼저 이해해야 할 것은 일상 기억과 트라우마 기억이 있다는 것이다. 이러한 다른 종류의 기억은 뇌의 다른 영역에 저장된다. 외상성 사건을 경험하는 것은 경험을 기억에 저장하는 방식을 방해할 수 있다. 트라우마 기억이란 그 외상성 경험이 매우 정서적으로 저장된 것이다. 그것은 편도체라고 불리는 뇌의 원시적인 영역(61페이지 참조)에 다른 모든 정서적 기억과 함께 저장된다. 트라우마 당시 발생한 느낌들, 감정 및 몸 감각을 다시 경험하고 악몽과 플래시백이 진짜 같고 무섭게 느껴지는 이유는 그것이 트라우마 기억이기 때문이다. 플래시백이 일어나는 동안 뇌는 외상성 사건 속에 다시 살고 있다고 생각하게끔 우리를 속인다. 우리의 기억은 마치 같은 일을 '실제' 다시 겪는 것처럼 느끼도록 한다. 비록 우리가 논리적으로 그 사건이 과거에 일어났었던 일이라는 걸 알더라도, 플래시백은 우리가 다시 거기에 돌아가 있는 것처럼 느끼게 한다. 일상 기억에서는 우리가 기억하고 있는 것이 단지 기억일 뿐이라는 것을 알고 있는데 트라우마 기억에서는 왜 이런 일이 일어날까?

일상 기억에서는 과거의 사건에 대해 생각하고 있다는 것을 알고 있다. 예를 들어, 당신은 초등학교나 중학교에서의 첫날을 기억할 수 있는가? 만약 지금 당신이 그 기억을 회상할 수 있다면, 그 기억이 당신 삶의 과거 시간과 관런이 있다는 것도 자각할 수 있을 것이다. 기억과 관련된 감정과 몸 감각을 기억할 수 있고 그것들을 말로 표현해도, 기억을 떠올린다고 해서 몸 안에서 그러한 감정이나 감각을 다시 경험하지는 않는다. 비록 긴장하거나 수줍음을 느꼈던 것을 기억할 수 있지만, 등교 첫날을 회상할 때 초조함을 느끼지는 않는다. 전에는 이것에 대해 생각해 본 적이 없을 수도 있지만, 그것은 트라우마 기억을 이해하는 데 중요한 의미를 지닌다.

다음에서 두 가지 유형의 기억과 그 두 가지 유형의 기억이 어떻게 저장되고 처리되는지에 대해 더 자세히 설명하겠다.

1) 일상 기억

대부분의 사람이 매일 사용하는 일상 기억은 해마라고 불리는 뇌의 영역에 저장된다(63~64페이지 참조). 외상성 경험이 있다고 해도 우리는 그것을 일상의 자서전적 경험으로 열거할 수 있는데 이 경험은 시간과 장소가 있는 기억으로 저장된다. 예컨대, 존은 강도를 당했던 기억을 다음과 같이 회상할 수 있다.

(1) 존의 이야기

나는 6월 27일 금요일에 강도를 당했다. 그 당시 나는 스무 살이었다. 기차역에서 집까지 가는 길이었는데 오후 5시쯤이었던 걸로 기억한다. 밝고 따뜻한 늦은 오후였고 기분 좋게 집으로 걸어가고 있었다. 그다음으로 기억나는 것은 뒤에서 나를 붙잡은 느낌이었다. 이어폰을 꽂고 있어서 다른 소리는 듣지 못해 어떤 위험한 기척도 알아채지 못했다. 하지만 나는 움직일 수 없었던 느낌과 누군가가 내 가방을 잡아당겼을 때의 느낌을 생생하게 기억한다. 나는 내가 공격을 받고 있다고 생각했고 심하게 다치거나 칼에 찔릴 수도 있다는 생각이 들었다. 나는 꽤 무서웠던 것으로 기억을 하지만 대항할 수 없었다. 그 남자는 나와 꽤 오랜 실랑이 끝에 결국 내 가방을 가지고 달아났다. 그 모든 일은 아마 몇 분 사이에 일어났겠지만, 그때의 생각을 하면 마치 시간이 멈춰 있고 모든 것이 슬로모션으로 일어난 것 같다.

존이 트라우마를 일상 기억으로 말한 것을 보면 다음과 같은 몇 가지 중요한 특징이 있다.

- 일상 기억은 체계적이고 지속적이다. 기억은 시작과 중간, 끝이 있다. 예를 들어, 기억은 텔레비전의 에피소드처럼 연속적인 일련의 연결된 사건들로 기억된다. 일반적으로 일이 발생한 순서가 기억되며, 중요한 조각이 빠지지 않는다.
- 일상 기억은 생각하고 싶을 때 떠올릴 수 있다. 당신이 그 기억을 언제 생각할지를 결정할 수 있다. 일상 기억은 예측할 수 없거나 무작위적으로 당신의 마음에 갑자기 떠오르지 않는다. 회상을 마치면 장기기억으로 다시 저장되고 다음에 기억하고 싶을 때까지 안전하게 보관된다.
- 일상 기억은 말과 상황에 의해 촉발될 수 있다. 다른 사람들과 대화하거나 비슷한 상황이 벌어지면 쉽게 떠오른다. 어떤 말을 쓰느냐에 따라서 특정한 기억이 떠오를 수 있다.
- 일상 기억은 시간이 붙어 있다. 일상 기억을 떠올릴 때 그것이 과거에 일어났던 것처럼 느껴진다는 것을 알 수 있다. 당신은 그것이 현재 일어나고 있다는 느낌을 받지 않는다.
- 일상 기억은 업데이트된다. 일상 기억은 우리가 이후에 획득한 새로운 정보에 따라서 변한다. 예를 들어, 약속에서 바람맞혀 실망시킨 친구가 더 이상 좋은 친구가 아니라고 느낄 수도 있다. 하지만 만약 나중에 친구가 약속 전에 했던 메시지를 당신이 확인하지 못했다는 것을 알게 되면 친구에 대해 다르게 느낄 수 있고, 그 사건에 대한 기억과 이해는 새로운

정보에 따라 '업데이트'될 것이다.

이제 일상 기억의 특징에 대해 살펴보았으니 존의 이야기도 여기에 해당되는지 확인할 수 있다.

2) 트라우마 기억

다음은 존이 트라우마 기억으로 그 사건을 이야기한 것이다.

> 그가 내 등을 밀치는 게 느껴졌고, 옆구리에 심한 통증이 느껴졌다, 아! 내가 찔렸나? 난 죽어 가고 있어, 숨을 쉴 수가 없어, 심장이 쿵쾅거려, 움직일 수 없어. 싸워야 해, 그에게서 빠져나와야 해. 내 얼굴을 후려쳤어.

존은 이 트라우마 기억을 떠올렸을 때 심장이 두근거리고, 공포에 질려 몸에 갇힌 느낌이 들었으며, 옆구리가 심하게 아팠다고 보고했다. 이것은 존에게 매우 고통스럽고 혼란스러운 경험이었다. 왜냐하면 느낌이 너무 강렬했기 때문이다. 그러나 강도 사건은 2년 전에 일어난 일이었다.

여러분은 이 설명이 이전의 자서전적 설명과는 상당히 다르다는 것을 알 수 있다. 왜냐하면 외상성 사건을 경험했을 때, 그 기억이 일상 기억과는 다른 방식으로 뇌의 다른 부분에 저장되기 때문이다. 어떤 충격적인 일이 일어날 때, 뇌는 압도된다. 편안하거나 차분한 상태에 있지 않기 때문에 우리는 정보를 효율적이고 효과적인 방법으로 처리하지 못한다. 트라우마가 일어나는 동안 기억은 편도체라고 불리는 뇌의 영역에 저장된다(61페이지 참조).

이러한 트라우마 기억의 중요한 특징은 다음과 같다.

• 트라우마 기억은 파편화되어 조직화되지 않는다. 트라우마 기억은 일상 기

억처럼 체계를 가지는 일이 매우 드물다. 일관성이 없고, 하나의 연속적인 기억으로서 가져야 할 시작, 중간, 끝이 없다. 기억 속 사건은 무질서하게 떠오르며 회상되는 사건에 대한 조직화된 '스토리'를 구성하지 못한다. 기억이 조직화되지 않아서 '하나의 완전한' 기억이 되지 못하고 파편화된다. 이것은 당신이 연속적인 사건으로서 전체를 기억하기보다는 분열된 조각으로 기억한다는 뜻이다.

• 트라우마 기억은 비자발적으로 떠오른다. 트라우마 기억은 당신이 기억하고 싶지 않아도, 의식적으로 기억하려고 한 것이 아니어도 생각에 침투하여 파편화된 채로 불쑥 떠오른다. 그것은 그냥 방출될 뿐이다. 플래시백과 악몽을 예로 들 수 있는데 당신이 그 기억을 하려고 하지 않아도 머릿속에 떠오른다. 마치 기억을 통제할 수 없는 것처럼 느껴지기 때문에 이것은 매우 고통스러울 수 있다.

• 트라우마 기억은 상황에 의해 촉발된다. 트라우마 기억은 트라우마를 떠오르게 하는 특정한 상황에 의해 촉발된다. 종종 특정한 냄새, 소음, 장소 또는 광경은 충격적인 기억(즉, 시끄러운 소리, 버스, 비명, 연기 냄새)을 일으킬 수 있다. 심지어 어떤 사람들에게는 비슷한 감정도 트라우마 기억을 불러일으킬 수 있다. 냄새가 나거나 들리는 것을 당신이 항상 통제할 수 없고 트라우마 기억이 당신이 원하지 않을 때 촉발되기 때문에 매우 고통스럽다.

• 트라우마 기억은 시간이 붙어 있지 않다. 이 말은 그것을 기억할 때, 그것이 과거에 일어난 것처럼 느껴지지 않고 지금 일어나고 있는 것처럼 느껴진다는 것을 의미한다. 비록 당신이 그 일이 몇 달 혹은 몇 년 전에 일어났다는 것을 알지라도 마치 그것이 현재에 일어나고 있는 것처럼 느껴지고, 몸은 당신이 그 사건 당시에 실제로 경험했던 정서들을 경험한다. 그 결과 당신은 여전히 위험에 처한 것처럼 느낀다.

• 트라우마 기억은 그때에 멈춰 있다. 그 기억은 당신이 처음 구성했을 때의

기억 그대로 남아 있다. 즉, 새로운 정보가 들어오면 업데이트되는 일상 기억과 달리 사건에 대한 새로운 정보를 알게 되어도 트라우마 기억은 바뀌지 않는다. 이것은 트라우마 동안 당신이 느꼈던 정서들도 그때 그대로 '멈춰 있다'는 것을 의미한다. 그 외상성 사건에서 경험했던 것과 정확히 같은 정서를 느낄 수 있다. 예를 들어, 공격받았을 때 죽게 될 거라고 생각했다면, 그 공격에서 살아남았음을 알고 있음에도 불구하고 그 외상성 사건을 떠올릴 때 당신은 여전히 죽을 것 같은 느낌을 경험하게 된다.

존의 이야기에서 트라우마 기억의 중요한 특징들을 확인할 수 있는지 보라.

2. 플래시백은 정상이다

우리는 일상 기억과 트라우마 기억 간의 차이에 대해 알게 되었다. 이제 플래시백을 좀 더 잘 이해하기 위해 위협에 초점이 맞춰진 우리의 뇌를 자세히 살펴보자.

플래시백은 사실 정상적인 경험이며, 우리의 뇌가 강렬한 정서적 경험을 처리하는 방식의 부산물이다. 이것은 우리 모두가 플래시백을 경험한다는 것을 의미한다. 그리고 우리가 슬프거나 무서운 영화를 보고 나면 '반짝 떠오르는 것'을 경험하는 것이 한 예다. 영화가 끝난 후에도 장면들이 다시 뇌리에 떠오르는 것은 매우 흔한 일이다. 1973년 영화 〈엑소시스트〉가 처음 나왔을 때 많은 사람은 공포 장면의 일부가 플래시백되는 것 때문에 매우 괴로워했다. 사람들은 특히 불쾌한 영화를 본 후 심지어 악몽을 꾸기도 한다. 마찬가지로 우리가 누군가와 아주 크게 논쟁을 벌였을 때 그 다툼을 떠올리면서 다시 화가 나게 되는 것은 드문 일이 아니다. 그러나 시간이 지나면서 우리는 플래시백을 받아들이게 되고 결국 그 기억은 갑자기 떠오르지 않게 된다. 우리는 또한 사랑에 빠지는 것과 같은 긍정적인 사건들의 플래시백을 경험하기도 한다. 사랑하는 사람에 대한 생각으로 끊임없이 마음이 방해받는다. 그렇지만 일반적으로 이러한 플래시백은 불쾌하거나 위협적인 플래시백만큼 두렵지는 않다.

따라서 강렬한 감정적인 경험(긍정적인 것과 부정적인 것 모두)의 플래시백을 경험하지만, 이 플래시백은 시간이 지남에 따라 희미해질 것이다. 만약 이렇게 되지 않고 플래시백이 부정적이고 고통스럽다면 결국 그것들은 문제가 되고 우리의 웰빙에 큰 영향을 미치게 될 것이다. 그런 플래시백으로 인해 우리는 처음 외상성 사건이 일어났을 때와 똑같은 공포를 느끼게 될 수 있다. 이미 과거가 된 고통스러운 기억들이 현재에 살고 있는 우리를 끊임없이 괴롭히는 것처럼 느낄 수도 있다. 트라우마 클리닉에 온 사람들은 외상성 사건으로 인한 정신적 충격에서 벗어날 수 없다고 말한다. 그것은 이러한 플래시백이 마음에서 계속 경험되거나, 모든 것이 정상적이고 안전하다고 생각할 때 느닷없이 플래시백이 발생하기 때문이다.

3. 위험에 처했다는 경고 신호로서의 트라우마 기억

삶에서 트라우마와 같은 경험을 하면 뇌는 이 경험의 기억까지도 위협으로 취급한다. 이것은 외상성 사건과 관련된 어떤 것(트라우마 기억으로서 예를 들면 플래시백)을 기억할 때 우리의 뇌는 그 기억을 위협으로 취급한다는 것을 의미한다. 트라우마 기억을 이런 방식으로 떠올리게 되면 그 기억은 뇌에 경고 신호로 작용하여 위협적인 무언가가 곧 일어날 거라고 우리에게 경고한다. 트라우마 기억을 떠올릴 때 뇌는 우리가 여전히 위험에 처해 있다고 생각한다. 실제로 원래의 외상성 사건은 이미 오래 전에 끝났는데도 말이다. 따라서 플래시백과 침습처럼 트라우마 기억의 기능은 우리가 여전히 안전하지 않다는 사실을 (허위 경보가 하듯이) 우리에게 알리는 것이다.

4. 플래시백은 왜 생기는가

이 장 앞부분에서 우리는 트라우마 기억이 편도체에 저장되고, 트라우마 기억은 플래시백, 악몽, 침습적인 생각이 포함될 수 있음을 배웠다. 플래시백은 트라우마에 대한 단편적인 기억으로, 오감(시각, 청각, 후각, 촉각, 미각) 중 어떤 것과 관련될 수 있고 정서적으로 고조시켜서 마치 우리가 그 사건을 재경험하는 것처럼 느끼게 할 수 있다. 플래시백은 외상성 사건을 상기시키는 모든 것에 의해 촉발될 수 있다. 이런 일이 일어날 때(심지어 외상성 사건이 끝난 뒤 오래 지나서), 시상 혹은 '문지기'(60페이지 참조)는 우리가 위험에 처해 있는지 평가하기 위해 잠재적으로 위협적인 정보를 편도체 혹은 '세관'으로 보낼 것이다. 편도체는 외상성 사건이 일어났을 때 발생했던 것과 유사한 성질의 정보는 무엇이든 위협으로 반응하게 된다. 우리는 외상성 사건이 일어났을 때 느꼈던 것과 같은 정서적 반응을 하게 되고, 몸은 그 위협에 반응하기 위한 준비를 시작한다. 이것은 싸우거나, 달아나거나, 얼어붙게 하거나, 굴복하도록 하기 위해 아드레날린 및 코르티솔 호르몬을 방출하는 것이다. 요약하면 일단 플래시백이 촉발되었을 때 뇌는 플래시백을 원래의 외상성 사건의 반복으로 간주하고 우리는 그 위협에 대한 모든 반응을 경험하게 된다. 즉, 심장이 뛰고 아드레날린은 방출된다. 우리는 '몸 기억'을 경험하고, 싸우거나 도망치거나 얼어붙거나 굴복하고 싶은 충동을 느끼게 된다.

해마는 '정보'(이 경우는 플래시백)가 위협적이지 않거나 과거에 일어났던 일이라고 판단하면 위협 반응을 진정시키기 위한 신호를 보낼 것이다. 그러나 위협을 받을 때 발생하는 스트레스 호르몬(코르티솔과 아드레날린)은 그 위협이 과거에 일어났고 더 이상 현재의 위험이 아니라는 것을 우리에게 알려 주는 해마를 마비시킨다. 그래서 뇌는 트라우마 기억을 현재의 위협으로 간주하고 전반적인 위협—기반 반응을 지시한다. 이로 인해 뇌의 기본적인 위협감지 시스템은 과거와 현재의 위협을 구별할 수 없고, 그 결과 우리는 마치 지속적으로 위험에 처한 것처럼 살게 되며, 제1장에서 살펴본 것처럼 트라우마 및 PTSD와 관련된 많은 증상이 초래된다.

반복적인 트라우마 기억으로 인해 발생하는 위협(강도와 양)을 처리할 수 없을 때 위협 시스템은 과부하 상태에 놓이게 된다. 이러한 위협을 평가할 때마다 스트레스 호르몬인 코르티솔이 방출되어, 트라우마 기억이 과거에 일어났던 것임을 인식하는 뇌의 기능은 억제된다. 게다가 스트레스 호르몬의 방출은 웰빙에 부정적인 영향을 미칠 수 있다. 실제로 우울증을 앓는 환자들은 코르티솔 수준이 높다.

이 모든 것은 해결되지 않은 채로 남아 있는 위협을 뇌가 경험할 수 있다는 것을 말해 준다. 일반적으로 위협을 해결하기 위해서 우리는 위험을 제거하는 행동을 취하게 되고, 싸우거나 도망치거나, 혹은 얼어붙거나 굴복한다. 뇌가 최적으로 기능해서 위협이 확인되는 경우(예: 사자를 보게 되는 경우), 뇌는 이것이 현재 살아 있는 위협이며, 취할 수 있는 적절한 조치가 있음을 분명히 할 수 있다(도망간다). 뇌에서 스트레스 호르몬이 넘쳐나고(반복되는 위협적인 사건 혹은 기억들 때문에), 위협(이 경우 트라우마 기억)이 현재 발생하는 것인지 과거의 것인지 더 이상 구별할 수 없는 경우, 위협은 해결되지 않은 상태로 남게 된다. 뇌가 관여되는 한 그 상황은 어떠한 조치도 취해지지 않는 위협으로 인식된다.

위협이 해결되지 않은 채로 남아 있는 경우 뇌는 이러한 해결되지 않은 위협에 대해 조치를 취해야 할 수도 있음을 상기시키는 기술을 사용한다. 이것은 예기치 않게 우리 마음에 '불쑥 떠오르는' '침습'이라고 알려진 것들이다. 편안한 마음 상태라고 생각하고 있을 때 난데없이 마음속에 '불쑥'하고 어떤 이미지가 떠올랐던 때를 당신은 알고 있을 것이다. 이런 침습은 사소하지만 반복되는 걱정으로 흔히 경험된다. 예를 들어, 휴가를 보내기 위해 공항으로 가고 있는데 갑자기 현관문을 잠그지 않았을지도 모른다는 생각이 든다. 이것은 뇌가 잠재적으로 위협적일 수 있는 기억들을 체크하고 확인하는 방식이다. 트라우마를 경험할 때 뇌는 계속해서 우리를 보호하려고 한다. 그렇기 때문에 사실상 트라우마일 수 있는 이미지들이 우리의 마음속으로 숨겨지지 않은 채 '불쑥' 떠오른다. 뇌는 우리에게 다음과 같이 말하려고 애쓰고 있다. "지금 당신은 긴장을 풀고 싶겠지만 아직 해결되지 않은 외상성 사건을 경험했다는 것을 잊지 마. 위협을 무시하고 싶겠지만 네가 안전한지 계속 확인해야 해." 이런 생각과 기억은 조금도 예상하지 못할 때 나타나고 함께 살아가기에는 너무나 힘들다고 느낄 수 있는데, 이 생각과 기억은 우리를 보호하려는 뇌의 최선의 노력이다. 플래시백을 경험할 때 우리는 감각적인 요소(냄새, 소음, 맛 등)와 '몸 기억'(몸의 물리적 감각)을 지닌 침습을 경험하는데, 이것은 우리로 하여금 트라우마와 같은 경험을 다시 하고 있는 것처럼 느끼게 만든다.

5. 트라우마, 전두엽 피질, 자비

전두엽 피질이 트라우마를 다루는 데 도움이 되기는 하지만, 뇌가 작동하는 방식에 따른 문제 중 하나는 활성화된 위협 시스템으로 인해 전두엽 기능의 일부가 기능하지 못하게 된다는 점이다. 위협 시스템이 활성화될 때 논리적으로 생각하거나 생각하는 것 자체가 매우 어렵다는 것을 우리는 알게 된다. 이는 정보를 처리하는 뇌의 핵심 영역 중 일부가 쉽게 작동을 멈추어 갑작스런 위협에 모든 주의가 집중되기 때문이다. 극단적인 경우 사람들은 해리를 경험할 수도 있는데, 이때 거의 마비되고 일시적으로 정보를 명확하게 생각하거나 처리할 수 없게 된다.

트라우마를 다룰 때 자비에 초점을 맞추어야 하는 중요한 이유 중 하나가

바로 이 때문이다. 왜냐하면 자비는 우리의 만족 및 진정 시스템을 자극하고, 위협 시스템을 조절할 수 있게 하며, 전두엽 피질이 작동을 지속하도록 돕기 때문이다.

1) 전두엽 피질과 다시 생각하기

자기감을 제공하는 '새로운' 생각하는 뇌로 인해 트라우마에 직면했을 때 중요한 추가적인 문제를 일으킬 수도 있다. 그러나 여기에는 좋은 면도 있다. 왜냐하면 한발 물러서서 뇌가 어떻게 작동하는지를 생각하기 시작하기 때문이다. 마음에 대해 좀 더 마음챙김하면서, 의식적으로, 자비롭게 접근하는 방법을 개발할 수 있다. 이 방법은 우리를 기분 나쁘게 만드는 일에 대해 생각하고 집착하는 방식에 얽매일 가능성을 훨씬 줄여 준다.

뇌와 마음이 어떻게 작동하는지 이해하기 시작하면 우리는 다른 동물이 할 수 없는 일인 생각하는 방식을 실제로 바꾸는 법을 배울 수 있다.

예를 들어, 특정한 방식으로 명상을 하면 사람은 전두엽 피질의 구조를 바꿀 수 있다는 연구 결과가 있다. 실제로, 뇌는 이전에 알려진 것보다 훨씬 더 '가소성'이 있으며, 유연하기 때문에 특정한 종류의 훈련으로 배선(wiring)을 바꿀 수 있다는 새로운 연구 결과가 있다. 따라서 트라우마를 다루는 법을 배울 때, 우리는 전두엽 피질(및 다른 뇌 영역)로 하여금 어떤 특정한 일을 하도록 만든다. 이 일이란 트라우마를 인지하고, 뒤로 물러서서, 자신을 자비롭게 대하는 방법을 배우는 것이다. 뇌의 **자연적인 시스템**을 사용해서 우리 스스로 외상성 경험과 관련된 고통스러운 정서를 다루고, 극복할 수 있도록 돕는다.

따라서 자기비난적인 사고를 하거나, 혹은 그 사건을 마음속에서 반복적으로 생각하거나, 혹은 그 사건을 머릿속에서 밀어냄으로써 고통을 피하려고 애쓰면서 오히려 그 생각을 활성화하기보다 위협 시스템을 조절하고 해결하는 방식으로 트라우마를 다루는 법을 배울 수 있다. 제1장에서 살펴본 것처럼 우리를 더 힘들게 만들 수 있는 트라우마를 자연스럽게 다루는 방법은 여러 가지가 있다.

6. 플래시백은 어떤 느낌인가

외상성 경험으로 인해 특히 고통스럽고 다루기 힘든 것은 침습적 사고, 플래시백, 악몽이다. 이런 유형의 기억들은 트라우마를 경험한 사람들에게 매우 흔한 것이다. 이로 인해 고통스러운 기억에서 빠져나올 수 없을 것 같고, 뇌가 트라우마와 기억을 놓아주지 않는 것처럼 느낀다. 이러한 기억들은 당황스럽고 고통스러우며, 때로는 마치 정신을 잃은 것처럼 느끼게 만들기도 한다.

사람들은 플래시백과 악몽에 대해 말하기 꺼릴 수도 있다. 왜냐하면 그것이 스트레스를 유발하기 때문이기도 하고, 그 경험에 대해 수치심을 느껴서 그 기억으로 인해 자신이 얼마나 힘든지를 인정하고 싶지 않기 때문이기도 하다. 트라우마 기억이 수치심과 자기비난의 느낌을 불러일으키면, 그 느낌으로 인해 기억은 마음속에서 견디기가 훨씬 더 힘들어지고, 다른 사람과 그 기억에 대해서 이야기하기도 어려워진다. 제4장에서 우리는 수치심을 위협에 기반한 감정으로 보고, 이 느낌을 외상성 반응에 대한 대응으로 경험하는 이유를 탐색할 것이다.

우리 모두는 악몽에서 깨어나는 것이 어떤 느낌인지 알고 있다. 몇 분 동안 그것이 실제로 일어난 건지 꿈을 꾼 건지에 대해 혼란스러워한다. 때로 악몽의 느낌은 수 분 혹은 수 시간 동안 우리 곁에 남아 있어서, 마음의 평화를 방해하기도 한다.

플래시백 혹은 침습적 사고가 있을 때에도 비슷한 일이 발생한다. 기억으로 인해 우리는 외상성 사건 동안 우리가 느꼈던 것과 똑같이 느낀다. 그래서 그 일이 실제로 다시 발생하고 있는 건지, 아니면 단지 기억하는 건지 파악하기가 어려워진다. 그러한 혼란이 오래 지속되지 않을 수도 있지만, 그 기억이 너무 생생하고 현재처럼 느껴지기 때문에 생기는 현상이다.

대부분의 일상 기억은 마음속에 그림의 형태를 취한다. 예를 들어, 가장 최근에 먹은 식사를 생각해 보고 '마음속에서 그것을 볼 수 있는지' 확인해 보라. 그러나 외상성 사건을 기억할 때는 그 사건이 발생했던 당시에 우리가 했던 방식으로 그림을 보고, 소리를 들으며, 냄새를 맡고, 몸을 느낀다. 따라서 이러한 기억은 그림의 형태에 국한되지 않는다. 우리는 오감(시각, 청각, 후각, 촉각, 미각)으로 일상 기억과 트라우마 기억 모두를 경험할 수 있다.

우리는 청각(hearing) 혹은 청각 플래시백(auditory flashback)을 경험할 때, 다른 사람은 들을 수 없는 소리를 실제로 들을 수 있다. 이것은 군대를 떠난 지 몇 달, 심지어 몇 년이 지났음에도 헬리콥터 엔진 소리, 자신에게 외치는 명령 소리, 혹은 총포가 발사되는 소리를 자주 들었던 퇴역 참전용사들에게는 아주 흔한 일이다. 이것은 또한 괴롭힘을 당했던 사람들에게도 아주 일반적인 경험이다. 그들은 자신을 따돌렸던 사람들의 목소리(자신에 대해서 나쁜 말과 비난하는 말을 함)를 머릿속으로 듣는다. 이 목소리는 실제 괴롭힘을 당했을 때 들었던 말로서 사건이 지난 몇 년 뒤에도 계속될 수 있다.

우리는 또한 냄새를 기억할 수 있다. 과거의 어떤 날에 맡았던 냄새와 동일한 냄새가 나는 어떤 날이 생각나지 않는가? 어떤 사람들은 현실에서는 그 냄새가 나지 않음에도 불구하고, 외상성 사건 때 맡았던 향이나 냄새를 맡을 수 있다. 예를 들어, 퇴역 참전용사들은 전투가 끝난 후에도 때로 디젤이나 대포 냄새를 강하게 맡는다고 말한다.

우리는 또한 몸 기억이 있어서, 이 기억으로 인해 우리 몸을 과거와 같은 방식으로 느끼게 된다. 트라우마 클리닉에 오는 어떤 환자는 자신에게 몸 플래시백(body flashback)이 있다고 말하는데, 이것은 그녀의 몸 전체를 관통하는 에너지 파동의 느낌이라고 설명했다. 그녀는 이런 파동의 느낌이 가스 폭발 사건 때 자신이 겪었던 신체 경험이었다는 것을 알게 되었는데, 그때까지 이 느낌을 안고 살아왔음을 깨닫고 꽤 놀라워했다. 그녀는 폭발의 충격으로 몇 피트 떨어진 곳까지 날아갔고, 반복적으로 이 감각이 되살아나는 것 같았다. 흥미로운 것은 그녀는 폭발을 기억하지 못했지만, 몸은 그것을 아주 잘 기억하고 있다는 점이다.

때로 우리는 맛 기억(taste memory)도 있을 수 있는데, 이는 우리에게 역겨운 느낌을 남길 수 있다. 예컨대, 교통경찰인 마틴은 입안에 사람의 유해 조각이라고 생각되는 살이 타는 맛 기억이 있었다. 그는 도로 사고의 잔해에서 사람을 구할 때 역겨운 느낌을 갖게 되었는데, 지금도 여전히 입안에서 이 맛을 기억하고 있었다.

당신은 트라우마 이후에 온갖 종류의 침습적 생각과 플래시백이 있다는 사실이 매우 일반적이라는 것을 알고 안심할 수 있을 것이다. 이것은 이미지에만 국한되지 않고 앞에서 설명한 것처럼 트라우마를 경험할 때의 모든 감각 측면에 다 해당된다. 이것은 당신이 미쳤다는 신호가 아니라, 당신의 마음이 당신을 속이고 있다는 신호다.

7. 우리를 괴롭히는 과거의 기억들

플래시백은 특히 생생하고 단편적인 기억이며 이전의 정서적으로 괴로웠던 경험의 전부 또는 일부가 '다시 일어나는' 느낌과 관련이 있다. 안나가 성폭행당한 경험의 플래시백을 묘사한 것에서 짐작할 수 있듯이 우리에게도 이 경험은 매우 강렬하고, 침습적이며, 무서울 수 있다.

1) 안나의 이야기

마치 내가 다시 거기에 있는 것처럼, 나는 그의 냄새를 맡을 수 있고, 그의 말을 들을 수 있으며, 내가 너무 무력하다고 느낀다. 나는 온몸으로 그것을 느낄 수 있고 정말 무섭다. 한편으로는 이 일이 나에게 다시 일어나고 있는 것은 아님을 알고 있기 때문에 정신을 잃고 있다고 생각된다. 그러나 너무나 생생하다.

앞서 언급했듯이 플래시백은 우리가 미쳐 가거나 정신을 잃어 가고 있다는 신호가 아니다. 플래시백은 기억의 특별한 한 유형이다. 마음속으로 트라우마 장면에 나오는 얼굴, 몸 혹은 건물의 번쩍임과 같은 외상성 경험과 관련된 것들을 볼 수 있다. 따라서 플래시백은 오감 중 어떤 것을 불러내서 외상성 경험의 전부 혹은 일부를 재현한다. 물론 플래시백으로 인해 너무나 생생하고, 놀랍고, 고통스럽게 느낄 수 있다. 따라서 플래시백은 우리가 겪은 모든 것에 대한 완전한 기억은 아니다. 그것은 사건의 신체 감각, 목소리, 특정 냄새 혹은 강력한 위험의 느낌과 같은 과거 사건의 한 측면일 수 있다.

그러나 우리에게 불안과 고통을 야기시키는 것은 우리 마음속에서 보는 이미지가 아니라 그 이미지가 우리로 하여금 정서적으로 어떻게 느끼게 하는지, 그 이미지가 우리에게 어떤 의미를 주는지다. 다음 조지의 사례를 통해 이 점을 이해할 수 있다.

2) 조지의 이야기

조지는 다른 차와 정면충돌하는 교통사고를 당했다. 안타깝게도, 다른 차의 운전자는 충돌로 사망했다. 조지가 자신에게 일어난 일을 설명할 때, 그는 자신이 차에 갇혀 있는 것을 볼 수 있었고, 응급 구조대의 도움을 받아 다른 차에 타고 있던 죽은 사람을 내려다보고 있는 고통스러운 플래시백을 회상했다. 당연히 조지는 이 기억이 매우 괴로웠다. 이 기억이 그를 어떻게 느끼게 했는지 그와 함께 살펴보았을 때, 그는 그것이 그를 굴욕스럽게 느끼게 했다고 말했다.

그가 느낀 굴욕감은 응급구조대의 도움을 받는 동안 차에 갇혀 겪은 무력감과 관련이 있었다. 그래서 우리는 조지가 그 기억이 그에게 의미하는 바를 이해하도록 도와줌으로써 조지가 고통뿐 아니라 굴욕감을 느끼는 이유를 이해할 수 있었다. 이것은 여러분이 나중에 이 책에서 볼 수 있듯이 트라우마에서 회복하는 중요한 과정이다. 왜냐하면 경험은 사람에게 다른 영향을 미치기 때문이다. 예를 들어, 자동차 사고로 차에 갇힌 다른 사람은 이 상황에서 굴욕감이 아니라 다른 감정을 느꼈을 것이다.

인간으로서 안전을 위해 진화한 위협에 초점을 둔 뇌(threat-focused brain)를 우리가 지니고 있다는 것을 인식하게 될 때 플래시백과 악몽에 대한 경험을 이해할 수 있다. 사실 뇌의 가장 중요한 일은 우리를 안전하게 지키는 것이다. 우리가 안전하지 않으면 다른 어떤 것도 중요하지 않다. 그러므로 위협을 감지하는 데 매우 능숙한 뇌를 진화시켜 왔다. 이미 언급했듯이 플래시백은 우리가 위험에 처해 있다는 것을 뇌에게 알리는 경고 신호로 작용한다. 문제는 원래의 외상성 사건이 이미 끝난 지 오래이기 때문에 더 이상 위험에 처해 있지 않다는 것이다. 그렇다면 문제는 남아 있다. 왜 우리는 외상성 사건 이후에도 계속 플래시백을 지니고 있는가?

8. 무엇이 플래시백을 촉발하는가

플래시백은 보통 무서운 외상성 기억을 되살리는 무언가에 의해 촉발된다. 우리에게 어떤 트리거가 있는지 알아내는 것은 우리가 다시 자신의 마음을 통제할 수 있다는 느낌을 갖도록 돕는 데 매우 가치가 있다. 트리거는 향기나 냄새를 맡거나, 소리를 듣고, 무언가를 보고, 읽고, 신체 감각을 느끼거나, 그저 우리 몸에 불편한 느낌이 있는 상황도 될 수 있다. 거의 모든 일상적인 일이 트리거로 작용할 수 있으며 이것이 플래시백을 통제할 수 없다고 느끼는 이유다.

1) 호세의 이야기

예를 들어, 고문을 당했던 경험 때문에 도움을 받기 위해 병원을 찾았던 호세를 보자.

호세는 치료를 잘 시작했지만 곧 치료를 두려워하기 시작했다. 왜냐하면 치료는 언제나 그의 고문 경험에 대한 플래시백을 유발하는 것처럼 보였기 때문이다. 몇 가지 면밀한 관찰과 일기를 쓴 후에 우리는 그의 플래시백이 클리닉 옆에 있는 베이커리에서 나오는 강한 베이킹 냄새에 의해 촉발되었다는 것을 깨달았다. 이것이 중요한 이유는 호세가 고문을 당한 방도 베이커리와 가까웠고, 고문을 당하는 동안 빵 굽는 냄새를 생생하게 기억했기 때문이다. 베이커리 냄새가 트리거라는 것을 알아낸 것은 호세가 자신의 플래시백을 더 잘 통제할 수 있다고 느꼈기 때문에 엄청난 도움이 되었다. 냄새는 정서 기억의 매우 강력한 트리거이며 매우 쉽게 플래시백을 유발한다. 당신도 이미 자신의 삶에서 이것을 알아차렸을 것이다

9. 악몽

플래시백은 특히나 생생하고 관리하기 어려울 수 있기 때문에 밤에 발생하면 특별히 괴로울 수 있다. 플래시백은 잠들기 어렵게 하거나 수면의 양과 질

을 방해하여 수면에 지장을 줄 수 있다. 악몽은 우리가 잠자는 동안이나 전날의 사건에서 종종 유발된다는 점에서 플래시백과 매우 흡사하다. 예를 들어, 악몽에서는 최근에 본 영화의 장면과 자신의 기억이 합쳐질 수 있다. 때로 사람들은 악몽이 자신에게 일어났던 일을 반드시 되풀이하는 것은 아니라는 것을 알게 된다. 종종 사람들은 자신의 악몽에 대한 주제를 설명하는데 아마도 상실, 죽거나 쫓기는 것에 대한 두려움, 다른 사람들로부터 도망칠 수 없는 것과 관련이 있다. 악몽은 흔히 두려움과 관련된 주제를 갖지만 실제로 우리가 겪은 일을 그대로 재현하지는 않는다.

악몽이 반복되면 심각한 어려움을 겪을 수 있으며, 기억과 꿈을 피하기 위해 밤을 새고 이른 아침이 되어야 잠에 들 수 있다. 밤낮이 바뀌는 것은 클리닉을 찾는 심각한 트라우마를 경험한 사람들에게서 흔히 볼 수 있는 패턴이다. 사실, 어떤 사람들은 악몽을 꾸면 불안을 느껴서 겁을 먹고 깨어날 것을 알기 때문에 심지어 잠드는 것을 두려워하기 시작한다. 방해받은 수면의 정도와 상관없이 충분한 수면을 취하지 못하면 우리는 지치게 되고 괴로운 마음으로 인해 거의 휴식을 취하지 못하게 된다.

다음은 플래시백과 관련된 특성을 요약한 것이다.

- 익숙하고 괴로운 것, 혹은 위험의 강력한 '감각'
- 자신이 느꼈던 신체 감각의 재경험
- 냄새, 소리 및 맛과 같은 기타 감각 기억
- 자신이 겪은 것을 영화로 보는 것 같음
- 자신이 그 경험을 처음부터 다시 겪는 것 같은 감각
- 생생하고 반복되는 악몽

일상생활에는 트라우마 기억을 촉발시키는 많은 요인이 있을 수 있다. 따라서 이것이 우리를 통제할 수 없다고 느끼게 하고 겉보기에 무작위로 보이

는 기억의 변덕에 빠질 수 있다는 점은 놀라운 일이 아니다. 플래시백이 무엇이며, 플래시백이 촉발하는 것이 무엇인지를 이해하게 되면 우리의 마음을 통제하게 되고, 실제로 정신을 잃거나 미쳐 가는 것이 아니라는 것을 깨닫게 될 수 있다.

10. 항상 두려움 혹은 위협을 느낀다. 이것이 왜 계속되는가

우리가 끊임없이 위험에 처하거나 위험이 코앞에 닥친 것처럼 느끼는 것은 PTSD의 특징 중 하나이며, 우리는 일상적인 일들이 어떻게 트라우마 기억을 촉발시킬 수 있는지를 앞에서 설명했다. 심리학자들은 이것을 '현재의 위협감(a sense of current threat)'을 경험하는 것이라고 말한다. 대부분의 경우, 이러한 끊임없는 위협의 느낌은 빈번한 플래시백과 악몽에 의해 촉진된다. 우리에게 일어난 일과 그것이 우리를 어떻게 느끼게 했는지에 대한 플래시백을 통해 끊임없이 상기되기 때문이다. 결과적으로 그것은 우리가 고통스러운 삶의 경험에서 헤어 나오지 못하고, 과거에 살고 있는 마음에 갇혀 있는 것처럼 보일 수 있다.

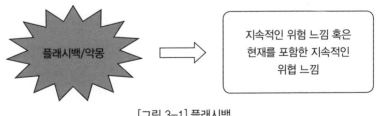

[그림 3-1] 플래시백

끊임없는 위험의 느낌 외에도, 외상성 사건과 그 후에 일어나는 일을 경험함으로써 우리는 자신, 타인, 혹은 세상에 대해서 나쁘거나 부정적인 생각을 하게 될 수 있다. 예를 들어, 외상성 경험으로 인해 혹은 다른 사람이 우리에게 한 것 때문에 스스로를 끔찍하고, 가치 없고, 무력한 사람이라고 생각하게 될 수도 있다. 우리 중 몇몇은 다른 사람을 믿을 수 없다거나, 세상은 위험한 곳이라는 신념을 갖게 될 수도 있다. 이러한 생각과 신념이 더 강해지면 외상성 사건을 플래시백을 통해 자주 경험하게 되고, 지속적인 위험의 느낌은 더 강해질 것이다.

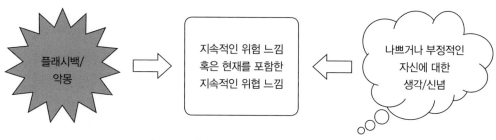

[그림 3-2] 우리의 사고와 연결된 플래시백

지속적인 위험의 느낌이 증가함에 따라, 우리는 더 무서워하게 된다. 무서운 것을 피하고 싶은 것은 자연스럽고 당연하다. 신체적으로는 특정 장소나 사람을 피하고, 정신적으로는 주의를 산만하게 하거나, 때로는 자해를 하거나, 약물이나 술을 먹는 것과 같이 해로운 방법으로 무서운 기억을 피하려고 할 수도 있다. 이렇게 하는 이유는 무서운 것은 무엇이든지 피하는 것이 극도로 스트레스를 받거나 괴로운 일에 대처하는 가장 좋은 방법이고, 또 우리에게 통제감을 주기 때문이다. 그러나 이 방법은 원치 않는 결과를 낳을 수 있다. 예컨대, 알코올이나 약물에 중독되어 있는 자신을 발견하게 된다. 혹은 친구들을 만나지 않음으로써 친구를 다 잃었음을 알게 될 수도 있고, 혹은 더 이상 집 밖을 나갈 수 없어서 우울해질 수도 있다.

고통스러운 기억을 피할 때 의도치 않은 또 다른 중요한 결과는 고통스러운 기억을 이겨 내고, 타협하고, 해결할 기회를 갖지 못한다는 점이다. 그 결과 과거에 의해 고문당하고, 스스로를 치유할 수 없다고 느끼는 마음속에 살게 된다.

11. 메모리 뱅크

플래시백과 외상성 사건을 다루기 어려운 이유는 기억이 작동하는 방식 때문이다. 기억이 메모리 뱅크와 같다고 상상해 보라. 우리가 경험한 모든 새로운 경험은 그곳으로 들어가고, 우리가 무언가를 기억할 때마다 그것 또한 메모리 뱅크로 들어간다. 정상적인 기억의 경우 우리가 기억하고 메모리 뱅크로 돌아갈 때, 원래의 기억은 사건이 발생한 후에 일어나는 일에 의해 '업데이트'된다. 예를 들어, 비행기에서 추락을 두려워하던 기억이 있다면, 그 불쾌한 느낌을 피하기 위해서 다시는 비행기를 타지 않기로 선택할 수 있다. 그러나 정상적인 기억은 '업데이트'되기 때문에(비행기가 안전하게 착륙했다면), 우리는 다음과 같이 알고 기억한다. 즉, 비행기는 추락하지 않았고 죽음에 대한 두려운 느낌은 문제없이 착륙했다는 지식으로 '업데이트'된다.

외상성 경험이 있는 경우 트라우마 기억이 메모리 뱅크에 들어가 두려움과 고통을 느끼게 한다. 트라우마를 상기시키는 것을 피하면(예를 들어, 집을 떠나지 않음으로써) 우리는 새로운 기억을 메모리 뱅크에 넣지 못하게 되어, 현재는 안전하고 외상성 사건은 끝났다고 기억을 '업데이트'하지 못한다. 트라우마 생각에 주의를 돌리지 않거나 정신적으로 피하려고 할 때에도 같은 일이 발생한다. 메모리 뱅크에 트라우마 기억을 '업데이트'하지 못하게 되고, 그 결과 현재는 안전하다는 사실을 우리 자신에게 상기시키지 못한다. 바로 이 때문에 우리가 지속적인 공포와 위협 느낌에 대처하려고 노력해도 실제로는 두렵고 위협적인 느낌이 지속되는 것이다.

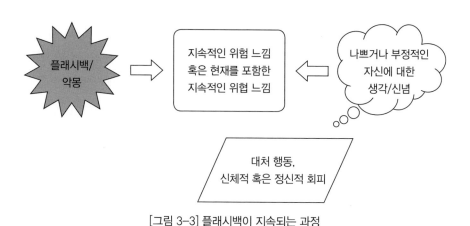

[그림 3-3] 플래시백이 지속되는 과정

이 고통스러운 기억을 피하려고 노력한다는 점은 전적으로 이해될 수 있다. 그러나 적절하게 다루지 못하면, 기억은 사라지지 않을 것이다. 다시 말해서, 파편화된 기억을 경험하고 본질적으로는 자기파괴적일 수 있는 다양한 대처 전략을 사용하는 순환 속에 갇히게 될 것이다. 이로 인해 결국 자신의 삶을 살아가지 못하게 된다.

12. 요약

플래시백을 경험하는 이유는 원래의 트라우마 경험이 너무 무섭고 고통스러워서, 그것을 상기시키는 모든 것이 뇌를 얼어붙게 하기 때문이다. 즉, 뇌는 심각한 현재의 위험에 처해 있는 것 같지만 뇌가 확인한 위협이 과거에 있다는 것을 입증하지 못한다. 결과적으로, 뇌는 트라우마 경험과 관련된 정서적 기억을 처리할 수 없다. 기억이 정상적으로 처리될 때, 기억은 정서가 (emotional charge)를 잃는다. 그러나 정서적 외상성 기억은 조각난 채로 통합되지 못하고, 마음속에서 실제로 무서운 것으로 계속해서 재생된다.

뇌가 작동하는 방식에 대해서 생각할 때 기억해야 할 가장 중요한 것 중 하나는 빠르게 반응하는 편도체를 우리는 거의 의식적으로 통제할 수 없다는 사실이다. 뇌는 본질적으로 자극에 자동적으로 반응하는데, 그로 인한 결과는 우리가 감당해야 한다. 이 결과는 종종 높은 수준의 스트레스 호르몬과 관련되어서 우리를 초조하게 하고, 불안하게 하며, 과도하게 흥분시킨다. 또한 우리는 자신의 경험을 이해하려 하기 때문에 마음은 자기비판, 자기비난, 강한 수치심으로 가득 차게 된다.

여러분이 경험하는 많은 어려움은 뇌가 위협을 다루기 위해 설계된 방식의 결과라는 점을 알게 되기를 바란다. 경중에서부터 매우 심각한 트라우마까지, 트라우마로 인해 발생할 수 있는 플래시백은 트라우마와 PTSD의 가장 고통스러운 증상이다. 뇌는 플래시백을 위험으로 지각한다. 그 결과, 플래시백을 통해 불쾌하고 때로는 고통스러운 트라우마를 재경험하는 것 이외에도, 뇌는 아드레날린과 '투쟁 또는 도피' 반응(심장 박동과 귓속의 망치질)을 방출한다.

반복적으로 플래시백을 경험하고, 우리의 뇌가 이 '위협'에 대한 반응으로 해리와 같은 현상을 보이게 되면, 우리의 웰빙 감각에 부정적이거나 파괴적인 다른 행동양식으로 우리를 우발적으로 이끌 수 있다. 이 행동 패턴은 웰빙감에 부정적이거나 파괴적이다. 외상성 경험을 반복해서 재경험하는 것은 우리를 너무도 힘들게 할 수 있기 때문에 플래시백에 노출되는 것을 제한하기 위해 회피 전략을 사용할 수도 있다. 사랑하는 사람을 피하거나, 자신을 해치거나, 술이나 마약을 남용하거나, 항상 경계하고 잠재적인 위험을 살펴야 하는 것처럼 느낄 수도 있다.

이런 행동이 원래의 외상성 사건과 관련된다는 것 혹은, 수치심이나 낮은 자존감을 일으킬 수 있다는 것을 우리는 잘 알지 못한다. 수치심을 느끼게 하는 행동 중 몇몇은 외상성 경험으로 인한 결과라는 것을 당신이 알게 되길 바란다.

제6장과 제7장, 제8장의 안내된 연습을 따라가며 우리 자신에게 자비롭게

반응하는 법을 배움으로써 무섭고 불쾌한 플래시백을 경험할 때 마음을 가라앉힐 수 있는 방법을 찾을 것이다. 이 연습은 플래시백의 고통스러운 영향을 피하기 위해 사용한 부정적인 행동들을 완화시키고 멈추는 데 도움이 될 것이다.

제4장
외상성 사건으로 인한
수치심과 자기비난의 이해

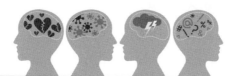

인간은 수많은 잠재적 위험 요소를 가지고 세상을 살아간다. 위험 요소 중 많은 것은 신체적으로 위험을 준다. 대부분의 외상성 경험은 교통사고나 폭행으로 인한 죽음 또는 상해의 신체적 위험이다. 우리가 생사의 기로에 놓일 때 느끼는 공포감으로 인해 끔찍한 상황을 예측하게 되고 이는 공황과 무력감을 유발한다. 뇌는 신체적 안전뿐만 아니라 그것과 관련이 없는 또 다른 위험도 감지한다.

인간이 걱정하는 다른 주요한 위험은 심리학자들이 말하는 '사회적' 위협이다. 이런 유형의 위협은 다른 사람들이 우리에 대해, 그리고 우리가 우리 자신에 대해 어떻게 생각하는지와 관련이 있다. 그래서 외상을 입게 되면, 신체적인 안전만 위험해지는 것이 아니다. 내가 보는 나 혹은 다른 사람이 보는 나에 대한 관점이 손상될 수도 있다. 따라서 위험은 우리에게 심리적 위험, 즉 정신적 · 정서적 웰빙에 대한 위험이 될 수 있다. 이런 '심리적' 또는 '사회적' 위협은 수치심, 혐오, 굴욕의 경험과 매우 관련이 높다. 외상성 경험으로 인해 '우리가 어떤 사람인지'가 오염됐거나 손상됐다고 생각할 수 있다. 또한 다른 사람들이 우리에게 무슨 일이 일어났는지를 알게 된다면 우리는 그들에게 더 이상 중요한 존재가 아닐 수도 있다고 두려워할 수도 있다. 이 책에서는 트라우마와 그 경험에 대해 앞에서 설명한 반응들을 건설적으로 다루는 것에 집중할 것이다.

1. 수치심과 사회적 위협

수치심이 사회적 위협을 경험하는 것과 어떤 관계가 있는지 이해하기 위해서는 다른 사람들에게 받아들여지고 소속감을 느끼는 것이 얼마나 중요한지 이해할 필요가 있다. 우리 삶의 경험이 강한 수치심을 경험하는 데에 어떻게 기여하는지 아는 것도 필요하다. 인간은 사회집단에서 잘 기능하기 위해 수백만 년 동안 진화해 왔다. 선사시대에 생존은 종족에 소속되느냐에 달려 있었다. 지구의 영토는 개인이 혼자 살아남기에 너무 가혹했다. 우리는 사회적인 종(species)으로 진화된 사회적 뇌를 갖고 있고, 하나의 개체로는 살아남을 수 없다. 현대에 와서도 우리의 뇌는 다른 사람들과의 관계에 의존하고 있다. 예를 들어, 다른 사람들과 이야기하고 다른 사람들의 이야기를 들음으로써 말하는 법을 배운다. 다른 사람들이 우리에게 말을 걸지 않는다면 말하는 법을 결코 배울 수 없을 것이다. 다른 사람, 그리고 다른 사람과의 관계는 우리 삶의 모든 측면에 영향을 미친다. 아이들은 동년배뿐만 아니라 어른들과의 상호작용을 통해 배운다. 아이들은 학교에서 반 아이들과 함께 교육을 받는다. 우리는 다른 사람들과 일하고, 교류하며, 스포츠와 취미도 다른 사람들과 함께 한다. 확실히, 우리가 태어나서 죽을 때까지 다른 사람들의 지지와 친절함은 우리 삶에 아주 큰 영향을 미친다.

사회적 위협이란 삶에서 중요한 사람들에게 거절당하는 것이다. 그 사람들은 가족, 친구 혹은 직장 동료, 팀 동료 등과 같이 우리에게 중요한 어떤 집단도 될 수 있다. 우리 삶에서 만나는 다양한 집단의 사람들은 우리를 둘러싼 보호막과도 같다. 만약 우리가 이러한 보호막의 밖에 있다면, 특정 집단의 일원이 되지 못해서 웰빙에 주요한 위협을 경험할 수 있다. 만약 다른 사람들이 우리를 좋아하지 않거나, 나쁘게 여긴다고 생각하게 되면 우리는 그들이 우리를 거부하고, 보살핌과 지원을 중단하거나, 심지어 함부로 할 수도 있다는 두려움을 느낄 것이다. 따라서 우리는 가치를 느끼고, 다른 사람들에게 받아들여지고, 집단의 일원으로서 소속감을 느끼고 싶어 하는 욕구가 생물학적으로 설정되어 있다는 것이다. 우리가 속한 집단 내의 중요한 관계는 우리를 지지하며, 웰빙감을 유지하도록 돕는다. 우리 삶에는 가족, 친구, 학교, 교회, 팀 동료, 직장 동료 등과 같은 많은 집단의 사람들이 있다. 우리가 그 집단을 언급할 때는 당신의 삶에서 특별하거나 주변의 중요한 사람들과의 관계망을 말하는 것이다. 어떤 집단은 다른 집단보다 당신에게 더 안전하고 안심이 된다는 것을 알 수도 있다. 누군가와 함께 있을 때 안전하게 느낀다는 의미는 우리가 어떤 사람이든 혹은 우리가 어떤 일을 했든 우리를 판단하거나 거절하지 않을 것이라고 믿는 것이다.

수치심을 느낄 때, 우리에게 중요한 집단(일부이건 다른 집단 전부이건)이 우리를 거부할 것이라는 두려움을 느낀다. 비난이나 거절에 대한 두려움으로 인해 그 집단의 지지와 도움을 받지 못할 것이라고 예상한다. 그 집단은 우리가 한 것을 수용할 수 없을 것이라고 믿기 때문에 그동안 힘겹게 투쟁해 온 이유를 말하는 것이 두려워진다. 두려움은 그 집단이 우리를 판단하고 거부할지도 모른다는 것이다. 이것은 그 집단이 우리의 버팀목이자 사회 관계망이기 때문에 중요한 문제다. 우리에게 중요한 집단의 거부(어떤 식으로든)는 신체적·심리적 웰빙 모두에 영향을 미칠 가능성이 있기 때문에 우리에게 가장 큰 사회적 위협이 될 것이다.

우리는 이런 진화의 유산에서 벗어날 수 없다. 가끔 다른 사람들이 자신을 어떻게 생각하는지 신경 쓰지 않는다고 스스로를 납득시키려고 할지도 모른다. 그러나 그런 것에 신경을 쓰는 게 안전을 유지하는 데 도움이 되기 때문에 신경을 쓰고, 실제로 뇌는 신경을 쓰도록 설계되어 있다. 그러므로 트라우마에서 회복되기 위해서 중요한 몇 가지 자기발견 단계가 있다. 우리는 외상성 경험이 우리에게 어떤 의미가 있는지, 그것이 어떻게 우리의 '안전한' 삶을 위협하는지, 우리가 다른 사람의 마음속에서 어떻게 살고 있는지, 그들이 실제로 우리를 어떻게 생각할지에 대한 두려움뿐만 아니라 그들이 우리에게 어떻게 반응할지에 대한 두려움과 우리 자신에 대한 우리의 판단도 발견할 필요가 있다.

사회적 뇌에 대한 인식과 이해는 자비의 마음을 키워 주는 데 있어 중요한 시작이다. 자비의 마음은 돌봄을 주고받는 경험을 배우는 데에서 오는데, 처음에는 핵가족 내에서 자라나면서 생기고, 나중에는 우리 삶의 다양한 집단에서 배우게 된다.

우리가 수치심에서 비롯된 플래시백을 겪을 때 만약 자비에 접근할 수 있다면 크게 회복될 수 있을 것이다. 자비는 자연적으로 발생하는 정서적 반응이지만 우리 모두가 그렇지는 않다. 따라서 자비로운 마음을 개발하면 많은 사람에게 도움이 될 것이다. 우리 자신과 삶의 외상성 경험에 대해 친절하게 생각하고 느끼도록 마음을 훈련시킨다. 이를 통해 삶의 외상성 경험과 연관된 사회적 위협에 관한 두려움과 수치심의 느낌들을 건설적으로 다룰 수 있게 해 준다. 제6장, 제7장, 제8장에서 자비의 마음을 느낄 수 있도록 훈련할 수 있는 몇 가지 방법을 살펴볼 것이다. 그러기에 앞서 수치심이 무엇을 의미하는지 살펴보도록 하자.

2. 수치심의 이해

수치심은 많은 다양한 감정이 섞여 있는 것으로서 분노, 불안, 굴욕감, 쑥스러움, 혐오감과 같은 격렬한 느낌들이 온갖 종류의 생각, 행동들과 함께 섞여 만들어진 독이 든 칵테일과 같다. 수치심은 자기감(자신을 '누구'라고 생각하는지)과 '다른 사람의 마음속에 자신이 존재한다'고 생각하는 방식(즉, 다른 사람들이 우리를 어떻게 생각하는지)에 대한 정서다. 다시 말해, 수치심은 자신을 어떻게 보는지와 다른 사람들이 우리를 어떻게 보는지에 관한 것이다. 수치심은 우리 모두가 경험하는 정상적인 정서다. 어쨌든 우리는 나중에 후회할 일을 하고 다른 사람에게 나쁘게 비칠 것 같은 일을 한다. 때때로 우리가 다른 사람과 다르다고 생각되는 일이 삶에서 일어난다면 사회적으로 낙인찍혔다고 느낄 수 있다. 예를 들어, HIV와 같은 성병에 옮았거나, 우울증을 앓고 있거나, 혹은 성적으로 학대 또는 강간을 당했을 경우들이다.

수치심 경험은 인간의 삶에서 매우 큰 부분이고, 우리 모두는 살면서 어느 정도 수치심을 경험한다. 다만, 수치심을 느끼지만 그것을 어떻게 다루어야 할지 모를 때 문제가 될 수 있다. 우리는 수치심이라는 끝없는 순환에 사로잡힌 것처럼 느낄지도 모른다. 이로 인해 종종 강렬한 정서적 스트레스를 느낀다. 수치심을 다루고 살아가는 법을 배우는 원리는 분노, 불안, 혐오감 또는 슬픔을 다루는 법을 배울 때와 같다. 이러한 정서 상태는 인간의 정서 세계의 한 부분이고, 가장 중요한 것은 우리가 '나쁘거나' '잘못된' 인간이기 때문이 아니라 그런 정서를 느낄 만한 이유가 있다는 것이다. 종종 강렬한 감정들을 어떻게 해야 할지 모를 때 어려움이 나타나기 때문에 심리적 혼란과 감정적 스트레스가 유발될 수 있다.

1) 외적 위협과 관련된 수치심

다른 사람들이 우리를 나쁘게 생각한다고 가정할 때 수치심을 경험할 수 있다. 다른 사람들이 우리를 어떻게 생각하는지를 '외적 수치심'이라고 부르는데, 왜냐하면 그것은 외부의 위협, 즉 우리와 우리의 마음 밖에서 일어나고 있는 것과 관련되기 때문이다. 외상성 사건을 경험할 때 트라우마의 일부로서 수치심을 경험하는 것은 매우 흔한 일이다. 때로 우리의 관심과 생각의 초점은 만약 다른 사람들이 우리 삶에서 일어난 외상성 사건에 대해서 안다면 우리에 대해 어떻게 생각하고 느낄지에 있다. 우리가 다른 사람들의 마음속에 어떻게 존재하는지 걱정한다.

외적 수치심은 비판을 받거나, 어떤 식으로든 무시당하거나 부정적으로 판단되는 것에서 생길 수 있다. 예를 들어, 피해자가 성폭행당한 경험에 대해 이야기를 해야 할 때, 그들은 다른 사람들에게 어떻게 인식될지에 대해 강력한 공포감을 가질 수 있다. 몇몇 문화에서 성폭행당한 여성들은 외면당한다. 그리고 실제로 이러한 극단적인 사회적 낙인은 너무나 무섭고 고통스러워서 어떤 사람들은 압도적인 수치심 때문에 자살로 내몰리기도 한다. 따라서 우리가 다른 사람들의 마음속에 어떻게 존재하고, 다른 사람들이 우리를 어떻게 생각하는지에 대한 이 두려움을 외적 수치심이라고 부르는 것이다. 이러한 외적 수치심의 경험과 수치심에 대한 두려움 때문에 우리는 수치심을 느끼는 것에 대해 이야기하지 않는다. 다른 사람들이 혐오, 조롱, 심지어 공포심으로 우리를 대하고, 무시하거나 거리를 두고 싶어 하는 것에 대해 두려워한다. 이런 종류의 수치심에 우리는 취약하다. 왜냐하면 진화적으로 우리는 인간이라는 하나의 종으로 다른 사람들과 좋은 관계를 맺는 데 의존하기 때문이다. 타인에게 가치 있고 지지를 받는다고 느끼는 것은 우리의 '안전감'에 필수적이고, 어떤 식으로든 타인의 마음속에서 평가 절하되거나 폄하된다고 느끼는 것은 우리에게 주요한 **사회적 위협**이 된다.

앞에서 우리는 '집단'에 의해 거절당하는 것을 의미하는 사회적 위협에 대해 이야기했다. 다양한 집단을 구성하는 사람들은 우리 삶을 둘러싸는 보호막이 된다. 만약 이 보호구역 밖으로 벗어나면 우리는 그 상실을 웰빙에 대한 주요한 사회적 위협으로 경험할 수 있다. 작은 수치심도 정말 위협적으로 느껴질 수 있다.

2) 내적 위협과 관련된 수치심

수치심의 초점은 스스로를 어떻게 생각하고 느끼는지에 대한 개인적 판단과 연결될 수도 있다. 우리는 이것을 '내적 수치심'이라고 부르는데, 관심과 생각, 감정이 내부의 자기 판단에서 나온 것이기 때문이다. 우리는 스스로를 쓸모없고, 부적절하고, 가치 없고, 열등하고, 역겹고, 나쁘다고 말할 수 있다. 최근 연구에 따르면 우리는 자신에 대해 다른 종류의 느낌을 가질 수 있고, 그로 인한 영향도 다르다. 우리 자신에 대해 분노, 짜증, 좌절감을 느낄 수도 있고, 혐오, 경멸, 증오의 느낌도 가질 수 있다. 이 두 가지 유형의 느낌은 모두 해로울 수 있지만, 우리가 스스로를 증오하거나 경멸하는 느낌은 특히 우리에게 해를 끼친다. 심한 자기비판과 자기혐오의 경우, 플래시백과 같은 트라우마 증상을 일으키는 위협 시스템을 계속 자극할 것이기 때문에 이는 우리가 숙고해야 할 매우 중요한 문제다.

따라서 수치심은 복잡한 경험이라는 것을 알 수 있다. 우리는 더 넓은 사회적 집단의 일부로서 자신에 대한 생각을 가질 수 있고, 다른 사람들이 우리를 어떻게 보는지에 대해 생각할 수도 있다. 예컨대, 우리는 어떤 식으로든 스스로를 부적절하거나, 쓸모없거나, 나쁘다고 경험할 수 있다. 또한 분노, 불안, 혐오, 굴욕과 같은 다양한 정서를 가질 수도 있다. 우리는 어떻게든 수치심을 다루기 위해 온갖 행동들을 발달시키는데, 그중 일부는 매우 극단적이고 스스로에게 해가 되기도 된다. 예를 들면, 공격성이나 복종, 단절, 자해, 음주와 같은 것이다.

수치심 경험에 깊이 들어가지 않고도 수치심을 느낄 수 있는지 알아보자. 수치심을 느낄 때 그것에 접촉하여 우리 안에 떠오르는 그 정서와 느낌들을 직접 확인하면 된다.

이 연습은 단지 이런 느낌들에 접촉하는 것일 뿐, 너무 깊이 빠져들거나 우리의 마음을 힘들게 하지 않는다. 이 연습은 수치심과 수치심이 우리에게 일

연습 4-1   개인 연습-수치심

잠시 동안 당신이 수치심을 느끼게 되는 것들에 대해서 생각해 보자. 준비가 되면:
• 그런 것들에 대해 왜 수치스럽게 생각하는지 적어 보자.
• 다른 사람들이 당신을 어떻게 생각한다고 생각하는지.
• 수치심을 느낄 때 자신에 대해 어떻게 생각하는지, 자신에게 어떤 이야기를 하는지.
• 이 연습이 만들어 낸 정서들이 무엇인지.
• 그리고 어떤 행동들이 나타나는지, 그 행동과 관련된 생각과 느낌들에 대처하는 방법을 적어 보자.

으키는 느낌과 반응이 얼마나 복잡할 수 있는지에 대해 통찰하도록 돕는다. 그런 느낌과 반응이 일어나는 것은 매우 자연스러운 일이다. 그것이 바로 수치심이다.

나는 우리가 외상을 입고, 수치심을 느꼈을 때 갖게 되는 공통적인 두려움과 걱정거리들 중 일부를 다음에 열거했다. 앞의 연습을 통해서 당신이 깨닫게 된 것과 동일할 수 있다.

• 다른 사람이 자신을 나쁘게 생각하거나 부정적으로 인식할 것이라는 걱정
• 매우 자기비판적이고 못마땅하다는 생각, 자신이 충분하지 못하거나 다소 부적절하다는 생각
• 남들과 다르다는 느낌과 근본적으로 뭔가 잘못된 것이 있다는 느낌
• 사랑, 친절, 보살핌 혹은 우리에게 일어난 좋은 일을 받을 자격이 없다는 믿음
• 다른 사람이 우리 혹은 우리에게 일어난 일을 알고 있다고 생각될 때의 강한 불안감
• 자신은 비난받아야 마땅하고, 삶에서 고통스러운 외상성 사건들이 일어

날 만하다는 생각
- 만약 사람들이 우리에게 무슨 일이 일어났는지 알면 우리를 판단하고, 우리를 약하고, 역겹고, 손상되었다고 생각할 거라는 믿음
- 외상성 사건에 대해 자신이 다르게 행동했었어야 했다는 믿음
- 사건을 극복하지 못하고, 자신의 삶을 살아가지 못하는 스스로가 나약하고 한심하다는 믿음

3. 타인에 대한 공포로부터 자신을 보호하기 위해서 우리는 어떻게 하는가

연구에 따르면 누군가에게 두려움을 느낄 때 행동할 수 있는 세 가지 주요한 방법이 있는데, 이는 다음과 같다.

1) 공격

'공격이 최선의 방어'라고 여기고 다른 사람들을 공격하는 행동을 할 수 있다(그들이 우리를 공격하기 전에). 이것은 우리와 친구가 되려고 시도하는 사람들에게 무례하게 하거나, 공격적이거나, 불친절하게 행동함으로써 자신을 비호감으로 만드는 것도 해당될 수 있다.

제임스의 이야기

걸프전 참전용사인 제임스는 자신의 전투 경험과 관련된 수치심에 대처하기 위해 이 전략을 많이 사용했다. 그의 전략은 불특정 다수와 싸움에 휘말렸고, 공격적이고 폭력적인 돌출 행동으로 아내와 자녀들과의 관계가 엉망이 되는 심각한 문제가 발생했다.

2) 굴복

관계 안에서 다른 사람들의 요구에 항상 따르고, 그들을 달래는 역할을 할 수 있다. 이것은 다른 사람들의 요구가 불합리한 경우에도 자주 일어날 수 있다. 우리는 어떤 식으로든 누군가를 화나게 하거나 악화시키지 않기 위해 무엇이든 한다.

아만다의 이야기

아만다는 자신이 당한 성폭행을 받아들이려고 애쓰면서 몇 년 전에 병원을 찾았다. 그녀는 위협과 수치심을 조절하기 위해 굴복하는 전략을 사용했다. 그녀는 사람들을 화나게 하거나 대립하는 것을 두려워했다. 사람들의 요구를 들어주는 것이 더 쉽다는 것을 알았다. 시간이 지남에 따라 자신을 '약하다'고 생각했던 스스로에게 화가 났다.

3) 숨기

우리는 다른 사람들로부터 도망쳐 숨을지도 모른다. 친분을 쌓는 것을 거부하고 함께 하려는 다른 사람들의 어떤 시도도 거절하고 반박한다. 초대를 해도 냉담하고 응하지 않을 수 있다. 어떠한 관계도 맺지 않지만, 해를 입을 위험도 피할 수 있다. 그 결과 우리는 '외톨이'가 된다.

안나의 이야기

중환자실 간호사인 안나는 위협과 수치심을 다루기 위해 숨는 전략을 사용했다. 그녀는 아무리 외롭고 우울하고 슬퍼도 어릴 때 성적 학대를 당했다는 것을 누군가가 알게 되면 자신을 어떻게 생각할까 너무 두려워서 친구관계를 맺을 수 없었고, 사회적 관계로 들어갈 수 없었다.

앞에서 설명한 각각의 행동 유형은 다른 사람의 공격이나 거절로부터 우리를 안전하게 보호하도록 설계되어 있음을 알 수 있다.

4. 트라우마와 자기정체감

우리가 자신에 대해 생각하는 방식은 삶에서 경험한 강렬한 외상성 사건의 존재와 매우 강하게 연관될 수 있다. 예를 들어, 멍청하다, 쓸모없다, 가치 없다는 말을 들어 온 아이들은 이러한 시각을 통합하여, 심지어 반대의 증거가 있을 때조차도 어른이 되었을 때 자신이 그렇다고 믿게 된다. 신체적으로, 그리고/혹은 성적으로 학대를 당해 온 사람들이 자신들에게 뭔가 잘못되거나 부적절한 것이 있다고 믿는 것은 흔한 일이다. 하지만 단 하나의 사건도 자기감에 중대한 영향을 미칠 수 있다.

제인의 이야기

제인은 탁월한 달리기 선수였는데 11세 때 열린 연례 운동회의 달리기 경기에서 우승해 매우 기분이 좋았다. 그때 제인은 새로 온 선생님이 체육 선생님에게 "제인은 코가 커서 달리기를 잘하는 것이 놀랍지 않아요."라고 말하는 것을 들었다. 일부러 엿들으려한 건 아니었지만 그날 이후 제인은 코 때문에 자신이 못생겼다고 믿게 되었다. 이 사건은 그녀의 자기감에 깊은 영향을 미쳤다. 이 예는 인생 경험이 우리의 자기감에 얼마나 강력한 영향을 미칠 수 있는지를 보여 준다.

또한 외상성 사건을 경험했을 때 어떻게 행동하는지에 따라 자기감은 달라질 수 있다. 예를 들어, 자신이 비교적 잘 대처하고 두려움이 없다고 생각해 왔었는데, 외상성 경험 동안 두려움에 마비되어 기대만큼 대처할 수 없다는 것을 알게 된다. 이것은 우리가 스스로를 어떤 사람으로 생각하는지에 중대한 영향을 미칠 수 있다. 트라우마는 우리가 스스로를 어떻게 보는가에 영향을 미칠 수 있어서 우리는 스스로를 부정적으로 판단하곤 한다. 때로 외상성 경험은 다음과 같이 자신이 나쁜 사람일 수 있다는 두려움을 확인시켜 주기도 한다. '내가 나쁘기 때문에 나에게 나쁜 일이 일어날 만하다.' 때로 외상성 사건은 자신이 어떤 사람이라고 생각하는 스스로의 믿음을 다음과 같이 '깨 버리기도 한다'. '내가 강도를 당했다는 것을 나는 믿을 수 없다, 나는 내가 천 하무적이라고 생각했다.'

5. 수치심과 외상성 경험

우리 대부분은 외상성 경험을 부끄러워한다. 자신이 누구인지, 무엇을 겪었는지, 그로 인해 내적으로 어떻게 느끼는지, 일어난 일을 다른 사람들이 안다면 자신을 어떻게 생각할 것 같은지 등에 대해 수치심을 느낄 수 있다. 또한 스스로가 대처하고 있는 방식 때문에 수치심을 느낄 수도 있다. 예를 들어, 사랑하는 사람들에게 짜증이나 화를 내거나, 불안 혹은 우울해하거나, 친구와 가족을 스스로 피하는 모습을 발견했을 때다.

트라우마를 경험한 사람들이 정말 힘들고 괴로운 수치심을 느낀다는 것을 나는 트라우마 클리닉에서 흔히 보곤 하는데, 이 수치심은 외상성 경험과 관련이 있는 것 같다. 그들은 강한 수치심을 느끼며 자신이 다소 '손상'되었거나 더러워졌다고 느낀다. 그들은 내적 수치심과 싸우고, 자기비난적인 생각을 하며, '너는 가치 없고, 나쁘고, 더럽고, 역겨운 쓰레기야.' '네가 어떤 사람이고 너에게 무슨 일이 일어났는지를 다른 사람이 안다면, 너를 알고 싶어 하지 않을 것이고, 너를 역겹다고 생각할 거야.'라는 목소리를 머릿속에서 흔히 듣는다.

어떤 경우에는 트라우마를 극복하지 못하는 것처럼 보이기 때문에 스스로를 부족하고 열등하다고 느낀다. 심각한 교통사고를 당했거나 병원에서 큰 수술을 받은 사람들은 반복적인 플래시백이나 악몽을 경험할 수 있고, 이는 우울, 불안, 짜증으로 이어진다. 그들은 통제할 수 없는 느낌과 '다른 사람으로 변했다'는 느낌이 드는데, 이것은 그 자체로 충격적이고 괴로울 수 있다. 자신을 다른 사람들과 비교하면서, 자신이 잘 대처하지 못하고 있고 이것은 자신의 약점이나 결함과 관련이 있다고 생각한다. 전투 지역에서 복무했던 부대원들은 그들이 봤거나 해야 했던 일 때문에 죄책감을 느끼고 슬픔과 회한을 겪기도 한다. 응급대원, 경찰, 소방관들도 일하면서 목격했던 사고나 폭력에 의해 외상을 입을 수 있다.

만약 당신에게 이와 같은 생각과 느낌이 있다는 것을 인식한다면 이제 당신은 절대 혼자가 아니다. 하지만 슬픈 사실 중 하나는 너무나 두렵고 겁이 나서 우리가 겪은 일을 타인에게 말할 수 없다는 점이다. 타인의 판단이 두려워서 고통받는 자신에게 타인이 줄 수 있는 보살핌, 이해, 자비를 경험할 수 없다.

수치심은 우리가 힘들 때 연결감과 위안을 줄 수 있는 사람들로부터 우리를 떼어놓아 멀어지게 할 수 있다. 또한 자기비난은 스스로에게 이해, 지지, 친절, 자비를 줄 수 없게 한다. 우리는 자신의 이런 부분들을 '포기'하거나 무시할 수 있는데, 우리가 그럴 만한 자격이 없다고 느끼거나 혹은 자기비난의 목소리가 너무 강하기 때문이다. 자비중심치료는 스스로에게 도움을 주고, 지지하고, 격려하라고 가르친다. 이것은 실제로 우리를 치유할 수 있다. 그 결과 다른 사람들의 이해, 보살핌, 타당화가 우리의 외적 수치심에 도움을 줄 수 있는 것처럼, 우리 자신에 대한 이해, 보살핌, 타당화를 발전시키는 것은 우리의 내적 수치심에 도움이 될 수 있다.

1) 사례연구

자신에게 일어난 일에 대해 수치심을 느끼는 두 사람이 다음에 제시된다. 이 사례들은 외상성 사건에 대해 우리가 어떻게 반응하는지를 이해하는 데 도움을 줄 것이다.

(1) 마틴의 이야기

첫 번째는 마틴이다(제3장에 나왔음). 그는 PTSD로 고통받고 깊은 수치심으로 괴로워했다.

마틴은 교통경찰이었는데 근무 중에 외상성 사건들을 자주 경험했다. 최근 자신과 여성 동료가 폭행을 당했다. 생명을 위협할 정도의 무서운 사건으로 인해 그는 불안하고 우울하며 자신감이 없어졌다. 또한 다른 고통스러운 생각들로 인해 괴로웠고 자신을 수치스럽게 느끼게 되었다. 이 생각들은 마틴이 그 폭행 사건 동안 자신이 어떻게 행동했다고 생각하는지와 관련이 있는 것 같았다. 마틴은 자신이 죽을까 봐 두려웠고, 동료를 보호하기 위한 충분한 조치를 취하지 않았다는 점을 인정했다. 동료는 폭행으로 인해 더 심각한 부상을 입었고, 부상에서 회복하는 데 몇 달이 걸렸다. 마틴 역시 부상을 입었지만 회복은 더 빨랐다.

폭행 사건 이후 마틴은 플래시백과 기억으로 인해 괴로웠고, 그 사건을 생각할 때마다 스스로에 대해 매우 부끄럽게 느끼게 되었다. 이제 그는 현재 어떤 순간에 자신에 대한 느낌, 즉 수치스러움이 과거의 기억과 어떻게 연결되는지 인식할 필요가 있었다. 그는 동료들이 자신을 어떻게 생각하는지, 사건 당시 자신이 어떻게 행동했었는지에 대해 매우 염려했다. 더 많이 다쳤던 동료가 몇 달 전 성공적으로 복귀했을 때 마틴은 우울증과 PTSD로 결근했던 것이 부끄러웠다. 마틴은 머릿속에서 끊임없이 '너는 약하고 한심해. 너의 상태를 한 번

봐.' '그냥 좀 침착하게 일을 계속 할 수는 없겠니?'라고 말하는 자기비난의 목
소리를 멈추지 못하는 것 같았다.

마틴의 상황을 더 악화시키는 것은 마틴 스스로도 자신이 이렇게 느낄 거
라고는 전혀 예상하지 못했다는 점이다. 그는 일과 일상에서 '발생한' 것들에
대처할 수 있는 자신의 능력에 항상 자부심이 있었다. 그래서 부지불식간에
이 폭행 사건에 휘말리고, 죽음의 가능성에 직면하자 심각한 고통을 겪었다.
그러나 마틴은 이 심각한 위협에 대처할 수 있어야 한다고 생각했고, 어려움
을 겪고 있다는 사실 자체가 스스로를 수치스럽고 자기비판적으로 느끼게 만
들었다.

마틴의 수치심은 어디에서 비롯되었을까? 이것은 그가 상담시간에 자신에
게 반복적으로 묻는 질문이었다. 그는 왜 스스로에 대해 그렇게 느끼는지 이
해할 수 없었고, 종종 이렇게 말하곤 했다. "나는 괜찮은 평범한 어린 시절을 보
냈다. 부모님과 여전히 잘 지내고 있고, 사이좋은 남동생도 있다. 어릴 때에도 나쁜
일은 나에게 일어나지 않았다. 나의 일상은 실제로 그랬다."

물론 '나쁜' 일이 일어나지 않았다는 점에서 어린 시절에 대한 마틴의 말
은 옳다. 자신의 모습 그대로를 좋아하고, 사랑하고, 수용하는 것, 그리고 인
생이 잘 풀리지 않을 때에도 자신을 좋게 느낄 수 있는 능력을 갖도록 성장할
수 있는 기회를 아이들에게 주는 기술이 필요하다. 이 기술은 사랑이 많고 자
비로운 어른이 우리에게 직접 보여 주고, 가르쳐 주고, 길러 주어야 한다. 우
리가 세상의 위협에 대처할 때 인간으로서 우리 모두가 필요로 하는 핵심 능
력 중 하나는 정서적으로나 신체적으로 안전하다고 느낄 수 있는 능력이다.
이를 위해서는 우리가 어린 시절에 배운 자기-진정 방법을 활용할 수 있어
야 한다. 이것이 "왜 나는 그렇게 나쁘게 느꼈을까?"라는 마틴의 질문에 대한
답이다.

마틴과 남동생은 무서워하고, 불안해하고, 속상해하고, 화를 내는 것은 좋

지 않다고 믿으면서 자랐고, 그런 상황에 대처하는 가장 좋은 방법은 감정을 무시하고 '내색하지 않아야 한다'는 것이었다. 마틴은 자라면서 남자라면 울지 않고, 모든 것에 대처할 수 있어야 한다고 믿게 되었다. 이 책을 읽고 있는 우리 중 몇몇은 자신도 이런 가족 신념을 배웠다는 것을 인식할지도 모른다.

마틴의 문제는 눈물을 흘리거나, 두려워하거나, 화가 나거나 하는 자연스럽고 정상적인 감정들을 느낄 때 자신에 대해 좋게 느끼는 방법을 누구에게서도 배우지 못했다는 점이다. 이렇게 느꼈을 때, 마틴은 자신에게 뭔가 문제가 있는 것이 틀림없다고 생각했고, 대처할 만큼 자신이 강하지 못한 것은 인간으로서 실패했기 때문이라고 생각했다. 따라서 우리는 마틴이 왜 자신을 부끄럽게 여기게 됐는지, 그리고 왜 자신을 진정시키지 못하고 괜찮게 느낄 수 없었는지 알 수 있다.

(2) 아만다의 이야기

아만다의 사례 연구는 실제 트라우마와 동일시하는 사람들에게 유용한 예이고, 우리의 배경이 어떻게 자기비난, 자기혐오, 수치심과 관련된 여러 가지 감정을 갖게 하는지도 보여 준다.

아만다는(이 장 앞에서 언급함, 108페이지 참조) 자신이 지극히 고통스러운 마음으로 살고 있다고 묘사했다. 사실 그녀는 자신의 삶이 '살아 있는 지옥'이었고, 그런 정신적 고문을 당하며 살기보다는 성폭행당하던 날 밤 가해자가 자신을 죽였으면 하는 바람을 자주 느꼈다고 말했다. 그 사건 이후 플래시백, 심상, 냄새, 소리는 밤낮 상관없이 언제나 자신을 다시 성폭행당했던 순간으로 곧바로 되돌려 놓았다. 아만다가 그 사건을 다시 기억하게 되었을 때, 그녀는 더럽고 역겹다고 느꼈다. (제3장에서 정서와 몸 기억에 대해 어떻게 이야기했는지 상기하라.)

아만다의 자기감은 성폭행 당시에 느꼈던 혐오감으로 뒤덮였고, 혐오의 기억과 자신이 혐오스럽다고 느끼는 것의 차이를 구별하지 못했다. 게다가 아만다는 자신이 어느 정도 성폭행을 초래했고 그것은 자신의 잘못이라고 강하게 믿었다. 아만다가 자기비난을 함으로써 두 가지 결과가 생겼다. 하나는 자신은 어떤 도움도 받을 자격이 없다고 믿는 것—'내가 이 일을 자초했고, 당해도 마땅한데 어떻게 도움을 청할 수 있을까?'—과 또 하나는 다음과 같은 생각으로 성폭행 사건을 경찰에 신고할 수 없었다. '경찰에 성폭행 사건을 신고할 수 없다. 왜냐하면 그것은 내 잘못이고, 그 일을 말하는 것은 너무 수치스럽고, 경찰들이 나를 판단하고 내 탓을 할 것 같기 때문이다.'

상담 회기에서 아만다는 이렇게 말하곤 했다.

그가 나에게 한 짓은 너무 역겨워서 나 자신마저 역겹게 느껴진다. 나는 너무 당혹스럽고 부끄러워서 누구에게도 나에게 무슨 일이 일어났는지 차마 말할 수가 없다. 사람들이 나를 판단하지 않는 것을 알지만, 믿지는 않는다. 그들은 나를 나쁘게 생각할 것이고 나를 알고 싶어 하지 않을 것이다. 그들은 내 기분을 나아지게 하려고 나에 대해서 판단하지 않을 것이라고 말하지만, 그들이 나를 어떻게 생각하는지 나는 알고 있다. 게다가 나는 아무짝에도 쓸모없는 무가치한 사람이고, 이 일도 내가 자초했기 때문에 도움을 받을 자격이 없다. 가끔 나는 그저 이렇게 태어났을 뿐이고, 나는 정말 이 세상에 속하지 않거나, 이 세상에 있을 자격이 없다고 느낀다. 왜냐하면 나는 너무 독성이 강해서 사람들을 끔찍하게 만들기 때문이다. 때로는 나 자신을 증오하고 그냥 딱 죽고 싶다. 나는 당신의 도움도 받을 자격이 없다. 당신이 나한테 잘해 주지만 그것이 당신의 일이고 그 일로 돈을 받고 있기 때문이라고 생각한다. 사실, 때로 나는 당신이 나에게 잘해 주거나 나를 안심시키려고 할 때 정말 짜증이 나고 화가 난다. 그것은 나를 더 기분 나쁘게 만든다. 왜냐하면 당신은 내가 실제로 어떤 사람인지 모르고, 만약 안다면 아마 나에 대한 당신의 생각이 바뀔 것이고, 나를 돕고 싶어 하지 않을 것이기 때문이다.

아만다와 같은 생각은 성폭행을 당한 사람들에게서 흔히 나타난다. 아만다는 이 폭력적인 공격에 대해 설명할 방법이 없었다. 공격자에게 100% 책임이 있었지만, 아만다는 자신과 그 공격에 대한 생각으로 인해 모든 책임이 공격자에게 있다고 생각할 수 없었고, 그 결과 엄청난 수치심과 자책감으로 괴로워했다. 그런데 왜 아만다는 그 성폭행 사건에 대해 자책하는 접근 방식을 취하게 되었을까? 다른 사람들의 행동과 자신에 대한 느낌을 구분하는 것이 어렵게 된 무언가가 그녀의 배경 속에 있었을까?

우리의 역사는 우리가 다른 사람에 대한 혐오감을 자신에게로 돌리기 쉽게 만들어 우리 잘못이 아닐 때조차도 자기혐오감을 느끼게 만들 수 있다. 아만다는 어릴 때 가족처럼 지냈던 사람에게 성적 학대를 당했다. 이러한 부적절한 성적 경험으로 인해 그녀는 어렸을 때, 그리고 어른이 되어서도 상처 입고, 혼란스럽고, 부끄러워하고, 두려워하게 되었다. 심지어 어릴 때 성학대에 대해 자신에게 어느 정도 책임이 있다고 느꼈던 것을 기억했다. 그것은 분명히 학대했던 남자가 그녀로 하여금 그렇게 느끼게 한 것이었다. 그는 이렇게 말했다. "너는 내가 이런 짓을 하게 만들었고, 누구에게 말한다고 해도 사람들은 너를 믿지 않을 거야." 그래서 몇 년 동안, 그리고 치료를 받기 전까지 아만다는 아무에게도 말하지 않았고, 자신이 이런 일이 일어나길 바랐던 끔찍한 사람임이 분명하고, 자신에게 일어난 일이 매우 수치스럽다고 생각하며 그 비밀을 지켰다. 나이가 들수록 자신에 대한 믿음과 자신감은 훼손되었다. 늘 자신을 좋아하는 것이 힘들었고, 자신은 좋은 것을 가질 자격이 없다고 생각했다. 또한 다른 사람이 자신을 어떻게 생각하는지에 대해 자주 몰두하고 걱정했다. 그녀는 종종 다른 사람이 자신을 불쌍히 여겨서 자신에게 친절할 뿐이라고 생각하곤 했다. 친구들이나 가족 누구에게도 자신에게 일어난 일에 대해 절대 말하지 않았다. 왜냐하면 그들이 자신을 비난하고 화를 낼 거라고 생각했기 때문이다.

아만다는 자신의 불안과 수치심에 대처하기 위해 온갖 방법을 시도했다. 10대 때 팔과 다리를 면도칼로 베면서 안도감을 찾았다. 이것은 비밀이었고, 아만다가 보기에 성인이 될 때까지 지속된 부끄러운 습관이었다. 아만다는 또한 어린 시절의 강렬하고 고통스러운 기억들을 견디기 위해 술을 마셨고, 성폭행을 당한 후 그녀의 음주량은 증가했다. 아만다는 술이 자신의 느낌을 '마취'시키고 자신이 느끼는 고통의 강도를 감소시키는 빠르고 효과적인 방법이라는 것을 알아냈다.

아만다가 어렸을 때 겪었던 모든 일을 생각하면 왜 그녀가 자신이 성폭행 당할 만하다고 생각하는지, 그리고 왜 그것이 그녀의 잘못이라고 생각하는지 더 이해된다. 아만다는 성폭행 사건이 플래시백될 때마다 자신의 잘못이 아니었음에도 불구하고 학대와 성폭행에 대해 매우 강한 수치심을 경험했다.

하지만 그럼에도 불구하고 많은 여성과 남성이 성폭행을 자기 탓으로 생각하고, 아동 학대로 여기지 않는다는 점은 안타까운 사실이다. 대부분의 성폭행은 아는 사람, 심지어 피해자와 가까운 사람에 의해 자행된다. 그 때문에 피해자들은 자신에게 잘못이 있다고 생각하거나 혹은 무언가 잘못된 메시지를 준 것은 아니었는지 스스로를 의심한다. 그 결과, 성폭행은 심각한 범죄임에도 불구하고 자신이 자초했다는 두려움 때문에 경찰에 신고하기 어렵다.

아만다의 고통은 혼자만의 고통이 아니다. 자기비난과 수치심으로 클리닉을 방문한 사람들에게서 자주 관찰되는 것은 그들의 자기비판적인 사고방식과 정서 상태가 어린 시절의 주요 경험에서 시작되었다는 점이다. 그 경험은 그들에게 깊은 영향을 주었고, 아무 잘못도 없는 그들에게 자기혐오의 유산을 남겼다.

하지만 왜 그렇게 자신을 비난하는지 분명치 않은 경우도 여전히 있다. 어렸을 때 학대를 받거나, 구타를 당하거나, 성적으로 유린당하지 않았을 수도 있고, 왜 우리가 스스로를 좋아하지 않는지, 그리고 우리 삶에서 일어난 일들에 대해 왜 자신을 파괴적으로 비난하는지 이해할 수 있는 집안의 '비밀'이 없을 수도 있다. 자기혐오를 이해할 수 있는 명백한 이유가 없다는 사실 그 자체가 자신을 더 수치스럽게 만든다. 이것은 기분이 나빠서는 안 되고, 어린 시절의 경험에 감사해야 한다고 느끼기 때문이다. 사람들은 종종 "나는 이렇게 느낄 권리가 없어, 그것은 방종이고 자기동정이야. 또한 그것은 나를 더욱 미워하게 할 뿐이야."와 같은 말을 하곤 한다.

제5장에서 어린 시절과 부모와의 경험에 관한 주요 이슈를 더 자세히 살펴볼 것이다.

6. 우리가 수치심을 피하는 방법

때때로 우리는 자신이 얼마나 수치심을 느끼는지를 자신과 타인에게 숨기는 데 매우 능숙하다. 수치심과 관련된 고통과 괴로움을 아는 사람들은 이 괴로운 심정에서 벗어나기 위해 어디까지 할 수 있는지를 너무나 잘 이해할 것이다. 하지만 우리가 고통스러운 마음에서 벗어나기 위해서 하는 행동들 중 일부는 그 자체로 더 큰 수치심의 원천이 될 수 있다. 그리고는 수치심과 자기공격의 악순환에 빠지게 된다. 자신의 존재와 자신이 겪은 일이 수치스럽고, 느낌을 견디기 위해 해 왔던 전략에 대해서도 수치스러워 한다.

대처하기 위해 사용해 온 방법들은 다음과 같다.

- 잊으려고 애쓰는 삶의 일부를 상기시키거나 탐색적 질문을 통해 잊고 싶은 것을 떠올리게 하는 사람들을 피한다.
- 자신에게 중요한 사람들과 적당한 거리를 두어 공격적이고 예민하게 굴면서 자신이 '발각되지' 않도록 한다.
- 고의적으로 칼로 베거나 아프게 하는 자해를 한다.

- 알코올 혹은 약물을 오용하거나 남용한다.
- 쉽게 성관계를 갖는다.

이것이 전부가 아니고, 고통스러운 경험을 다루는 데 도움이 되는 다른 방법도 있을 수 있다. 하지만 우리가 하는 많은 것은 고통을 회피하게 한다. 고통스러운 경험과 느낌을 피하거나 외면하려 할 때, 피하려는 바로 그 행동이 우리에게는 더 해가 된다는 것을 이해하는 것이 중요하다.

예를 들어, 고통을 잊기 위해 과음한다는 것을 인정하지 않을지도 모른다. 몇몇 자해 행동(칼로 베거나 아프게 하는 것과 같은)을 비밀리에 하면서 그 행동이 자신에게 어떤 해를 끼치고 있다거나 심지어 고군분투하고 있는 삶의 어떤 것과 관련이 있다는 점을 인정하지 않을 수 있다.

1) 마틴의 이야기

마틴은 생명을 위협하는 사건 당시 자신의 행동이 너무 부끄러워서 다시 일을 할 수 없었다. 외적 수치심의 강렬한 느낌에 대처하기 위한 그의 전략은 철수와 과음을 통한 회피였다. 그는 직장 동료들이 자신을 나약하고 한심하다고 생각할 것이라는 생각으로 복직이 두려웠다. 그 결과 의도하지는 않았지만 시간이 지날수록 마틴은 더 고립되고 우울해졌다. 마틴은 내적 수치심과 자기혐오에 대처하기 위해 술을 통해 감정을 무감각하게 만들었다.

2) 아만다의 이야기

아만다는 자해와 과음을 하곤 했다. 그녀는 성폭행을 당한 후 너무나 수치스러웠다. 그녀의 마음은 그 사건에 대한 끔찍한 생각들로 가득 차 있었고, 자신은 끔찍하고 비열한 사람이라고 끊임없이 스스로에게 말했다. 그녀는 자해하거나 술을 마셨을 때 내적 수치심으로부터 벗어나 안도감을 찾았지만, 그러고 나면 그 행동이 더 부끄럽게 느껴졌다. 그녀는 절망의 고통스러운 악순환 속에 갇혀 있었다. 아만다는 자신에게 일어난 일, 그리고 그것에 대처하기 위해 찾은 방법들을 사람들이 알게 될까 봐 두려웠다. 자신에게 일어난 일을 친구들이 알지 못하도록 친구들에게서 멀어지고 거리를 둠으로써 외적 수치심을 다루었다.

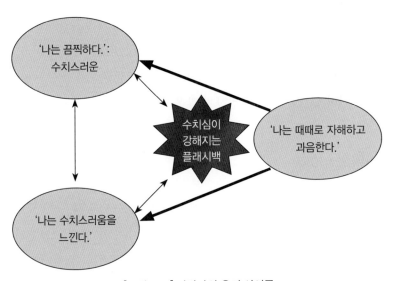

[그림 4-1] 아만다의 유지 사이클

우리가 사용하는 대처 방식 중 어떤 것은 고통과 수치심에서 우리를 일시적으로나마 벗어날 수 있게 한다. 그러나 잊을 수 있게 해 주었던 바로 그 방식들을 결국 수치스럽게 느낀다. 우리는 회피 전략, 과음, 자해 행동에 수치심을 느끼며, 더더욱 자신을 비판하고 비난하게 된다. 벌을 받아야 하고, 도움을 받을 가치도 없다는 신념이 강해진다. 그래서 기분을 좋게 하기 위한 최선의 노력이 더 기분을 나쁘게 만들고, 그 결과 동일한 자기파괴적인 행동을 할 가능성은 높아진다.

자비중심치료는 자신을 향한 자비와 격려를 키우도록 도우며, 이를 통해 이러한 수치심과 자기파괴적인 행동들에 맞설 수 있게 해 준다.

7. 자기비난과 수치심

누군가가 특히 수치심과 자기비난을 느끼기 쉬운 이유는 무엇인가? 아마도 우리가 (어린 시절부터) 다른 사람들로부터 적대적이거나 거절하는 대우를 받은 경험이 있다면, 우리는 특히 수치심이라는 느낌에 민감해질 수 있다. 예를 들어, 자신을 많이 비난했거나, 무시했거나, 혹은 반복적으로 불친절했던 어른을 기억할지도 모른다. 학교에서 또래에게, 심지어 가정에서 가족에게 괴롭힘을 당했을 수 있다. 이러한 경우를 돌이켜 보면 우리는 받아들여지지 않고, 사랑받지 못하고, 충분히 좋지 않은 것 같은 끔찍한 느낌을 기억할 수 있다.

어른이 되어서도 어릴 때 경험했던 잔인함과 불친절함을 기억한다. 더불어 그들은 맞고, 자신은 그런 대우를 받을 만했다고 믿을 수도 있다. 어른이 된 우리는 자기비난적이 되어서 이전에 다른 사람들이 자신에게 했던 적대적인 말을 스스로에게 한다. 그것은 마음속에서 자신과 하는 대화처럼 들릴지 모르지만 그 대화는 자신을 괴롭히는 적대적인 것이다.

1) 아만다의 이야기

아만다는 스스로에게 이렇게 말하곤 했다. "너는 끔찍해, 너는 네가 누구라고 생각하니? 너에겐 좋은 일이 생길 수가 없어. 아무도 너를 좋아하지 않아. 그런 너한테 좋은 일 한다 치고 사라지는 게 어때?" 치료과정에서 아만다는 이 말이 가해자가 그녀를 성적으로 학대할 때 그녀에게 했던 말이라는 것을 깨닫기 시작했다.

자신의 감정, 수치심, 자기비난을 어떻게 다룰 것인가는 양육에 의해 크게 영향을 받는다. 부모나 양육자들은 우리가 자신의 어릴 때 경험에 어떻게 대응하고 반응해야 할지를 가르친다. 어릴 때 그들은 우리가 위협에 노출되지 않도록 하는데, 이것은 성인이 되어서 우리 자신이 위협을 관리할 때 본보기가 된다. 부모(혹은 우리를 사랑하고 보호해야 할 보호자)에게 돌봄과 사랑을 충분히 받지 못했거나, 혹은 방치되고 학대받았다면, 부정적인 느낌을 끝내는 핵심 능력이 발달되지 못한다. 그 결과, 수치심과 자기비난을 다루기 힘들게 되고 이러한 느낌을 끝내는 것이 어렵다고 여긴다.

자신의 잘못이 아님에도 불구하고, 또한 수치심이 평범한 정서임에도 불구하고 어떤 사람들은 그것을 효과적인 방식으로 다루지 못한다. 우리는 이러한 느낌을 극복하기 위해 고군분투하고 있으며, 자신에 대한 비난과 끝없는 수치심을 가지고 허우적대며 산다.

그렇기 때문에 수치심과 자기비난을 조절해서 자기비난과 수치심의 순환 속에서 살지 않는 것이 매우 중요하다. 이를 위한 한 가지 방법은 지지적이고 돌보며 친절하고 자비로운 방식으로 자신과 대화하는 것이다. 자비의 마음을 사용하면 수치심과 자기비난의 생각을 다루는 능력이 향상되어 정신적·정서적 웰빙이 높아지고, 소속감이 나아질 것이다.

이 책의 중요한 목적 중 하나는 우리가 자신에 대해서 새롭게 생각하고 소통하는 지지적이고 자비로운 방법을 개발함으로써 다른 사람은 우리를 어떻게 생각한다고 믿는지, 우리는 자신에 대해서 어떻게 생각하는지에 대한 두려움에 직면하도록 돕는 것이다. 우리 모두는 감정을 압도하는 어떤 일이 발생했을 때 스스로를 진정시키고 자신을 더 낫게 느끼도록 하는 능력이 필요하다. 자신에게 자비로울 때, 우리의 뇌는 스스로를 긍정적이고 안전하다고 느끼게 만드는 화학 물질(옥시토신이나 아편제와 같은)을 방출할 것이다.

8. 수치심 가득한 트라우마 기억을 다루는 도전

수치심으로 가득 찬 기억을 다루는 방법 중 하나는 우리 자신을 보살피고 따뜻하게 대하는 법을 배우는 것이다. 이 기법은 기억을 '업데이트'해서 수치심을 느꼈던 과거 일에 감정가(emotional charge)를 잃게 하는 것이다. 이런 방법으로 기억을 다루어 위협감을 줄이고 수치심, 분노, 혐오와 같은 느낌들을 없애는 방법을 배운다. 안타깝게도, 수치심을 강하게 느낄 때 가장 어려운 점 중 하나는 자신을 돌보고, 친절하게 대하는 것이 힘들다는 점이다. 왜냐하면 자신은 돌봄이나 위로를 받을 자격이 없다고 느끼기 때문에 자신에게 친절하거나 다른 사람의 친절을 받아들이는 것조차 불안과 위협으로 느낄 수 있다.

1) 자신에게 친절한 것에서 불안이나 위협을 느끼는 이유는 무엇일까

어떤 사람들은 스스로를 자신이나 다른 사람으로부터 친절을 받을 자격이 없다고 느끼는데, 이 신념은 어릴 때의 경험에서 비롯되었을 수 있다. 양육자가 우리를 어떻게 대했는가에 대한 기억은 우리를 진정시키기보다 불안하게 만든다. 예를 들어, 아이가 마음이 상해서 부모에게 위로를 바라지만 부모가 아이를 거부하거나 상처를 주는 방식으로 행동하면, 자기보호 뇌(self-protective brain)는 아이의 위로받고 싶은 욕구를 부모의 거부 행동과 연합시켜서 심리적 위협으로 분류하게 된다. 이렇게 되면 이후에 아이가 속상해서 위로를 구할 때마다 뇌는 벌을 받거나 거부당했음을 상기시킨다. 그래서 즉시 거부나 고통이 따를 것이라는 불안감 때문에 아이는 한발 물러서면서 위로를 받고 싶은 느낌은 차단된다. 다시 말해서, 우리는 더 상처받을까 봐 스스로에게 친절해지는 것을 두려워하는 것이다. 어떤 사람들은 '마음 놓지마! 그러면 너 다친다!' '넌 충분히 고통받아야 해!'라고 생각하기도 한다. 우리를 곤경에 빠뜨릴 수 있는 감정을 표현하지 않으려고 애쓰다 보니 결국 우리는 감정을 제대로 이해하지 못하게 되고, 이로 인해 다시 건설적으로 대처하기가 어려워진다. 자비로움과 돌봄은 생소한 것이 되었고, 어떤 사람들에게는 매우 두렵게 느껴질 수도 있다. 물론 이 모든 것은 우리의 잘못이 아니다. 우리 자신과 정서를 이해하는 방법을 통해 정서를 다룰 수 있는 방법을 배우기 바란다.

9. 요약

수치심은 불쾌한 정서의 복잡한 혼합물로서 우리 자신을 스스로 어떻게 바라보는지, 세상이 우리를 어떻게 바라본다고 생각하는지와 관련된다. 수치심을 느끼며 살 때 사회적 위협은 특히 우리에게 위협적으로 느껴질 수 있다. 수치심은 또한 일반적으로 우리가 경험하는 트라우마 및 플래시백과도 관련된다.

우리 삶의 이야기를 이해할 때 중요한 측면 중 하나는 수치심 경험과 자기방어 전략 사이의 관련성을 인식하는 것이다. 뇌는 '행복'보다는 '자기방어'를 더 우선시하도록 진화했다. 위협이라고 해석되는 모든 것은 우리 몸과 시스템에 '높은 경계'를 알린다. 뇌는 외상성 경험과 관련된 많은 증상을 위협으로 여긴다. 우리 '자신'을 안전하게 지키기 위해 뇌는 지속적으로 우리에게 투쟁, 도피, 굴복 혹은 얼어붙음 반응을 하도록 신호를 보내고, 이 때문에 우리는 '높은 경계' 상태로 살게 된다.

더욱이 트라우마 플래시백이 수치심을 자극하면 외상성 사건의 본질 자체 혹은 이전에 겪은 경험으로 인해 뇌는 수치심 그 자체도 위협으로 간주해서

'높은 경계'의 상태로 우리를 되돌린다. 이것은 끝없는 반복처럼 느껴질 수 있다.

당연하게도 이 모든 것에 대처하기 위해 애쓰는 동안 우리는 자신에게 해로운 행동 습관을 만들고 잊는 것에 도움이 되는 행동에만 몰두하기도 한다.

자신의 이러한 양상들을 이해함으로써 이 모든 것이 자신의 잘못이 아님을 인식하기 바란다. 자신과 자신의 삶의 경험에 대해 자비롭게 되는 법을 배우면 그동안 고군분투하던 모든 것의 부정적인 결과들을 진정시킬 수 있다. 자비로운 마음을 지니는 것, 그리고 자신을 향해 자비로움을 실천하는 것은 마법처럼 빨리 되지 않는다. 삶에서 변화를 경험하려면 시간이 걸리고 연습이 필요하다. 가장 중요한 것은 이 책을 여기까지 읽음으로써 여러분은 자비라는 여정에서 이미 진전을 이루고 있다는 점이다.

제**5**장

자비의 필요성 이해

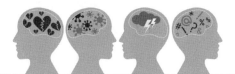

지금까지의 여정을 요약해 보자. 제1장에서는 트라우마의 본질과 우리가 겪은 외상성 경험들을 살펴보았다. 이 경험이 우리의 마음, 정서, 신체적 웰빙에 미칠 수 있는 잠재적인 영향도 살펴보았다. PTSD와 트라우마의 주요 증상인 플래시백에 대해서 배웠고, 트라우마로 인해 외상성 경험을 처리하는 방식이 어떻게 방해받는지, 트라우마가 기억하는 방식을 어떻게 방해하는지도 알게 되었다.

제2장에서는 다양한 일이 가능할 수 있도록 설계된 여러 종류의 정서들을 탐색했다. 다양한 감정을 느낄 수 있다는 것은 인간으로서 자연스러운 일이고, 우리의 인생 경험에 풍요와 깊이를 주는 중요한 일이다. 그러나 때로 감정은 너무 강력하고, 과거의 기억과 융합되어서 그 감정을 허용하고 다루기가 매우 어렵다. 그런 일이 일어날 때 내적 세계(감정에 대한 우리의 내면 경험 및 자신에 대해 어떻게 느끼는지)와 외적 세계(우리가 외부 세계를 안전하다고 느끼는지 혹은 아닌지)는 모두 두려운 곳이 될 수 있다. 아무 잘못이 없다고 해도 압도감을 느낄 수 있고, 느낌, 정서, 삶이 자신의 통제를 벗어난 것 같을 수도 있다. 이러한 강렬한 정서적 경험을 끝내는 방법을 배우는 것은 우리가 살아가는 데 도움이 된다.

제3장에서는 플래시백을 좀 더 자세히 살펴보았고, 플래시백이 어떻게 신체적 및 정서적으로 우리에게 위협감을 주는지도 확인했다. 위협적인 사건의 기억이 촉발될 때, 그 사건이 다시 일어나는 것처럼 느껴질 수 있다. 위협을 탐지하는 뇌는 플래시백을 위협적이라고 여기고, 자신의 삶을 '높은 경계' 상태에 놓게 된다. 제4장에서는 수치심, 외상성 경험, 압도되는 트라우마의 수치스러운 경험을 다루기 위해 만들게 된 행동들 간의 관련성을 살펴보았다. 가장 중요한 것은 이들 중 어떤 것도 우리의 잘못이 아니라는 것을 배웠다는 점이다. 그 이유는 이러한 일들은 뇌가 이러한 상황하에서 작동하는 방식이고, 뇌가 설계된 방식과 관련되기 때문이다.

이전 장에서 살펴보았듯이 비록 뇌가 작동을 멈춰서(외상성 경험의 기억으로 인해 위협감을 느낄 때) 정서가 압도됨을 느끼더라도 우리는 불쾌한 느낌에서 물러서서, 그 느낌을 이해하고, 해소해서 기분을 좋게 만드는 법을 배울 수 있다. 실제로 정서를 다루는 새로운 기술을 배울 수 있고, 이를 통해 외상성 경험도 다룰 수 있다. 그것은 수치심, 혐오감, 두려움, 분노의 느낌을 다루는 데 특히 도움이 되는 것으로서 (자신에게 자비로움으로써) 스스로를 진정시키고 달래는 능력이다. 우리 잘못은 아니지만 이 능력이 개발되지 못했기 때문에 트라우마에서 회복되는 것이 어려웠다(이 장의 뒷부분에서 살펴보겠다).

우리는 마음을 자비라는 마음가짐으로 바꿀 수 있다. 이 마음가짐은 트라우마를 극복하는 데 엄청난 도움이 된다.

1. 자비의 마음

1) 자비란 무엇인가

수천 년 동안 철학, 종교, 심리학 분야는 자비의 개념과 자비를 가지고 살아야 할 필요성을 탐구했다. 예를 들어, 아리스토텔레스는 자비롭기 위해서는 먼저 타인의 고통을 알아차리고, 그들의 고통이 정당하다는 것을 믿어야 한다고 했다. 따라서 고통의 원인을 믿지 않으면 자비를 느낄 수 없다. 불교에서 자비란 자신과 타인의 고통에 대해 열린 마음을 갖는 것이며, 그 고통을 줄이고 감소시키려는 헌신과 동기라고 정의했다. 다시 말해서, 자비로움은 우리의 고통과 타인의 고통을 끝내기 위해 무언가를 하고 싶다는 것을 의미한다. 이 책에서 사용하는 '자비'의 의미는 불교의 가르침에 기반한다. 불교의 가르침이란 우리의 마음이 고통을 다루고 처리하기 위해 어떻게 진화되어 왔는지에 대한 과학적 사고와 증거이며, 폴 길버트 교수의 연구이기도 하다 (『자비의 마음』 저자, 329~330페이지의 유용한 자원을 참조하라).

2. 다양한 마음 상태-위협에 초점을 둔 마음, 외상을 입은 마음, 자비의 마음

우리가 외상을 입게 되면 위협에 초점을 둔 마음이 된다는 것을 이전 장에서 알게 되었다. PTSD가 생기는 이유 중 하나는 위협에 초점을 둔 마음을 조절하거나 진정시키려고 애쓰기 때문에 '현재의 위협' 상태로 살기 때문이다. 그러나 우리는 마음의 상태를 바꿀 수 있고, 다른 마음의 틀로 전환할 수 있다. 그렇게 되면 자비, 돌봄, 친절, 용기, 행동이라는 생각으로 세상을 바라보는 자비 중심의 마음 상태에 있을 수 있다.

우리 모두는 침착함이나 화, 흥분이나 좌절과 같은 서로 다른 마음 상태에 있는 것이 어떤 것인지 알고 있다. 마음의 전반적인 상태를 '마음가짐(mind set)'이라 할 수 있는데 우리가 지닌 마음가짐의 유형은 우리의 마음이 작동하는 방식에 영향을 미치고, 효과의 전체 패턴을 조정할 것이다. 그로 인해 우리의 주의는 달라질 것이다. 즉, 마음가짐은 우리가 생각하는 방식과 특정한

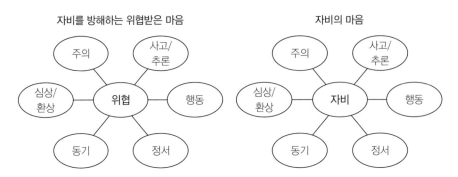

[그림 5-1] 마음의 두 가지 유형

출처: P. Gilbert의 저서 『자비로운 마음』(London: Constable & Robinson, 2009) 허락을 받아 인용함.

방식으로 행동하려는 욕구에 초점을 맞출 것이며, 우리의 정서를 형성하고, 우리의 동기와 꿈 혹은 걱정에 영향을 미칠 것이다.

트라우마를 이해하고 치유하는 데 필요한 가장 중요한 두 가지 마음가짐의 핵심 특징을 살펴보자. 첫째는 우리가 이미 잘 알고 있는 위협에 초점을 둔 마음가짐이고, 다른 하나는 우리가 앞으로 잘 알게 될 치유에 도움이 되는 자비 중심 마음가짐이다.

우리는 두 가지 유형의 마음가짐을 살펴볼 것인데 이는 자비의 마음을 기르는 데 필수이기 때문이다.

1) 위협에 초점을 둔 마음

운전 시험을 앞두고 있다고 상상해 보자. 시험에 떨어질 수도 있기 때문에 자연스럽게 위협 시스템이 활성화된다. 위협 시스템은 위협을 감지하여 신속하게 대응하거나 피하도록 돕기 때문에 활성화되기 쉽다는 점을 기억하라. 따라서 시험을 치르기 전에 이미 위협받은 마음이 작동하여 불안을 느끼고 불안한 생각을 하기 시작했음을 알아차릴 수 있다. [그림 5-1]에 제시된 원을 중심으로 이 패턴을 살펴보자.

(1) 동기

불안한 마음의 기본적인 욕망, 욕구, 소원은 무엇인가? 아마도 극심하게 불안한 순간에 느끼는 행동하고 싶은 충동은 우리를 긴장하게 만드는 상황을 피해서 가능한 한 빨리 도망치게 하는 것일지도 모른다. 우리는 가능한 한 빨리 그러한 불안과 잠재적인 위협을 줄이려고 동기화되는데, 이것은 뇌가 그렇게 만들어졌기 때문이다. 따라서 매우 불안할 때 어떻게 대응하는가는 우리의 잘못이 아니다. 나중에 좀 더 차분해지면 주의의 초점이 바뀌는 것을 알아차릴 수 있다. 예를 들어, 기회를 놓쳐서 슬퍼할 수 있고, 도망친 것에 대해 '자책할' 수도 있다.

(2) 주의

불안한 패턴에서 우리가 주의를 기울이고 집중하는 것은 무엇인가? 아마도 운전 시험관이 어떤 사람인지에 집중할 것이다. 시험관이 친절하고 허용적인지 혹은 가혹하고 엄격한지? 차와 충돌하거나 사람을 쳐서 넘어뜨리는 심상이나 생각이 갑자기 떠오를 수도 있다.

(3) 사고/추론

자신이 얼마나 잘할지에 대해 상상하거나, 얼마나 좋은 인상을 줄지 혹은 얼마나 능숙한지에 주목하는 것은 불안할 때 가능하지 않다. 오히려 실패를 상상하게 될 것이다. 혹은 너무 불안해서 운전을 잘 못하고, 기어를 바꿀 때 떨고, 자신이 얼마나 긴장하는지를 시험관이 볼 것이라는 상상을 할 것이다. 우리가 통제하지 못하고 있다고 시험관이 판단할까 봐 걱정할 수도 있다. 따라서 사고와 추론은 그 상황에서 일어날 수 있는 위협들에 대한 것이다.

(4) 심상/환상

마음에서 만든 상상의 세계는 우리의 관심이 어디를 향해 있는가와 연결되어 있다. 불안할 때는 이전에 불안했던 기억의 심상들과 미래에 있을 위협의 예감이 떠오른다. 예를 들어, 연설 불안이 있다면 웅얼거리고, 말을 잊어버리고, 얼굴이 빨개지는 것이 상상되고, 청중이 우리를 비웃는 것이 떠오를 수 있다.

(5) 행동

우리는 어떻게 행동하는가? 시험에 합격해서 자유와 독립을 누리고 싶지만, 다른 한편으로는 시험 자체를 보지 않거나 피하고 싶을 수도 있다. 준비가 안 되었다고 스스로를 설득해서 시험을 취소하거나, 시험장에 나타나지 않을 수 있다. 이처럼 불안한 마음가짐이 작동할 때 우리는 도망치거나 피하고 싶은 강한 충동을 느낀다.

(6) 정서

때로 우리는 불안만이 아니라(한 가지 정서만 느낀다면 일이 더 간단해질 수도 있다) 무언가를 하고 싶으면서 동시에 두려워하는 뒤섞인 정서를 가질 수 있다. 심리학자들은 이것을 '접근-회피' 딜레마라고 부른다. 개인적인 목표를 달성하려는 우리의 긍정적인 욕구는 실패의 위험을 피하려는 보호적인 욕구와 상충된다. 역설적이게도, 때로 우리는 무언가를 더 원할수록 더 불안해지는데 그것이 우리에게 의미 있는 일이고 잃을 것이 더 많기 때문이다. 하고 싶은 것에 대해서 불안을 느낄 때 이렇게 느끼는 자신에게 화가 날 수 있다. 왜냐하면 이 느낌이 자신을 억눌러서 원하는 방식대로 행동하지 못하는 것이 스스로에게 짜증이 나거나 실망스럽기 때문이다. 지치지 않는가? 이미 불안을 느끼는 상황에서 화를 내면서 위협 시스템을 더 자극시키는 것은 스스로를 안정시키고 진정시키는 데 도움이 되지 않는다는 것을 당신은 알게 된다.

2) '외상을 입은' 마음

'외상을 입은' 마음은 주로 '위협' 마음가짐에 많이 있다. 그러면 이러한 마음은 어떤 것일까?

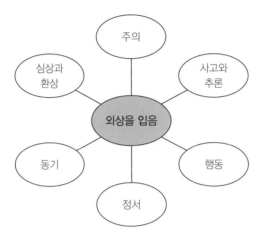

[그림 5-2] 외상을 입은 마음

출처: P. Gilbert의 저서 『자비의 마음』(London: Constable & Robinson, 2009) 허락을 받아 인용함.

우리는 다음의 예를 통해 '외상을 입은' 마음의 패턴에 대해 생각할 수 있다. 우리가 외상을 입었을 때 뇌에서 어떤 일이 일어나는지 상기시키려면 제2장을 다시 읽는 것이 도움이 된다.

(1) 제프의 이야기

제프는 런던 지하철 폭탄 테러로 폭탄이 터졌을 때 열차에 타고 있었다. 폭탄의 위력으로 부상을 입었으나 구조대원에 의해 구조되었다. 폭발 당시 위독한 상태였기 때문에 제프의 뇌는 위협에 초집중되어 있었다. 제프는 극심한 공포를 느꼈다. 어떻게 살아남아야 할지 애쓰고 있었기 때문에 그의 생각은 빠르게 위협에 집중되었다. 이것은 제프와 제프의 편도체에 압도적인 경험이었다. 폭탄 테러가 일어난 후 며칠에서 몇 주 동안 제프의 뇌는 그 경험을 이해하려고 노력했지만 제프의 마음은 그 사건을 떠올릴 때마다 다시금 강렬한 공포감에 휩싸였다. 그의 뇌는 그 심상에 반응하여 코르티솔과 아드레날린 같은 위협에 초점을 둔 호르몬을 대량 방출했다. 이것은 제프의 해마를 '마비'시켰고, 감각, 의미, 맥락, 자기진정을 다루는 뇌의 사고 영역에 접근하는 것을 차단시켰다. 간단히 말해서, 플래시백으로 인해 제프는 단순히 그 사건을 기억하는 것이 아니라 외상성 사건으로 돌아갔다. 그 결과 제프는 그 공포가 과거의 사건이라는 것을 알지 못한 채 폭발의 강렬한 공포 속에 살고 있는 것 같은 마음에 갇히게 되었다. 무시무시한 플래시백이 일어나는 동안 제프의 마음가짐은 위협에 기반을 두었다. 이는 다른 모든 반응이 동시에 조정된다는 뜻이다. 즉, 주의, 생각, 느낌, 행동, 동기, 심상도 위협에 초점을 두게 된다는 것이다. (이러한 반응들이 어떻게 영향을 미치는지는 다음의 예에서 제시된다.) 이 모든 반응은 제프의 위협적인 상태를 부채질하고 강화하고 유지시키게 되는데, 그 이유는 제프가 자신의 마음으로 인해 겁을 먹기 때문이다.

[그림 5-2]의 원을 중심으로 이 패턴을 살펴보자.

(2) 외상을 입은 마음의 초점

① 동기

폭탄이 터지는 순간 제프의 마음은 강력한 위협에 초점을 두게 되었는데, 이 마음은 어떤 대가를 치르더라도 살아남으려는 동기였다. 제프는 최대한 멀리 도망쳐 위험을 피하고 싶은 강하고 자동적인 욕구가 생겼다. 이 강력한 충동은 제프의 잘못이 아니었다. 이 충동은 위협에 초점을 둔 뇌의 자동적인 반응이었고, 의식적인 통제를 벗어난 것이었다. 문제는 제프의 마음이 진정되었을 때 시작되었다. 그는 자신이 도움을 필요로 하는 사람들에게서 등을 돌리고 도망친 이유를 아직도 이해할 수 없었다. 이로 인해 자신에 대해 끔찍하게 느꼈고(내적 위협), 다른 사람들이 자신을 나쁘게 여길 것이라고 생각하게 되었다(외적 위협).

② 주의

외상을 입게 되었을 때 주의는 극도로 위협에 집중된다. 우리는 무언가를 위험으로 인식하게 되면 매우 경계하게 된다. 제프의 경우 폭발의 결과와 자신의 '위협' 마음가짐으로 인해 배낭을 멘 이슬람교도처럼 보이는 젊은이에게 매우 집중하게 되었다. 또한 그는 폭탄으로 보이는 것을 찾느라 주변을 유심히 살피곤 했다(즉, 수상한 소포 혹은 가방).

③ 사고/추론

제프의 사고와 추론은 자신이 얼마나 위험한지에 매우 집중되었다. 집 밖에서 자신에게 일어날 수 있는 모든 피해의 가능성을 고려하고, 런던 지하철이 얼마나 안전하지 않은지 생각했다. 제프는 죽음에 직면하는 것이 얼마나 무서운 일인지를 생각하고, 무언가 나쁜 일이 일어날 것을 '알았어야' 한다고 곰곰이 생각하곤 했다. 그는 폭발 후 자신이 어떻게 행동했는지에 대해 생각해 보았고, 부상자들을 충분히 돕지 않았다고 자책했다. 제프는 자신이 더 강해져서 이 문제를 극복해야 한다고 생각했고, '약하고 대처하지 못한' 자신을 비난했다. 폭발 이후 부상당한 다른 승객들을 돕지 않은 자신이 얼마나 '이기적'인지를 사람들이 알면 자신을 어떻게 생각할지 걱정했다.

④ 심상/환상

우리가 마음속에서 만든 상상의 세계는 주의와 연결되어 있다. 제프의 경우 그의 심상은 폭발이라는 침습 및 플래시백과 연결되었다. 제프의 마음은 미래의 위협에 초점을 두는 것이 아니라 과거 위협의 심상들로 가득 차 있었다! 이 강력한 기억들은 제프의 뇌를 '속여서' 제프가 실제 위험에 처한 것처럼 행동하게 하는 능력이 있다. 이런 이유로 외상을 입은 사람들은 이미 끝난 사건과 연결된 '현재의 위협'감을 느낀다. 외상을 입은 사람들의 마음은 그 심상들로 인해 과거에 갇혀 있게 된다.

⑤ 행동

폭발이 있은 후 제프는 런던 지하철을 이용하지 않았다. 다시 폭격이 일어날 수도 있는 위험을 무릅쓸 수는 없었다. 그는 심지어 너무 불안해서 지하철역 주변을 걷는 것을 피했다. 하지만 그 정도로는 공포를 기억하는 것을 막을 수 없었다. 그래서 제프는 무언가가 그 사건을 상기시킬까 봐 텔레비전을 보거나 신문을 읽는 것도 그만두었다. 그는 파키스탄과 자메이카 출신의 젊은 남성 4명이 폭탄 테러를 했다는 사실을 알게 된 후 무슬림처럼 보이는 젊은 남자는 피하게 되었다. 하지만 다문화사회인 런던에서 살고 일하고 있는 제프에게 이것은 큰 문제가 되었다. 안전하다고 느끼는 유일한 장소가 집이었기 때문에 집 밖을 나가지 않게 되었다. 음주량이 늘어났고, 생각과 심상의 흐름에서 마음을 '전환'하기 위해 하룻밤에도 여러 캔의 맥주를 마시게 되었다.

⑥ 정서

제프는 수많은 위협 기반 정서에 사로잡혔다고 느꼈다. 그날의 기억을 되살릴 때 강한 두려움을 자주 느꼈다. 플래시백은 폭발 당시 느꼈던 것과 똑같은 정서, 즉 극한의 공포와 무력감을 경험하게 했다. 그런 다음 제프는 그것을 '극복'하지 못하는 자신에게 화가 나기 시작했다. 자신의 정신적 · 정서적 약점을 스스로 비난했다. 이것은 다시 스스로를 화나게 만들었지만, 폭파범에게도 화가 나기 시작했다. 제프는 더 불안하고 더 겁이 날수록 자신에게 더 화가 났고, 제프의 위협 시스템은 더 활성화되었다. 이런 괴로움 이외에도 제프는 죄책감과 수치심도 느꼈다. 부상자들을 충분히 돕지 않았다는 죄책감을 느꼈고, 이것은 다시 스스로를 부적절하고 수치스럽게 느끼게 만들었다. 폭발 후 자신이 어떻게 대응했는지를 사람들이 알면 실망과 슬픔으로 자신을 볼까 봐 두려웠다.

3) 마음가짐은 어떻게 서로 조화를 이루는가

위협받은 마음가짐과 외상을 입은 마음가짐은 우리 마음의 다른 여러 측면을 활용하여 패턴을 만들게 되는데 이 측면들은 서로 연결되어 있다. 마음속에 만든 심상들은 주의, 생각, 느낌, 몸의 작용 방식에 영향을 미칠 것이다. 이 어려움에 대해 생각하고 추론하는 방식은 주의, 느낌, 동기, 행동에 영향을 미칠 것이다. 이 때문에 이를 '마음 상태'(이 경우는 '불안한 마음 상태')에 놓여 있다고 부른다. 이 경우 위협이라고 인식되는 것들을 다루는 데 초점을 둔 마음의 여러 상태를 함께 경험한다. 명심하라. 어느 것도 우리 잘못이 아니다. 왜냐하면 우리는 진화 덕분에 다루기가 매우 힘든 뇌를 가지고 있기 때문이다. 우리가 처해 있는 마음가짐의 유형은 우리가 다루려는 문제에 따라 결정된다.

4) 위협에 초점을 둔 마음의 해독제-자비의 마음

앞에 제프의 이야기를 보면 그가 위협 시스템을 진정시킬 수 있다는 증거는 많지 않고, 오히려 위협에 기반한 정서로 가득 차 있음을 알 수 있다. 은유적으로 말하면 제프는 '불로 불'과 싸우고 있는 모양새로서 그의 모든 끔찍한 플래시백이 더 많은 위협 반응을 조장하고 있다. 제프의 뇌가 필요로 하는 것은 진정시키고 달래 줄 엄청난 양의 자비다. 그렇게 되면 제프는 자신의 회복에 대한 생각을 시작할 수 있기 때문이다. 자비의 마음은 이해와 돌봄에 기반하기 때문에 진정 시스템을 활성화시키며, 이는 위협의 자연 조절 장치다(제

2장에서 살펴보았다). 우리가 더 친절하고 더 많이 이해할수록 위협을 낮추고 웰빙감을 되찾는 것은 쉬워진다.

자비의 마음은 비판적인 마음이 아니라 때로는 인간이 되기가 얼마나 어려운지를 아는 이해심이기 때문이다. 자비의 마음이 지닌 동기는 우리 자신을 돌보고 돕는 것이며, 우리의 최대 이익을 중요하게 여긴다. 자비의 마음에 옳고 그른 방식은 없으며, 단지 지혜와 힘을 통해 성찰하고 성장할 수 있는 기회만 있다.

그렇다면 우리가 자비의 마음가짐을 가지게 되면 어떤 기분일까? 위협받는 마음과 자비의 마음 도표(130페이지의 [그림 5-1])에서 각각의 요소를 차례로 살펴보고 몇 가지 답을 찾을 수 있다.

(1) 자비의 마음을 살펴보자

① 동기

자비의 동기는 우리 자신의 고통과 타인의 고통을 덜어 주려는 욕구와 의도다. 이러한 동기는 자신과 타인의 웰빙을 지지하고 번영시키도록 우리를 이끈다. 또한 자비의 동기는 우리의 고통(외상성 경험으로 인한)을 줄이고 웰빙을 지원하는 방식으로 행동하려는 욕구와 의도를 지닌다.

② 주의

자비의 마음은 긍정적인 것에 초점을 두면서 도움이 되고 지지적인 기억에 주의를 돌릴 것이다.

③ 사고/추론

자비의 마음은 우리가 원래 생각했던 것보다 트라우마가 더 흔한 경험이며, 인간으로서 우리 모두는 크든 작든 고통을 받을 수 있는데 이는 진화로 인해 우리가 다루기 힘든 뇌와 몸을 지니게 되었기 때문이고, 이것은 우리의 잘못이 아니라는 것을 이해하는 데 초점을 둘 것이다.

④ 심상/환상

자비의 심상은 지지적이고, 이해하며, 친절하고, 격려한다. 불안할 때 무섭고 자기비난적인 심상을 떠올리는 것은 매우 쉽다. 그럼에도 불구하고 우리는 자신과 우리의 마음을 훈련시켜서 만족 및 진정 시스템을 자극하는 자비의 심상을 떠올릴 수 있다.

⑤ 행동

자비의 마음은 우리 자신과 타인의 최선의 이익을 위해 노력하고 행동하는 것이다. 이는 두렵거나 힘든 일을 해낼 수 있는 용기를 기른다는 의미다. 자비의 행동은 어떻게 살고, 외상성 경험에 어떻게 반응할지(이 책을 읽는 것처럼)를 배우는 것도 포함한다. 명상이나 이완법과 같이 진정시키는 데 도움이 되는 새로운 형태의 행동을 습득하는 것처럼 실용적인 방법으로 자신을 양육하는 법을 배울 수도 있다. 이것은 우리에게 새로운 것일 수 있어서 새로운 것을 배울 때는 항상 한 번에 한 단계씩 점진적으로 수행하여 다음 단계를 위해 자신을 적절히 준비하는 것이 좋다.

⑥ 정서

자비의 정서는 따뜻함, 지지, 친절, 연결의 느낌과 관련이 있다. 이 책 뒷부분에 나오는 안내된 연습들은 모두 자비의 정서를 경험할 수 있도록 고안되었다.

자비를 기른다고 해서 공포와 불안이 모두 없어지는 것은 아니지만 우리는 더 잘 대처할 수 있게 되고, 뇌 속의 정서 조절 시스템들 간에 더 나은 균형을 찾을 수 있게 된다.

(2) 자비가 우리에게 필요한 이유

진화된 존재로서 우리의 뇌와 마음은 태어나서부터 죽을 때까지 돌봄을 받아야만 하는 존재로 발달되었다. 연구에 따르면 돌봄받는 느낌은 뇌, 몸, 마음이 작동하는 방식에 막대한 영향을 미친다. 또한 정서, 관계의 질, 힘든 느낌과 욕구를 이해하고 대처하는 능력에도 영향을 준다.

3. 정서 기억의 힘

안전하고, 돌봄받고, 진정되는 느낌인 정서 기억은 부모 및 타인과의 초기 애착관계에서 발달된다. 어른이 되어 안전과 돌봄받는 느낌이 필요할 때 이러한 정서 기억을 활용할 수 있다. 정서 기억은 위협 시스템을 낮추고 정서들 간의 균형을 맞추는 데 사용될 수 있기 때문이다. 다시 말해, 괴로울 때 자신을 진정시키고, 기분이 나아지게 하기 위해서 무의식적으로 어릴 때 엄마(혹은 다른 주양육자)가 우리를 어떻게 진정시켰는지를 떠올린다.

정서적 · 신체적 애정, 친절, 따뜻함, 보호, 이해를 받았던 어린 시절의 경험은 우리 자신과 타인을 향한 자비를 기를 수 있는 능력을 향상시킨다.

돌봄의 경험(아이와 대화하고 아이에게 관심을 보이는 것, 긍정적인 느낌을 나누는 것, 아이가 느끼는 것을 타당화하고 탐색하는 것)은 아이가 사랑받고 있으며 중요하다는 것을 아이의 뇌에 전달하는 신호다. 이는 진정 시스템이 위협 시스템을 조절하고 있다는 것을 의미한다. 다음 시나리오에 나온 것처럼, 부모가 유아나 아이의 고통을 진정시키고 이해하는 반응을 제공함으로써 아이는 자신의 정서(때로는 격렬한 정서)가 조절될 수 있고, 끝이 있다는 것을 배우게 된다.

1) 제시, 조니, 빌리

5세 동갑인 소년 제시, 조니, 빌리는 놀이터에서 함께 놀고 있었는데, 갑자기 천둥과 번개가 치면서 폭풍이 몰아쳤다. 아이들은 너무 무서워서 겁을 먹었고 울면서 엄마에게 달려갔다.

(1) 제시의 이야기

제시는 울면서 엄마에게 달려갔다. "엄마, 우리 금방 죽을지도 몰라요. 너무 무서워요." 제시는 엄청 무서웠고, 우리는 제시의 편도체가 온갖 종류의 위협 반응을 내뿜는 것을 상상할 수 있다. 엄마는 제시를 꼭 안고 머리를 쓰다듬으며 차분하고 진정시키는 목소리로 말했다. "걱정 마, 엄마랑 있으니 안전하단다. 천둥 번개와 함께 폭풍이 왔구나. 소리가 크고 무서웠지? 엄마는 네가 왜 겁먹었는지 알 것 같아. 괜찮단다. 짐 챙겨서 차 타고 집에 가자. 집에 가서 폭풍이 끝날 때까지 소파에서 함께 꼭 껴안고 있으면 된단다." 제시는 눈에 띄게 진정되고 엄마 품에서 긴장이 풀리면서 흐느끼는 소리가 덜 해졌다. 당신은 엄마의 손길과 목소리 톤에서 전해지는 타당화, 돌봄, 위안으로 인해 제시의 위협 시스템이 실제로 진정되는 것을 상상할 수 있을 것이다. 이는 제시가 자기-진정을 어떻게 하는지를 배우는 경험이다. 왜냐하면 제시는 잘 모르겠지만, 자신의 정서는 정상이며, 그렇게 느껴도 괜찮고, 그 정서는 타당하며, 정서를 끝내는 방법이 있음을 배웠기 때문이다.

(2) 조니의 이야기

제시만큼이나 두려웠던 조니에게는 어떤 일이 일어났을까? 조니도 흐느끼며 엄마에게 달려갔지만 엄마는 휴대 전화로 통화를 하고 있었고 아들의 괴로움을 의식하지 못한 듯했다.

"엄마, 엄마, 집에 가고 싶어. 너무 무서워."

"쉿, 내가 전화하는 거 안 보여?" 엄마가 말했다.

"제발, 엄마, 제발."

"조용히 해, 그렇게 아기처럼 울지마." 엄마는 엄격하고 짜증스러운 목소리로 말했다.

엄마는 등을 돌리고 전화를 계속했다. 조니가 울면서 엄마를 안으려 하자 엄마는 조니를 거칠게 밀어냈다. 이때 조니의 편도체에서는 어떤 일이 벌어지고 있다고 생각하는가? 진정이 된 느낌일까? 혹은 더 불안하고, 화나고, 사랑받지 못하고, 안전하지 못한 느낌일까? 조니는 처음의 공포에 대한 반응으로 공포, 분노, 슬픔과 같은 온갖 종류의 위협 기반 정서들을 경험하게 될 것이다. 따라서 돌봄과 위로를 얻으려는 조니의 노력은 '위협 시스템'을 진정시키는 것이 아니라 엄마에게 거절당했고, 조니를 더 고통스럽고, 더 두렵고, 더 화나고, 더 수치스럽게 느끼게 했다. "그렇게 아기처럼 울지마."라는 엄마의 말은 조니가 자기 자신을 비난하는 목소리가 될 수 있다.

(3) 빌리의 이야기

마지막으로 빌리는 어떻게 되었을까? 다른 두 친구처럼 빌리도 무서워서 엄마에게 울면서 달려갔지만 엄마는 자신의 두려움으로 울고 있었다. "빌리 빨리 뛰어. 번개에 맞기 전에 빨리 뛰어." 엄마는 들뜨고 높은 목소리로 말했다. 어린 빌리는 엄마의 품으로 목숨을 걸고 달리기 시작했다. 엄마는 빌리를 안으면서 더 불안한 모습으로 말하기 시작했다. "세상에, 집에 가야겠다. 괜찮아 울지 마. 빨리 차로 가자. 차에 치일 뻔했구나. 다 괜찮을 거야, 불쌍한 우리 아기……." 엄마는 눈물을 글썽이는 아들을 달래기 위해서 약간 초조해하며 빌리를 앞뒤로 흔들었다. 효과가 있었을까? 당신은 빌리의 편도체가 안전하다는 메시지를 받았다고 생각하는가? 아마도 아닐 것이다. 빌리는 불안한 엄마의 신호를 알아차렸을 것이고, 엄마와 자신이 위험에 처했다고 엄마가 생각한다는 것을 깨닫고는 더 불안해서 엄마에게 매달렸을 수도 있다.

괴로울 때 보살핌을 주는 세 가지 사례 중, 제시는 자기진정 기술을 발달시켜서 어른이 되었을 때 세상의 위험을 조절하기 위해 그 기술을 성공적으로 사용할 수 있는 최상의 기회를 가졌을 수 있다. 어릴 때 자신에 대한 타인의 감정을 경험하는 방식은 우리 자신을 스스로 어떻게 느끼는지에 대한 토대가 된다. 사랑스럽게 대접받은 어린 시절의 기억을 떠올릴 수 있다면 우리는 스스로가 사랑스럽다고 믿을 것이다. 이것은 부정적인 인식에도 해당된다. 불친절하고 사랑받지 못했던 어린 시절의 추억을 떠올리면 우리는 스스로를 사랑스럽지 않다고 믿는다.

4. 돌봄을 받지 못했다고 느끼면 어떤 일이 일어나는가

사랑받고 보살핌을 받았던 어린 시절의 기억이 없고 오히려 다른 사람들에게 피해를 당했던 정서 기억으로 인해 어린 우리를 사랑하고 지켜 주어야 했던 사람들에게 불안과 분노를 느낀다면 어떤 일이 일어날지 궁금할 것이다. 아마도 우리는 사랑받았고, 진정시켜 주었다고 느낄 수 있는 정서 기억을 찾으려고 애쓸지도 모른다. 결과적으로 위협에 초점을 둔 마음을 조절하는 것이 어려울 수 있다. 왜냐하면 우리 잘못은 아니지만 고통에서 벗어나서 위로받을 수 있다는 것을 배우지 못했기 때문이다. 물론, 그렇다고 해서 앞으로도 이것을 배울 수 없다는 뜻은 아니다. 왜냐하면 이 책에서 말하고자 하는 것이 이 부분이기 때문이다. 여기에서 중요한 통찰은 위협에 초점을 둔 마음을 조절하려고 애쓰는 것이 우리의 잘못은 아니라는 점을 인정하는 것이다.

심지어 우리에게 친절하고 배려하는 사람을 거부하는 자신을 발견할 수도 있다. 왜냐하면 만약 어린 시절 내내 (처음에는 친절을 베풀었다가 나중에는 학대했던) 사람들에게 학대를 당하거나 해로운 경험을 했다면 친절은 위협으로 뇌에 기록되기 때문이다. 고통스러운 이혼을 겪고, 새로운 관계를 맺는 것이 두려운 사람들(진심으로 배려하는 사람일지라도)에게는 친절이 위협으로 느껴질 수 있다. 우리의 역사는 친절과 보살핌을 경험하는 것에 영향을 주기 때문에 때로 그것을 회피하는 자신을 발견할 수도 있다. 그러므로 건강하고 사랑스러운 애착관계로 인생에서 좋은 출발을 하는 것은 우리가 사랑스럽고, 다른 사람은 우리와 함께하길 원하고, 우리의 최선의 이익을 마음에 둔다는 믿음을 갖게 한다.

5. 부모나 양육자가 우리를 안전하다고 느낄 수 없게 했을 때 어떤 일이 일어나는가

1) 단절되고 고립된 느낌

만약 부모나 양육자가 우리를 대했던 방식 때문에 사랑받고 보호받은 경험이 없어서 자신을 사랑하고 보호하는 방법을 알지 못한다면(이것을 배운 적이 없기 때문에) 자신을 진정시키거나, 기분이 나아지게 하기 위해 고군분투하는 자신을 발견할 수 있다. 그 결과 타인과 단절되고 고립되었다고 느끼게 되는데 자신이 느끼고 경험한 삶이 다른 사람이 느끼고 경험한 것과 다르다고 생각하기 때문이다. 우리들 중 일부는 근본적으로 다른 사람과 다르다고 느끼고 다른 사람과의 연결감이 없다. 심지어 도망가서 숨고 싶고, 자신이 진짜 누구인지를 아무도 모르게 하고 싶은 욕구를 지닌 사람도 있다. 당신은 앞으로 제시할 몇 가지 예에서 스스로를 발견하고, 혼자가 아님을 알게 될 것이다.

존의 이야기

20대 때 성폭행을 당한 존은 단절감과 고립감을 느꼈다. 그는 자신을 완전히 외부인이라고 표현했고, 치료시간에 이렇게 말했다. "이 세상에 제가 설 곳은 없어요, 저는 속할 곳이 없어요." "무얼 느껴야 할지 모르겠어요. 아무것도 느껴지지 않아요." "무감각하고 혼자인 것 같아요."

2) 가치 없고 사랑받지 못하는 느낌

만약 어릴 때 상처 입고 보호받지 못했다면 자신은 사랑받거나 보호받아야 할 가치가 없다고 느끼는 어른으로 성장할 수 있다. 또한 어릴 때 경험으로 인해 매우 자기비판적인 내면의 소리를 갖게 될 수도 있다. 내면의 소리는 우리 자신 안에 있는 대화다. 내면의 소리는 우리의 삶과 행동에 대해 긍정적이거나 부정적인 발언을 할 수 있다. 매우 비판적인 내면의 소리를 지니고 있을 때 우리는 자신을 비하하는 발언으로 스스로를 공격한다. 마음속으로 자신에게 정말 무례하고 상처 주는 다음과 같은 말을 할 것이다. '너는 쓰레기야.' '너는 거짓말쟁이야.' '만약 사람들이 네가 어떤 사람인지 알면 널 싫어할 거야.' '난 네가 싫어.' 이렇게 자신을 공격할 뿐만 아니라, 자신을 돌보지 않으며 이를 보여 주는 여러 가지 행동을 한다. 예를 들어, 마약을 하거나, 건강한 음식을 먹지 않거나, 몸을 씻지 않는다. 이런 행동을 하는 이유는 자신이 아무 가치도 없다고 느끼기 때문이다.

미셸

미셸은 내면의 혼란으로 인해 자기비판적인 태도로 말하고 온갖 종류의 고통스럽고 파괴적인 행동을 하곤 했다. 그녀는 어렸을 때 성적 학대를 당했고, 알코올 중독자인 어머니로부터 정서적으로 무시당했으며, 이후 폭력적인 부부 관계를 갖게 되었다. 자신을 공격하는 경멸적인 생각이 보여 주듯 스스로를 좋아하지 않았고, 항상 내면에서 느끼는 강한 압박을 해소하기 위해 팔을 자해했다. 자신의 감정에 압도됐다고 느낄 때 과식하는 습관으로 인해 고도 비만이 되었다.

6. 그러나 어릴 때 나에게는 나쁜 일이 없었다

트라우마 클리닉을 방문한 사람들은 매우 수치스러워 하고, 자기비판적이며, 때로 이렇게 말한다. "사실은 내가 왜 나를 싫어하는지 모르겠어요. 아주 행복한 어린 시절을 보냈고 나쁜 일은 전혀 없었는데 왜 이렇게 수치심과 자기혐오를 많이 느끼는지 이해가 되지 않습니다." 학대를 당하지 않았음에도 불구하고, 그들은 정서적으로 무시당하거나 방치되었던 여러 기억을 지니고 있다. 방치는 우리가 괴로울 때, 느낌을 다루고 강렬한 감정을 진정시키는 법을 배우는 데 영향을 줄 수 있다.

1) 마틴의 이야기

제4장에서 우리는 동료와 함께 폭행을 당한 경찰관 마틴을 만났다. 그의 부모는 그에게 두려움, 불안, 속상함, 분노를 느끼는 것이 좋지 않고, 이러한 느낌을 무시하고 삶을 겁내지 않는 것이 최선이라고 가르쳤다. 친절하고 다정한 부모는 마틴이 감정에 연연하지 않고 일을 계속해 나가도록 격려했던 것이 마틴에게 어려움을 야기시켰다는 것은 생각지도 못했을 것이다. 하지만 마틴은 강한 느낌이 있을 때 불안을 느끼곤 했다. 왜냐하면 마틴은 그것이 잘못되었고, 그렇게 느끼면 안 된다고 생각했기 때문이다. 마틴은 감정 경험을 타당화하지 않았고, 감정을 어떻게 해야 할지 정말로 몰랐다. 감정을 대처하거나 견디는 방법, 혹은 자기진정과 지지적 전략을 사용해서 감정을 다루고 조절하는 방법을 알지 못했다. 마틴은 이것을 왜 알아야 할까? 정서적 양육법을 '가족 교육과정'에서 가르치지 않았다. 마틴은 생명을 위협하는 외상성 사건을 겪고 공포와 분노의 압도적 느낌을 경험했을 때 혼란에 빠졌다. 비록 우리는 잘 이해할 수 있지만, 마틴은 이 강력한 느낌이 이해가 되지 않았

다. 왜냐하면 그런 느낌을 다루는 법을 배운 적이 없기 때문이다. 그 결과, 마틴은 느낌이 사라지지 않을 때 더 괴롭고 자기비판적이 되었다. 공포나 분노의 느낌에 굴복해서는 안 된다고 믿었기 때문이다. 마틴은 가족과 친구들로부터 멀어졌고, 느낌을 없애려는 전략으로 술에 의존했다. 그러나 회피와 술은 일시적으로만 효과가 있었다. 오래지 않아 마틴은 플래시백의 순환에 갇히게 되어 회피할 수 없게 되었고, 이것은 다시 알코올 남용과 우울로 이어졌다.

7. '정서 양육'이 가족 교육과정에 있는가

어렸을 때 우리를 돌봐 주었던 부모나 다른 사람들과의 관계를 살펴보면 어릴 때 경험이 성인이 되었을 때의 모습에 어떤 영향을 주는지 이해하게 된다. 즉, 어릴 때의 경험은 우리가 위험과 정서를 어떻게 관리하는지, 왜 고통스러운 기억과 정신적 고통에 시달리게 되는지를 통찰할 수 있게 한다.

뇌가 어떻게 기능하도록 되어 있는지를 이해하게 되면 다음을 이해하는 데 도움이 된다. 즉, (삶의 경험으로 인해) 뇌는 정신적 · 정서적 어려움을 해결하는 것을 방해하거나, 혹은 이러한 어려움을 실제로 악화시킬 수 있는 방식으로 작동한다는 점이다. 비록 뇌는 과민해질 수 있고 외상성 기억과 경험으로 인해 위협을 느낄 때 정서가 압도될 수 있지만, 우리는 그것에서 물러서는 방법을 배울 수 있고, 삶의 사건에 대한 자신의 정서적 반응을 이해하고 해결할 수 있다. 우리는 정서를 다루는 기술들도 배울 수 있으며, 이는 외상성 경험을 다루는 데 도움이 된다. 우리는 자비의 마음을 키우는 것을 배울 수 있다.

외상성 삶의 경험과 수치심의 뿌리와 근원이 무엇이든지 간에, 우리는 자기진정 시스템을 개발하는 방법을 배울 수 있다. 그렇게 함으로써 친절과 자비의 느낌을 우리 자신과 삶의 경험에 적용할 수 있다. 그리고 나면 공포, 분노, 혐오, 수치심과 같은 불쾌한 위협에 기반한 정서들을 조절하는 법을 배우기 시작할 것이다. 자비의 마음으로 다른 사람과의 긍정적인 관계를 발전시킬 수 있고, 우리가 세상에서 자리를 차지할 자격이 있음을 인식하게 될 것이다. 또한 강렬한, 때로는 두려운 느낌을 견디고 대처하는 법을 배울 수 있다. 이것은 삶의 도전에도 불구하고 우리의 길을 항해하는 데 도움을 줄 것이며, 결국 더 평화롭고 만족스러운 삶으로 나아가게 할 것이다.

8. 요약

1) 이것은 당신에 관한 단지 하나의 버전일 뿐이다

우리가 어떻게 형성되고 어떻게 발달했는지는 어릴 때 우리가 가졌던 관계와 깊이 관련되어 있다는 것을 기억하라. 우리 자신에 대한 이 버전은 살아온 삶 때문에 우리가 된 것이다(우리 잘못이 아니다). 이것을 우리의 잠재적인 버전이라고 생각하자! 그렇기 때문에 이것을 인식하게 되면, 우리가 통제할 수 없고 바꿀 수 없는 것들에 대해서 얼마나 자주 자신을 비난해 왔는지 알 수 있다. 이 통찰은 우리에게 희망을 주는데, 그 이유는 새로운 버전으로 변화하고 선택할 수 있는 기회를 주기 때문이다. 이 새로운 버전은 친절함과 자기자비를 담고 있다. 이 새로운 버전은 **우리가 변화시킬 수 있는 것들에 대해 책임**질 수 있음을 이해한다. 우리는 자기-돌봄과 자신에 대한 친절한 느낌을 키우는 법을 배울 수 있다. 그리고 이것은 외상성 경험을 보다 도움이 되는 방식으로 다룰 수 있게 한다.

이 책의 제2부로 넘어가기 전에 우리가 제1부에서 배운 것을 간단히 요약해 보자.

- 외상성 사건이 웰빙에 어떻게 영향을 미치는지, 외상성 스트레스 증상이 어떻게 발생하는지
- 뇌는 위협에 대한 반응으로서 어떻게 플래시백을 만들어 내는지(외상성 경험과 관련된 특정 종류의 괴로운 기억)
- 통제할 수 없는 위협에 뇌는 어떻게 초점을 맞추는지, 위협에 대한 우리의 반응은 어떻게 자동적으로 이루어지는지
- 자비의 느낌을 가동시킴으로써 어떻게 위협의 느낌을 끊을 수 있는지
- 통제할 수 없는 초기 돌봄 경험이 자기자비를 키우는 데 어떻게 영향을 미칠 수 있는지

이 모든 지식, 통찰, 이해를 함께 보게 되면 삶의 **임의성**을 알 수 있다. 자신이 어떤 집에서 태어날지, 크면서 어떤 경험을 갖게 될지, 부모나 다른 어른들로부터 삶의 정서적 도전을 다루는 법을 배울 수 있을지는 알 수 없다. 통제를 벗어난 이러한 경험들이 우리의 발달과 뇌 기능을 형성하기 때문에 이는 우리의 잘못이 아니다. 삶의 사건과 외상성 사건을 다루기 위해 성인기에 취하게 되는 능력이나 삶의 기술들은 우리가 결정한 것이 아니다.

이것은 우리에게 정말 중요한 통찰이다. 왜냐하면 통제할 수 없는 삶의 여러 가지에 대해서 자신을 비난하는 것을 멈출 수 있게 하기 때문이다. 자신을 비난하지 않는 것은 삶을 앞으로 나아가게 하고 트라우마를 치유하기 시작하는 데 필수적이다. 그러나 이것은 단순히 자신을 자유롭게 하거나, 자신과 타인을 대하는 방식에 책임지지 않는 것을 의미하지 않는다. 오히려 반대다. 왜냐하면 우리가 했던 일 혹은 과거에 우리에게 일어난 일들에 대해서 자신을 부끄러워하고, 비난하고, 비판하는 것을 멈추는 방법을 찾을 필요가 있기 때문이다. 이것은 우리가 과거를 직시하고 현재를 바라보며 미래를 선택함으로써 스스로를 '똑바로 보고' 우리가 두려워하는 것을 재고할 필요가 있다는 뜻이다. 과거는 단 한 순간도 바꿀 수 없지만, 다가올 순간은 바꿀 수 있다. 습관

적으로 자기를 비판하고 수치심을 느끼면서, 위협적인 마음가짐과 시스템에 갇히게 된다. 이 상태에서 경험할 수 있는 유일한 느낌은 분노, 실망, 불안, 혐오감뿐이다. 자비로움을 배움으로써 현실을 직시해야 한다. 또한 사실에 움찔하지 않는 법을 배워야 하고, 자신과 타인에게 해로운 것을 하게 되면 책임을 지고 바꾸어야 한다는 점도 알아야 한다. 예를 들어, 외상을 입게 되었다는 것은 우리의 잘못이 아닐 수 있다. 그러나 알코올을 남용할 때 그것을 멈추지 않는 것은 우리 책임이다. 만약 사람들에게 짜증이 나서 후려치고 싶을 때 분노 시스템이 트라우마로 인해 작동되었다는 사실은 우리의 잘못이 아니다. 그러나 이 점을 인식하고 분노의 느낌을 조절하기 위해 최선을 다하는 것은 우리의 책임이다. 단순히 화가 나서 자기비판으로 가득 차 있는 것은 상황을 더 나쁘게 만들 뿐이다. 우리가 누군가에게 상처를 주었다면 자신을 때리는 것보다 이 점을 인정하고, 자신이 초래한 상처를 인식하며, 스스로에게 진실한 슬픔과 후회(자기중심적인 분노 혹은 실망이 아니라)를 느끼게 하고, 자신이 할 수 있는 최선을 다하여 피해를 복구하며, 다시 그런 일을 하지 않도록 노력하는 것이 훨씬 더 유용하다. 이것은 우리의 마음을 더 잘 이해하게 된다는 것을 의미한다. 즉, 분노나 불안이 작동하도록 놔두는 것이 아니라 무엇이 위협에 초점을 둔 반응을 촉발시켰는지를 이해하는 것이며, 사고와 심상에 주목하는 것이고, 이것을 관찰한 다음 자신이 어떻게 행동하고 싶은 지를 선택하는 것이다. 우리는 이것이 때로 얼마나 어려운지 알고 있다.

중요한 메시지는 남은 인생을 아동기의 유산으로 살아갈 필요가 없다는 점이다. 회복으로 가기 위해 선택할 수 있는 단계들이 있다. 감정 세계를 다룰 수 있는 다른 방법을 자신에게 가르쳐야 하는 책임을 선택할 수 있다. 그 결과 우리의 남은 삶은 우리가 원하고, 바라고, 희망하는 대로 될 수 있다.

자신이 되고 싶은 사람이 되기에 늦은 것은 절대 아니다. 그러나 그러기 위해서는 자신을 책임져야 하고, 자신의 고통과 타인의 고통을 줄이고 완화하는 것에 자비를 가지고 깊이 전념해야 한다.

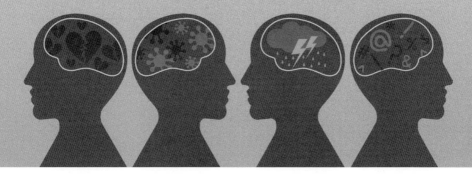

제2부
자비의 마음 기술 개발

제2부에 대하여

　자비롭게 사는 것은 어려운 삶의 방식일 수 있다. 왜냐하면 우리 자신에 대해 정직하고, 솔직해지는 것이 어렵기 때문이다. 그것은 우리의 한계와 우리가 어려움을 겪는 것들(예: 자신과 타인에게 해로운 것들을 할 때)에 대해 정직하고 공개적으로 인정하는 것을 의미한다. 또한 해로운 것을 하는 대신 우리와 다른 사람들의 번영을 촉진하는 일을 하려고 노력하는 것을 의미한다. 자비롭게 사는 것은 자신을 비난하고 수치스러워하는 것에 대한 포기를 의미하기도 한다. 왜냐하면 그렇게 하면 우리를 위협 마음 상태와 시스템에 가두고, 자신을 자비로운 방식으로 책임질 수 없게 만들기 때문이다.

　사람들은 종종 자비를 가지고 사는 것과 '착하게 사는 것'을 혼동하여 부정적 느낌을 감추거나 억누른다. 이것은 도움이 되지 않거나 자비의 방법이 아니다. 중요한 사실은 때로 **진실**이 **상처**를 줄 수도 있지만, 스스로와 타인에게 솔직하면서도 친절하고 사랑스러울 수 있다는 점이다. 잔인한 정직은 도움이 되지 않을 뿐더러 잔인할 수 있지만, 부정적인 경험과 힘든 느낌을 억누르고 피하는 것은 회복이라는 목표에 도움이 되지 않는다. 당당하고 강해지기 위한 방법들이 있고, 이를 이 책의 뒷부분에서 더 배우게 될 것이다.

제**6**장

자비를 위한 마음의 준비:
자비의 속성

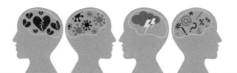

제5장에서 우리는 뇌가 특정한 마음 상태에 있을 때 주의, 생각, 행동, 감정이 영향을 받고 동기와 상상력 또한 달라질 수 있다는 것을 배웠다. 우리는 이제 자비의 기술을 개발하는 데 관심을 돌린다. 자비의 마음을 개발하기 위해서 자신을 돌보고 진정시키는 작업에 우리의 주의와 생각, 추론, 행동 및 감정을 어떻게 집중시킬 수 있을지를 살펴볼 것이다. 이 장은 두 부분으로 나뉜다. 첫 부분은 자비의 마음의 양상과 특징을 살펴보고, 두 번째 부분은 자비로움에 대한 우리의 두려움에 초점을 맞춘다.

이 책의 제3부에서 트라우마 기억을 다시 논의하기 위해 자비의 마음을 사용하게 될 것이고, 트라우마 기억과 관련된 위협 기반 정서를 멈추는 방법을 배울 것이다.

자비의 마음에 집중해 보자. 아마도 당신은 위협에 초점을 둔 마음 상태와 자비의 마음 상태에 대한 도표를 상기하고 싶을 수 있다(130페이지 참조). 제5장에서는 위협에 초점을 둔 마음 상태를 다루었고, 위협에 초점을 둔 마음이나 '외상을 입은' 마음을 지닐 때 어떤 일이 일어나는지 제프의 이야기를 통해 생각해 보았다. 마음의 전반적인 상태는 '마음가짐'이라고 부를 것이고, 우리가 놓여 있는 마음가짐의 유형은 우리의 마음이 작용하는 방식과 효과의 전체적인 패턴을 조정하는 데 영향을 미칠 것이다. 마음가짐은 주의를 이끌고, 생각하는 방식을 좌우하며, 특정한 방식으로 행동하도록 부추기고, 우리의 감정을 다르게 하고, 동기와 꿈 혹은 걱정에도 영향을 미친다.

1. 자비의 마음[1]

자비의 마음을 이해하려면 제프의 예를 통해 자비의 마음가짐이 지닌 다양한 측면을 살펴볼 필요가 있다. 예를 들어, 무엇이 제프에게 주의, 생각, 특정한 방식으로 행동하고 싶은 충동, 감정, 동기를 갖게 했는지를 보는 것이다.

다음 그림에 제시되어 있는 여러 측면을 지닌 자비의 마음을 잠시 떠올려 보라. 그다음 제프의 경험을 사용해서 각각의 측면을 작업해 볼 것이다.

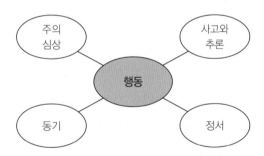

[그림 6-1] 자비의 마음의 여러 측면

1) 동기

자비로운 동기의 목표는 우리 자신과 타인의 고통을 완화시키고 예방하는 것이다. 이것은 어떤 방식으로 행동함으로써 가능한데, 이 방식이란 장기적

---

1) 역자 주: 'compassionate'을 자비의, 자비로운으로 혼용하여 번역했다.

웰빙을 지원하는 태도로 시간이 지남에 따라 번영하고 번성하도록 격려하는 방식으로 행동하는 것이다. 우리가 타인을 돕겠다는 자비로운 의도를 지니고 타인에게 다가갈 때 타인도 번영하게 될 것이다. 자비로운 동기가 생기는 이유는 우리에게 지혜가 있기 때문이다. 우리는 자신과 타인이 겪는 고통을 보고 그 고통에는 이유가 있고 이 고통을 줄이고 완화할 수 있는 방법이 있다는 것을 인식한다. 자비로운 지혜는 동기에 도움이 된다. 왜냐하면 회피, 비난과 수치심, 자기비판이 고통을 완화하는 것이 아니라 고통을 더 크게 만든다는 점을 알고 있기 때문이다. 이러한 통찰력을 얻을 때, 고통을 줄이고 치유하기 위해 최선을 다하도록 자연스럽게 동기화된다. 비록 자비로운 동기가 깊이 묻힌 것처럼 보이지만, 때로는 우리 내부에 이런 자비로운 동기가 있음을 기억하는 것이 매우 도움이 될 수 있다. 자비로운 동기를 구축하고 기를 수 있고, 그것이 우리 내부에서 커져 갈 때 그것을 인식할 수 있다.

(1) 제프의 이야기

제프는 런던 지하철 폭파 사건을 겪은 한 노인을 위로했다. 이렇게 하는 그의 동기는 동료 희생자의 웰빙을 위한 것이었는데, 궁극적으로는 자신의 고통을 완화시키고 싶어서였다. 그 행동과 관련된 동기, 감정, 의도를 이해함으로써 제프는 자비로운 동기가 무엇이고, 자신은 이미 그것을 마음속에 지니고 있었음을 알게 되었다. 그는 자비로운 동기를 자신에게 향하게 하는 것을 배울 필요가 있었을 뿐이다.

2) 주의

잘 알다시피, 외상을 입게 되면 모든 곳에서 위험을 보는 경향이 있다. 위협받은 마음은 우리를 위협에 집중시키지만, **자비로운 주의**는 우리가 살아 있고 안전하다는 사실을 상기시킨다. 자비의 마음가짐은 위협에 초점을 둔 단편적 기억, 즉 플래시백에 관심을 기울이는 것이 아니라 외상성 사건에 대한 우리의 기억을 확장시켜서 우리에게 도움이 되고, 외상성 사건에 대해 더 좋게 느끼도록 도와주는 생각을 포함하게 한다.

(1) 제프의 이야기

제프의 자비의 마음은 자신이 폭탄 테러에서 살아남았다는 사실에 초점을 맞췄다. 제프는 멍하고 두려웠지만, 다른 사람에게 침착하게 말하고, 괜찮을 거라고 말하며, 다른 사람을 돕고, 그들이 걸을 때 지원하면서 도우려고 자신이 얼마나 애썼는지를 떠올렸다. 또한 구조 작업을 조정하던 응급 구조대가 모든 사람에게 가능한 한 빨리 지하철역에서 나가라고 외치는 모습과 자신이 울고 있는 남자의 어깨를 감싸면서 위로했던 사실도 떠올렸다. 제프의 자비의 마음은 지하철에서 안전했던 때에 주목하게 했고, 매일 일상생활을 하는 청년 무슬림들도 폭탄 테러로 상처를 입고 영향을 받았을 것이라는 사실에 집중하게 했다.

3) 사고/추론

이것은 객관적이면서도 배려심을 가지고 뒤로 물러서서 신중하게 생각하는 능력이다. 자비로운 사고는 고통뿐만 아니라 고통의 원인을 해결하는 데에도 도움을 준다. 자비로운 사고는 삶이 위협받을 때 공포를 느끼는 것이 전적으로 정상이라는 점을 이해하고 받아들일 수 있게 해 준다. 위협에 초점을 둔 뇌는 앞 장에서 설명한 방식으로 위협에 반응할 때 자신의 역할을 매우 잘 수행한다. 자비로운 추론은 극심한 정서적 사건 이후 플래시백이 정상이라는 점과 이와 관련된 생각을 회피하고 싶어 하는 것은 당연하다는 점을 이해하게 한다. 왜냐하면 플래시백은 반복적으로 스스로를 끔찍하다고 느끼게 하기 때문이다. 따라서 자비로운 사고는 외상성 경험과 기억에 대한 마음의 반응 방식에 아무 문제가 없음을 스스로에게 이해시키는 근거가 된다. 자비로운 방식으로 생각하면, 우리가 이해하며 두려움을 이겨 낼 수 있는 방법을 찾아서 세심하고 친절하게 극복해 나갈 수 있다는 것을 이해할 수 있다. 이러한 형태의 추론은 다음을 알게 해 준다. 즉, 뇌에게 트라우마를 해결할 수 있는 기회를 주면, 트라우마 증상을 끝내는 것이 가능하다는 것이다. 따라서 트라우마의 후유증에 대해 자비롭게 생각할 때 다음과 같은 생각을 하게 될 것이다.

- 뇌가 우리를 안전하게 지켜 주도록 설계된 것은 절대 우리의 잘못이 아니며, 뇌가 외상성 사건을 다루기 위해 고군분투하는 것 또한 우리의 잘못이 아니다. 다행스럽게도 이것은 매일 일어나지 않는다. 그리고 대부분의 사람에게는 (그럴 게 없다는 생각이 들기까지는) 이러한 뉴스거리와 종종 소름끼치는 이야기에 연루될 수 있다는 생각조차 들지 않는다. 뇌는 이렇게 진화되어 왔고, 이것을 아는 것이 자비로운 통찰의 중요성이다.
- 트라우마의 결과로 많은 사람이 비슷한 경험을 했고, 그래서 이런 책들이 쓰인 것이다. 우리에게 비정상적이거나, 나쁘거나, 혹은 부적절한 것은 없다.
- 트라우마와 관련된 증상과 경험이 얼마나 불쾌한지 인정한다. 또한 트라우마 관련 증상과 경험을 헤쳐 나갈 수 있는 방법과 치유할 수 있는 방법이 있다는 사실도 인정하고 받아들인다.
- 이러한 모든 새로운 통찰력을 점진적으로 조금씩 이해하고, 이 과정을 자신의 속도로 단계별로 진행함으로써 배울 수 있다. 만약 여전히 어려움을 겪고 있다면, 다른 사람(예: 의사 혹은 상담사)에게 도움을 청할 수도 있다.

(1) 제프의 이야기

제프는 폭탄 테러를 극복할 만큼 강하지 않다는 이유로 스스로에게 화를 내곤 했다. 그는 플래시백으로 가득 찬 '허약한 뇌'를 가지고 있다고 자신을 비판할지도 모른다. 이것은 트라우마에 반응하는 정상적인 방법이고 자신의 잘못이 아니라는 것을 알게 됨으로써, 제프는 자기비판과 자기비난의 사고를 멈출 수 있었다.

앞에 기술한 내용에서 제프가 자비롭게 생각하는 방식을 택한다면, 그에게 얼마나 도움이 될지 상상해 보라. 그것은 제프를 그리고 자신의 어려움에 대한 제프의 전반적인 접근을 어떻게 변화시킬까?

4) 심상

자비로운 심상은 지지적이고, 이해심이 있으며, 친절하고, 격려하는 특징을 지닌다. 외상을 입을 때, 무서운 심상과 자기비판적인 심상을 생성하는 것은 매우 쉽다. 그럼에도 불구하고 자신과 자신의 마음을 훈련시킴으로써 **진정 및 만족 시스템**을 자극하는 자비로운 심상을 마음속에 불러일으킬 수 있다는 점이 좋은 소식이다. 자비의 개발이 모든 두려움과 근심을 없애 주지는 않지만, 그 두려움과 근심에 더 잘 대처하고, 뇌 속의 감정 조절 시스템 사이에 균형을 찾을 수 있도록 도울 수 있다.

이 책의 연습은 이러한 유형의 지지적 심상을 만들어 내는 방법, 그리고 필요할 때 그것을 마음속에 불러일으키는 방법을 제시할 것이다. 제4장에서 우리는 자신에게 자비로울 수 있는 것은 건강한 **애착관계**의 결과로 어릴 때 배운 것임을 알게 되었다(140페이지 참조).

(1) 제프의 이야기

제프는 폭탄 테러가 남긴 장면들을 떠올릴 수 있었다. 그 장면에서 응급 구조대원은 희생자를 구하고 위로했다. 이 심상은 제프에게 인간 본성의 최악의 측면들로 인해 만들어진 상황 속에서도 여전히 서로를 배려할 수 있다는 것을 상기시켰다.

5) 행동

이것은 고통의 원인을 해결하는 데 도움이 되는 새로운 유형의 행동을 만드는 데 초점을 두고 있다. **자비로운 행동**은 용기가 필요하다. 예를 들어, 광장 공포증이 있어서 밖에 나가는 것을 두려워하는 사람은 매일 집에서 약간 멀리 가 보는 것(도전적이지만 압도되지 않는 정도)을 시작할 수 있다. 자비로운 행동은 우리를 힘들게 하는 것을 피하는 것과는 반대이기 때문에 매우 중요하다. 삶의 경험을 더 친절하고 지지적으로 이해할 수 있다면, 그리고 우리가 누구인지 왜 어려움을 겪는지를 타당화할 수 있게 된다면, 회복의 여정을 떠나는 데 필요한 도전적인 단계를 취할 수 있는 자신감을 갖게 될 가능성이 더 커진다. 자비의 마음 접근에서 우리가 하는 모든 것은 지지적이고, 친절하며, 타당화하는 사고방식이면서 동시에 비판적이고, 좌절되며, 적대적인 사고를 대체하는 사고방식을 만드는 것이다. 즉, 자비로운 방식으로 행동한다는 의미는 우리와 다른 사람의 최대의 이익이 무엇인지 파악하고 그에 따라 행동한다는 것이다. 자비로운 행동은 '깊게 파고들어야' 한다는 점을 명심하라. 그 결과, 처음에는 매우 어렵고 두려울 수도 있는 방식으로 행동하는 법을 배우는 것이 어려울 수도 있지만, 그럴 용기를 단계별로 갖출 수 있다. 그러나 자비로운 행동은 현명한 방식으로 행동함으로써, 그 순간에 어떤 도전은 할 수 있고, 어떤 도전은 할 준비가 되어 있지 않은지를 알게 해 준다. 자비로운 행동은 압도적인 일에 자신을 몰아붙이는 것이 아니다. 우리는 스스로를 가장 잘 돕는 단계들을 찾아야 한다.

(1) 제프의 이야기

제프의 자비의 마음은 자신의 괴로움을 덜어 주었고, 그의 과제 중 하나는 자신의 마음속에 있는 것을 마주할 용기를 단계별로 개발하는 것이었다. 제프는 플래시백을 마주하려고 노력했고, 공포를 견뎌 낼 수 있을 만큼 오랫동안 플래시백을 잡고 있었으며, 자신의 기억이 스스로에게 어떤 의미가 있는지를 알게 되었다. 이렇게 하면서 시간이 지나자 제프는 이것이 점차 강도가 약해졌음을 알게 되었다. 이것은 고통스러운 내면의 경험을 억압하거나 피하기보다, 마주하도록 도와주는 자비로운 행동의 한 예다. 하지만 핵심은 압도적이지 않은 방식으로 이것을 하는 것이다.

제프는 런던 지하철을 다시 이용할 수 있는 용기를 개발해야 한다. 이것은 제프의 위협에 초점을 둔 뇌가 매우 경계하는 것이었다. 그러나 자비의 마음은 위협을 상황에 맞게 이해하게 해 주어서 제프가 지하철을 다시 이용하고, 배낭을 메고 있는 젊은 남성들을 피하지 않도록 했다. 이것이 그에게는 매우 큰 도움이 되었다. 왜냐하면 그의 세계가 다시 열렸고, 직장으로 돌아가서 친구들을 다시 만나기 시작했기 때문이다. 제프는 너무 두려웠기 때문에 이것이 쉽지 않았지만, 회복에 전념한다는 것은 자비로운 행동이 일상적인 실천을 통해 만족 및 진정 시스템을 활성화하는 것을 의미한다. 제7장에서 우리는 이것을 스스로 하는 방법을 배우게 될 것이다. 자비로운 행동은 제프로 하여금 위협에 초점을 둔 느낌에 대처하는 방식을 개발하게 했고, 보다 도움이 되는 방식으로 자신의 감정을 다룰 수 있게 도왔다.

6) 정서

자비로운 정서는 따뜻함, 지지, 타당화를 하는 격려, 친절함의 느낌과 연결된다. 기본적으로 위협/보호 시스템의 정서가 활성화되어 두려움, 분노, 혐오 등을 느끼면, 우리는 만족 및 진정 시스템으로 전환하려고 애를 쓰는데 이를 통해 위협을 조절할 수 있게 되며, 그 결과 자비, 돌봄, 친절, 용기, 행동의 생각을 갖게 된다. 때로 우리는 성취 및 활성화 시스템을 자극하여 격려와 추진력을 제공하고 싶어 한다. 그 결과 동기화되고 에너지가 생겼다는 생각과 느낌을 갖게 된다. 이것은 위협 시스템이라는 자동적으로 생성된 감정에 끌려가는 것이 아니라, 감정의 균형을 맞추고 숨을 쉬며 우리 자신 안에 만들고 싶은 감정의 종류에 대해 생각하는 법을 배우는 것이다.

우리가 어떻게 느끼는지는 생각에 영향을 미치고, 생각은 우리가 어떻게 느끼는지에 영향을 미친다(이것이 인지치료의 핵심 전제다). 자비로운 사고가 안전하고 의미 있음을 알기 위해서는 친절과 따뜻함으로(머릿속으로) 말하는 것이 중요하다. 자신에게 격려의 말을 하려고 할 때, 그것이 따뜻하고 상냥하게 내 마음 안에서 들릴 수 있을까?

(1) 제프의 이야기

제프가 약물을 다시 하려고 했을 때 우리는 제프가 머릿속으로 이렇게 말하고 있음을 알게 되었다. '자, 넌 할 수 있어. 과거에도 여러 번 해냈잖아. 다 괜찮아. 너는 안전해.' 이 말은 격려하는 것처럼 들렸다. 그 전까지 제프는 짜증, 좌절, 조롱의 어조로 말하고 있었기 때문에 이 말은 격려가 되지 않았다! 제프는 따뜻함, 돌봄, 친절이라는 차분하고 진정시켜 주는 감정을 머릿속에 명심하면서 스스로에게 말하는 기술을 연습해야 한다.

앞에서 설명한 것처럼, 우리가 만들어 내는 감정은 우리의 생각이 얼마나 도움이 되는지에 영향을 줄 수 있다. 따라서 우리가 지지하는 상황에서 자비로운 톤과 느낌을 마음속에 만들어 내는 것이 도움이 되고, 이렇게 하는 연습이 어느 정도 필요하다.

제8장에서 가장 자비롭고 친근한 목소리를 마음속에 만들어 냄으로써, 가장 자비로운 사람을 상상하고, 그들이 우리에게 무엇이라 할지, 어떻게 말할지를 상상함으로써 이런 자비로운 톤과 느낌을 만들어 내는 방법을 살펴볼 것이다.

그렇게 함으로써 우리는 자신의 공포와 마주하기 위해서 연습해야 할 자비로운 행동이 무엇인지를 알아낼 수 있다. 이는 앞으로 나아가고 일상의 어려움을 극복하는 데 실제로 도움이 될 것이다. 그러나 이것은 하나의 기술이고, 모든 새로운 기술과 마찬가지로 다음 단계로 넘어가기 전에 천천히 연습해서 어느 정도 숙달하는 것이 최선이다. 예컨대, 당신이 물이 무서워서 수영을 할 수 없는데 수영장의 깊은 곳으로 뛰어드는 것은 자비로운 행동이 아니다. 자비로운 행동은 우리가 **점진적으로** 기술을 발전시키는 데 도움이 되는 것을 하는 것이다.

2. 자비의 주요 속성

폴 길버트 교수는 자비중심치료에 대한 그의 연구에서 자비의 중요한 특징에 대해서 광범위하게 기술했다(329~330페이지의 유용한 자원을 참조하라). 자비라는 개념은 철학적 · 영적 · 종교적 · 신학적 · 심리적 사고에서 긴 역사적 연결점을 지니고 있고, 자비중심치료에서 폴 길버트 교수는 다음에 제시된 자비의 속성이 자비의 기술을 개발하는 데 특히 도움이 된다고 강조했다.

돌봄의 정신화에서 비롯된 자비의 요소들은 따뜻함으로 성장과 변화의 기회를 만든다.

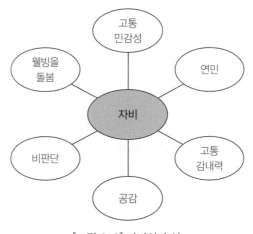

[그림 6-2] 자비의 속성

각 속성을 차례대로 살펴보자.

1) 웰빙을 돌봄

웰빙을 돌봄이라는 자비의 속성은 우리 자신과 다른 사람들을 돌보기로 하는 결정에서 시작된다. 이것은 자신과 타인의 고통을 완화시키려는 것을 의미하기도 한다. 우리 자신과 타인의 웰빙을 돌볼 때의 동기 또한 자비로움이라고 볼 수 있다. 이러한 자비로운 동기는 고통의 감소라는 대단히 중요한 목표에 기여한다. 또한 자비로운 동기는 고통의 본질과 원인을 이해하게 하며, 고통받지 않기를 바란다. 달라이 라마가 말했듯이, 우리 모두는 행복하기를 원하며, 누구도 고통을 추구하지 않는다.

고통을 줄이려는 욕망을 키울 때 우리는 자비로운 동기를 발달시키고, 우리의 웰빙을 진심으로 돌보기 시작한다. 이제 잠시 조용히 앉아서 스스로에게 다음의 두 가지 질문을 해 보자.

• 나는 나의 웰빙을 진심으로 돌보는가?
• 나는 일상에서 나의 최선의 이익과 내 마음을 가장 중요하게 생각하고 있는가?

이 질문들에 대한 명확한 해답은 없겠지만, 중요한 것은 우리가 자신에게 실제로 어떻게 접근하는지를 생각할 수 있게 한다는 점이다. 고통받고 있을 때, 진심으로 자신을 돌봄으로써 고통을 줄이고 싶은지 아닌지를 결정해야 한다. 이 2개의 질문 모두에 혹은 그중 하나에 대한 대답이 '아니요' 혹은 '항상 그렇지는 않다'라면, 자신을 돌봄으로써 자신에게 가치를 부여하고 싶은지 아닌지를 생각해 볼 수 있다.

물론, 자비를 지니고 사는 것이 의무는 아니다. 그런 접근이 지금 이 순간에는 우리에게 매력적이지 않을 수 있는데, 물론 그 또한 괜찮다. 다음과 같이 생각할지도 모른다. '과거에는 아무 효과도 없었는데 이것이 무슨 소용이 있는가?' '이것을 하려면 열심히 많이 해야 할 것 같다.' 혹은 '나 자신에게 자비로운 것을 상상할 수 없다.' 이 모든 것은 자연스러운 생각이며, 변화에 저항하는 우리의 열망을 반영한다. 트라우마 클리닉을 방문하는 많은 사람도 같은 염려를 하며, 이것은 새로운 무언가를 처음 시도할 때 자연스러운 반응이다. 우리가 겪은 경험으로 인해 원하는 방식으로 삶을 살지 못하고 있기 때문에 이미 스스로에게 실망감을 느꼈다면 특히 그렇다. 새로운 기술을 시도해 보기로 결정하는 데 도움이 되는 방법은 전체 과정을 하나의 실험으로 보는 것이다. 따라서 우리는 잃을 것이 없다. 자신에게 친절하고 사랑스러운 태도를 취하려고 노력하는 것이 스스로에게 폭력을 가하고, 트라우마를 안고 사는 것보다 더 나쁠 수는 없지 않은가? 모든 증상이 삶에서 줄어들지 않고 여전히 작용하고 있는 상태에서 말이다. 반면에 우리는 모든 것을 얻을 수 있다! 기술이 우리에게 효과가 있다면, 더 낫게 느끼게 만드는 방법들을 발견하기 시작할 것이다.

2) 고통 민감성

자비롭게 되기 위해서는 우리나 타인이 괴로워할 때 혹은 어떤 정서를 경험할 때 주의를 기울이고 알아차리는 법을 배울 필요가 있다. 이것은 약간 이상하게 들릴 수도 있지만 때로 우리는 자신이 괴롭다는 것을 깨닫지 못하거나, 혹은 괴로울 때 '그냥 거기에 가고 싶지 않은 거야.'라고 판단하고 자신의 느낌을 회피한다. 이것은 이전의 외상성 사건이 생생하게 떠올라서 가능하면 빨리 그 기억에서 나오고 싶어 하는 사람들에게 흔히 나타난다. 이들은 이러한 심상을 생각하고 싶어 하지 않고, 혹은 자신이 생각하는 자신에 대한 두려움에 직면하고 싶어 하지 않는다. 기억과 씨름할 때 우리는 자신에게 다음

과 같은 불쾌한 말을 할 수 있다. '너는 약해 빠졌어. 정신 차려.' 혹은 '넌 정말 역겨워.'

자신의 감정에 대한 민감성을 발달시키면서 다음 두 가지를 성취하게 될 것이다. 어느 순간 우리가 무엇을 느끼는지를 알게 될 것이다. 특히 몸의 느낌을 알게 될 것이고, 따라서 언제 우리가 괴로운지도 인식하게 될 것이다. 그런 다음 이 책의 후반부에 제시될 연습과 기법을 해 보면서 고통에 대해 긍정적인 무언가를 하기로 결정할 수 있다. 자신이 느끼고 있는 것을 **알아차림**으로써 우리는 자신의 감정을 받아들이고 타당화한다. 이것은 우리 자신을 이해하고, 삶의 사건에 대해 어떻게 느끼고 반응할지를 결정하는 매우 강력한 방법이다.

3) 동정

이것은 흥미로운 특성인데, 어떤 사람들은 동정(sympathy)이 자기 연민에 빠지게 하기 때문에 어떤 희생을 치르더라도 피해야 한다고 생각한다. 하지만 동정의 실제 의미는 상처와 고통으로 인해 정서적으로 마음이 동요되는 것이기 때문에 이것은 오해다. 우리 중 많은 사람은 다른 사람의 고통에 눈물을 흘리지만, 우리 자신의 아픔과 고통에 직면했을 때는 차가운 시선과 굳은 마음을 지니고 있다. 다음은 동정의 한 예로서, 저자인 켄 고스(Ken Goss)의 허락을 받고 『과식 치료를 위한 자비의 마음 접근(The Compassionate Mind Approach to Beating Overeating)』에서 발췌했다.

3세 된 아이가 행복하게 거리를 걷고 있다고 가정해 보자. 우리는 아이의 행복에 미소를 짓고 있었는데 바로 그때 아이는 길 가장자리를 잘못 디디면서 넘어졌고 바닥에 머리를 심하게 부딪혔다. 아이의 웃음은 아픔의 눈물로 변한다. 우리는 찌릿한 긴장을 몸으로 느낄 수 있다. 위는 경직되고, 동시에 여러 가지 다른 느낌(슬픔, 불안, 어떤 식으로든 아이를 위로하고 기분을 낫게 하고 싶은 마음으로 아이에게 달려가고 싶은 충동 같은)의 신호를 경험할 수 있다.

이 예에서 이러한 모든 감정과 반응이 얼마나 자동적인지를 주목하라. 어떤 의식적 사고는 없었다. 동정은 타인과 자신의 아픔에 대한 정서적 연결이다. 또한 타인과 자신의 아픔에 대해서 생각할 필요 없이 즉시 마음이 움직인다. 그러나 만약 자랄 때 자신과 타인에게 동정을 보이는 것이 약하다는 뜻이거나 자기연민으로 가득 차 있는 것이라고 믿었다면, 동정을 인식하거나 표현하는 법을 아는 것이 항상 쉽지만은 않을 수 있다. 자신에게 동정을 갖는 것은 자신의 아픔에 민감한 것이며, 자신의 고통에 마음이 동요하는 것이다. 자신에게 동정을 기르는 것은 때로 어려울 수 있다.

클리닉을 방문하는 사람들은 종종 '얼마나 고통스러운가요? 그리고 얼마나 괴로운가요?'를 질문받는다. 응답 범위는 다양하다. 즉, '무슨 말이야? 바보 같이 굴지 마. 나는 고통받을 이유가 없어.' '그렇지. 가끔은 내가 겪은 일의 슬픔에 집중하는 것이 정말 도움이 돼.'처럼 다양하다. 지식과 통찰력으로 자신이 어떻게 느끼는지에 대해 민감하고 개방적이 되는 것을 배울 수 있고, 또한 우리 자신의 어려움에 마음이 동요하는 것을 배울 수 있다.

4) 고통 감내력

'두려움을 직시하라.'라는 옛 영어 격언을 기억하는가? 사실, 두려움은 우리를 겁먹게 하는 것을 피하고 싶게 만든다. 그러나 두려움을 줄이는 방법은 우리를 겁먹게 하는 것이 무엇이든 그것에 직면하는 것이다. **위협 시스템**이 우리로 하여금 위험을 피하도록 만들기 때문에 두렵게 하는 것을 피하려는 욕구는 우리의 잘못이 아니다. 하지만 피하는 것의 문제는 장기적으로 결국 우리에게 더 많은 문제를 일으킬 가능성이다. 왜냐하면 만약 우리가 느낌을 피하면, 우리는 느낌을 견디거나 느낌과 함께 일하는 것을 배울 수 없고, 어려운 상황에 대처하는 데 필요한 기술을 개발하지 못하기 때문이다.

자비의 마음을 사용하여 우리는 두려움과 다른 감정을 견디는 법을 배울 수 있고, 또한 그것을 이해하고, 그것이 어디에서 오는지도 배울 수 있다. 때로 분노나 혐오와 같은 강렬한 느낌을 견디는 법을 배워야 하는데, 이것은 부담스럽게 느껴질 수도 있다. 따라서 고통을 견디는 **법을** 배우는 것은 그 자체로 학습하는 것이다. 앞서 말했듯이, 학습의 핵심은 느낌에 압도되기보다 차근차근 나아가는 것이다. 이 책에서 탐구할 것 중 하나는 고통에 대한 인내를 **어떻게** 키울 것인가, 그리고 어떻게 하면 고통 앞에서 자비롭게 머물면서 더 강하게 느낄 수 있는가다. 그렇게 되면 우리는 고통을 피할 필요도 없고, 억압하려고 애쓸 필요도 없게 된다. 자기비난을 줄이면 고통의 수준이 달라진다는 것을 우리는 이미 알고 있다.

5) 공감

'내 신발을 신고 1마일을 걷고 나서, 어떻게 느끼는지 나에게 말하라.'는 공감의 의미를 담고 있다. 공감이란 자신과 타인을 생각하고 이해하는 능력이다. 공감은 인간만이 지닌 독특함이다. 공감은 타인의 마음을 이해하는 능력이고, 사람들이 어떻게, 왜 그렇게 느끼는지를 상상할 수 있는 능력이기 때문이다. 간단히 말해서, 다음과 같은 말로 설명할 수 있다. '나는 당신이 어떻게 느끼는지 안다.' '나는 그 느낌이 어떤지 상상할 수 있다.' '무슨 일이 있었는지를 보면 당신은 분명히 화가 났을 것이고, 나는 그 이유를 이해할 수 있다.' 따라서 공감은 사람들이 왜 그런 방식으로 행동하는지를 이해할 수 있는 능력을 주고, 또한 우리가 왜 그런 방식으로 행동하는지를 이해하도록 돕기 때문에 자기자비에도 중요하다.

폴 길버트 교수가 말했듯이, "우리는 사람들이 얻고자 하는 동기나 분노와 같은 감정 때문에 무언가를 한다는 것을 인식한다". 어떤 사람은 행동 이면에 숨은 이유를 모를 수도 있다. 그는 우리가 타인의 마음을 이해할 수 있기 때문에 우리 자신의 마음을 이해하는 법을 배울 수 있다고 주장한다. "우리가 자비롭게 될 수 있도록 하는 것이 공감이다. 공감은 우리의 마음과 몸이 어떻게 작동하는지에 대한 깊은 이해에 기반하고 있기 때문이다."

공감은 다른 방식으로도 우리를 돕는다. 공감은 우리에게 생각하고 반성할 수 있는 공간을 만들어 준다. 우리는 스스로에게 다음과 같이 질문할 수 있다. '나는 왜 이렇게 느낄까?' '무엇이 내 기분을 낮게 해 줄까?' '이것을 바꾸기 위해 무엇을 배우고, 키워야 할까?' 공감은 우리의 마음을 이해하고, 그것이 어떻게 작동하는지를 이해하는 능력이다. 또한 느낌을 예상할 때에도 공감을 사용한다. 예를 들어, '만약 샐리를 위해 이 선물을 사면 샐리는 행복할 거야.' 만약 우리가 X나 Y를 하면, 혹은 X나 Y를 하지 않으면 어떻게 느낄지를 상상할 수 있다. 자비로운 방식으로 공감할 때, 마음이 지지, 친절, 격려에 대해서 어떻게, 왜 그렇게 반응하는지 잘 이해할 수 있게 된다. 공감은 우리에게 이러한 자질을 키우는 것의 가치에 대해 성찰하고 생각할 수 있게 해 준다.

6) 비판단

우리는 치료사들에게 자비를 가르칠 때마다, 가장 자비로운 치료사가 갖추기를 바라는 특징을 그들에게 열거해 보라고 요청한다. 10명 중 9명은 첫 번째 특징으로 '비판단'을 꼽는다. 우리 모두 같은 것을 갈망하는 것 같다. 즉, 우리가 무엇을 했는지, 혹은 우리가 어떤 사람인지에 따라 가혹하게 평가받지 않는 것 말이다. 비판단은 무엇을 의미할까? 이것은 비난하지 않는 능력이며, 공격하고 비판하려는 화가 난 욕망을 버릴 수 있는 능력이다. 멈춰 서서 우리가 세상을 어떻게 보는지 살펴보면, 우리는 종종 의식하지도 않은 채 사물이나 사람들을 규탄하고 비난한다. 분명히 우리는 선호, 욕망, 희망을 지니고 삶을 살아가야 하지만, 비판단의 핵심은 자신 또는 타인을 규탄하거나 비난하지 않고 선호를 표현할 수 있는 것이다. 트라우마에 대한 우리의 반응을 비판할수록, 그리고 고통스러운 외상성 경험 동안에 우리가 행했던 방식을 비난할수록 위협 시스템에 연료를 공급하는 것이다. 자신과 타인에 대한 우리의 판단은 트라우마와 외상성 경험에서 생긴 모든 끔찍한 경험을 실제로 악화시킬 수 있다.

비판단의 태도를 키움으로써(앞에서 설명했듯이, 수치심을 느끼지 않으며 비난하지 않고), 우리는 스스로에게 기회를 줄 수 있다. 어렵거나 도전적이라고 생각되는 것을 가장 잘 다룰 수 있는 방법을 성찰하고 생각하는 기회다. 이것은 고문을 당한 우리의 마음속에 존재할 수 있는 참혹한 생각의 순환을 멈추게 하는 데 핵심이 될 수 있다.

7) 자비의 구성요소와 자비의 마음

자비의 모든 속성은 자비의 마음을 사용하고 키우는 데 중요한 역할을 한다. 자비의 속성이 서로 어떻게 관련되고, 영향을 미치는지 주목하라. 예를 들어, 장난감들 중 하나를 생각해 보자. 분리된 줄에 매달려 있는 일련의 볼 베어링이 있다. 만약 첫 번째 볼베어링을 뒤로 빼서 놓으면, 다음 것을 치고, 다음 것은 또 그다음 것을 친다. 따라서 볼베어링이 일치하고 조화롭게 작동하면서 전후좌우 흔들림이 있을 때까지 계속된다. 그러므로 자비의 각 속성으로 생성되고 증가된 탄력과 추진력을 상상할 수 있다. 자비로운 동기와 추진력을 쌓을수록, 우리 자신의 고통에 공감적이고 민감해지는 것은 더 쉬워질 것이다.

3. 측면과 속성의 통합: 자비의 마음 훈련 모델

이것은 우리를 자비의 원에 이르게 하는데, 이 자비의 원은 연구, 영적 전통, 그리고 여러 많은 사람을 관찰한 결과다. 전체 원은 다음 다이어그램에 요약되어 있다.

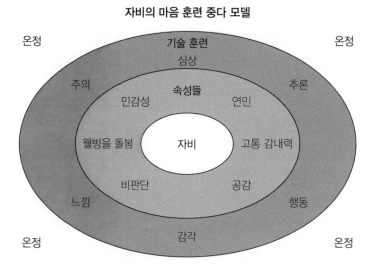

[그림 6-3] 자비의 원: 자비의 핵심 속성들(원의 내부)과 자비의 핵심 속성들을 개발하기 위해 필요한 기술들(원의 외부)

출처: P. Gilbert의 저서 『자비로운 마음』(London: Constable & Robinson, 2009) 허락을 받아 인용함.

이 책에서 우리는 이 모델의 모든 측면에 대해서 배우게 될 것이다. 자비의 속성은 이미 살펴보았고, 제8장에서 자비의 기술(앞 다이어그램의 바깥 원)을 개발하는 것에 집중할 것이다.

4. '잠깐만 기다려. 이건 나에게 맞지 않아.'

트라우마 클리닉에 다니는 많은 사람이 자비의 가치를 이해할 수 있지만, 때때로 그들은 온갖 이유를 들면서 자비에 대해 거부감을 느끼기도 한다. 이 섹션에서 우리는 당신의 가능한 반응을 예상했었다. 즉, 자비의 본질적인 가치를 인식함에도 불구하고, 당신의 한 부분이 자비를 거부하거나 밀어내고 있다는 점이다. 우리는 이를 자비에 대한 두려움이라고 부른다.

이제 우리는 자비가 어떤 것으로 구성되었는지를 알게 되었다. 우리 앞에 놓인 과제는 회복의 여정을 도울 수 있는 자비의 마음을 기르는 것이다. 당신은 자비의 마음을 기르는 것에 대해 의구심을 가질 수도 있고, '잠깐만 기다려. 이건 나에게 맞지 않아.'라고 생각할 수도 있다. 그러나 자비의 접근이 당신에게 맞지 않다고 결정하기 전에 우리가 자비로워지는 것을 왜 두려워하거나 피하는지 몇 가지 이유를 생각해 보자.

1) 나는 자비를 받을 자격이 없다

자비의 접근이 우리를 위한 것이라고 생각하지 않는 한 가지 이유는 자신이 자비를 받을 자격이 없다고 믿기 때문이다. 트라우마 클리닉에서는 외상성 경험에 대해 스스로를 비난하는 사람들을 매주 만난다. 반대의 증거가 엄청나게 많음에도 불구하고 그들은 그렇다. 그들은 자신에게 일어난 외상성 사건에서 자신의 역할에 매우 비판적이기도 하다. 이로 인해 그들은 자기비난과 수치심의 순환에 갇힌다(이것이 어떻게 일어나는지를 제4장에서 논의했다. 120페이지 참조). 공통적인 주제는 자신이 고통받을 만한 무언가를 했음에 틀림없다고 느끼고, 이는 대부분 다음과 같은 생각으로 이어진다. 즉, '틀림없이 나에 대한 뭔가가 있을 거야.' '나는 나쁘기 때문에 벌을 받을 만해.' '나는

착하지 않기 때문에 나에게 도움이 되는 삶을 살 자격이 없어.' 마음이 왜 자기비난이라는 어두운 곳을 향해 가는지를 이해할 수 있다. 왜냐하면 삶은 공평하지 않고, 모든 사람이 자신의 삶을 뒤엎는 외상성 사건을 겪는 것은 아니기 때문이다.

예를 들어, 우리가 어떤 외상성 사건에 연루되었을 때(예: 자동차 사고를 당했거나, 공격 혹은 성폭행을 당했을 때) 다음과 같이 생각하는 것은 당연하다. '왜 내게 이런 일이 일어났을까?' '나의 어떤 부분이 이런 일을 일어나게 했을까?' '공평하지 않아' '이런 일을 당할 만한 뭔가를 내가 했을 거야.' 이런 질문들에 대한 진실된 대답은 삶은 무작위적이며, 우리들 중 어떤 사람이 다른 사람들보다 더 고통받을 진짜 이유는 없다는 것이다. 그러나 진실이 위협에 초점을 둔 인간의 마음을 진정시키기에는 충분치 않다. 그래서 우리는 통제력을 되찾고, 우리의 세상을 예측하려고 노력하면서 그 일이 왜 우리에게 일어났는지에 대한 이유를 이해하고자 애를 쓴다. 만약 우리가 자신을 비난하면 웰빙이 크게 나빠질 수 있다는 것을 앎에도 불구하고, 아픔과 고통에 대해 자신을 비난하면 우리가 무언가를 할 수 있다고 생각하기 때문이라는 점도 이해한다. 이것은 물론 환상이다.

이 어려움을 극복하는 한 가지 방법은 우리가 삶에서 자비를 경험할 '자격'이 있는지 없는지의 문제가 아니라는 것을 인식하는 것이다. 자비는 우리가 시스템의 균형을 잡도록 돕는다. 즉, 자비는 우리 내부에 흐르는 생명력과 같아서, 진정이 필요한 시스템을 진정시키고 직면해야 할 문제를 직면하게 해 준다. 따라서 자비는 자신에 대해 자비를 지니고 살 자격이 있는지 없는지가 아니라, 우리의 존재를 최적화하고 향상시키는 방식으로 삶을 충만하게 살기를 원하는지 여부다. 자비는 우리가 이것을 이루도록 돕는다.

이런 식으로 볼 때 우리 모두는 자비를 가질 자격이 있고, 우리가 우울하고 자기비판적일 때 자비가 가장 필요하다는 것을 알 수 있다. 그러나 문제는 우리가 벌을 받거나 고통받을 만하다고 믿으면, 돌봄, 친절, 이해를 받을 자격이 없다고 생각한다는 점이다.

자비를 경험하지 못하는 또 다른 이유는 자기비판자로서, 자신에게 친절해지는 것이 혐오스럽고 불안감을 초래할 수 있기 때문이다. 타인이 우리에게 친절하거나 자비를 베푸는 것을 경험할 때도 이와 같은 극단적인 반응이 생길 수 있다. 친절함은 어떤 사람에게는 위로의 느낌이 아니라 위협적이다. 여기에는 많은 이유가 있고, 때로 어릴 때 돌봄을 받거나 주었던 기억이 슬프게도 불안, 비난, 처벌과 연관되어 있기 때문이다(141~142페이지의 제시, 조니, 빌리의 예를 참조하라). 따라서 스스로에게 자비롭고 싶지 않은 것은 그리 놀랍지 않다.

다음의 목록은 클리닉을 찾는 내담자들이 자비가 자신에게 맞지 않다고 생각하는 이유들이다. 이러한 이유들은 당신에게도 해당될 수 있다.

자비에 대한 열한 가지 공통 신화

1. 타인에 대한 자비는 괜찮지만, 나는 자비를 받을 자격이 없다.
2. 자비는 지속되지 않고, 빼앗길 것이다. 그렇다면 자비를 시작할 이유는 없다.
3. 자비는 자기연민에 빠져 있는 것과 같다.
4. 자비는 스스로에게 너무 관대하며 이기적이다.
5. 자비는 나약한 자들과 '겁쟁이들'을 위한 것이다.
6. 강한 사람은 자비를 '경험하지 않는다'.
7. 자비는 거품 같고, 무르고, 공허한 '집단 포옹'이다.
8. 자비는 당신을 이용할 사람들에게 쉽게 넘어가게 만든다.
9. 자비로움은 절대 배신하지 않고, 화내지 않고, 분노하지 않고, 무엇으로부터 도망가거나, 완전히 이기적이지 않다는 것을 의미한다.
10. 자비로울 때 나는 나쁘거나 부정적인 생각을 할 수 없다.
11. 자비로움은 자신을 궁지에서 벗어나게 해 주며, 내 인생에서 잘못되는 어떤 일도 책임질 필요가 없게 한다.

이 목록 중에 당신의 신념이 있는가? 만약 그렇다면 당신은 혼자가 아니다. 당신이 경험해 왔던 생각들 중 일부(장애물처럼 보이는)를 다른 사람도 지니고 있다는 것을 알고 안심하기 바란다. 하지만 이것들은 자비에 관한 오해이고, 그렇게 믿게 되면 자기자비 기술을 개발하고, 신뢰할 수 있는 사람으로부터의 자비를 받아들임으로써 자신의 웰빙을 향상시키려는 우리의 필요를 차단하게 된다. 모든 것이 그렇듯, 제품을 사기 전에 제품의 효과를 믿는 것이 도움이 된다. 따라서 자비가 당신을 도울 것이라고 믿는 것은 당신의 변화를 향상시킬 것이다. 그러므로 나는 당신의 염려로 인해 생기는 어떤 신화도 불식시키기 위해 노력할 것이다.

5. 왜 자비 신화에 대한 이러한 신념들이 있는가, 자비의 진실은 무엇인가

1) 자비는 쉬운 선택이다

자신에 대해 자비를 지니고 행동하려면 용기, 정신적이고 정서적인 힘, 그리고 지혜를 쌓기 시작해야 한다. 그것은 결코 쉬운 선택도 아니고 쉬운 것도 아니다. 그것은 우리가 인생에서 가장 두려워하는 것을 마주하는 것이며, 우리의 기억이 만들어 내는 고통(마음과 몸의)을 인내하는 법을 배우는 것이다.

2) 자비는 연민과 같다

자비는 자신과 타인의 고통과 아픔에 영향을 받는 것에 초점을 둔다. 이것은 자기방종도 아니며 이기적인 것도 아니다. 모든 인간에게 공통적인 이러한 고난들에 영향받는 것은 사랑스럽고, 지지적이며, 다정한 것이다. 우리는 모두 평등하고, 서로 다른 방식으로 투쟁하며, 삶에 대처하기 위해 할 수 있는 것을 한다. 이것은 흔히 사용하는 연민이라는 단어와는 매우 다른데, 그것은 때로 다른 사람들보다 우월하다고 느끼는 것과 관련이 있다. 때로 우리는 연민을 우리를 얕보고, 열등하거나 약하다고 보는 사람들과 관련짓기 때문에 연민에 대해 강한 혐오감을 지닌다. 비록 현대 사전과 다른 언어에서 자비라는 단어가 연민과 관련되어 있을 수도 있겠지만, 우리가 여기에서 논의하는 형태의 자비는 연민과는 무관하다.

3) 자비는 우리를 약하게 만든다

우리 대부분은 자비에 대해 이중 잣대를 지니고 있다. 타인(우리의 도움을 원하거나 필요로 하는 것에 대해서 약하다고 생각하지 않는 사람들)에게 자비로운 것에는 행복해하지만 자비는 우리를 약하게 만들기 때문에 자신에게 자비로운 것은 행복해하지 않는다! 다른 사람에 대한 자비에서부터 우리 자신에 대한 자비에 이르는 길 어딘가에 장애물이 있다.

4) 자비는 쉽다

자비는 노력과 헌신을 필요로 한다. 우리는 어려움을 이겨 낼 용기를 길러야 하며, 두려워하는 사람을 마주해야 한다. 또한 우리의 행동에 책임을 져야 하며, 우리의 행동이 자신과 타인에게 미치는 영향에도 책임을 져야 한다. 자기주장과 경계 설정의 기술을 개발하기 위해서는 연습과 훈련이 필요하다.

5) 신화를 깨기 위해서는 연습이 필요하다

만약 여러분이 어떤 이유에서든 자비의 마음을 기르는 것에 관심이 있다면, 자신의 방해물을 생각해 보고 그것을 없애는 데 시간을 쏟는 것이 도움이 될 것이다. 트라우마 클리닉에 오는 사람들이 도움이 되었다고 이야기하는 다음의 네 가지 연습(앞에 기술한 신화에 근거함)을 해 보라.

연습 6-1 **자기자비를 기르는 데 방해가 되는 것들**

당신에게 해당되는 것에 체크하라.

자비에 관한 신화	나에게 해당됨	나에게 해당되지 않음
타인에 대한 자비는 괜찮지만 나는 자비를 받을 자격이 없다.		
자비는 오래 지속되지 않고 빼앗길 것이다. 그렇다면 시작할 이유가 있는가?		
자비는 자기연민에 빠져 있는 것과 같다.		
자비는 스스로에게 너무 관대하며 이기적이다.		
자비는 나약한 자들과 '겁쟁이들'을 위한 것이다.		
강한 사람은 자비를 '경험하지 않는다'.		
자비는 거품 같고, 무르고, 공허한 '집단 포옹'이다.		
자비는 당신을 이용할 사람들에게 쉽게 넘어가게 만든다.		
자비로움은 절대 배신하지 않고, 화내지 않고, 분노하지 않고, 무엇으로부터 도망가거나, 완전히 이기적이지 않다는 것을 의미한다.		
자비로울 때 나는 나쁜 생각이나 부정적인 생각을 할 수 없다.		
자비로움은 자신을 궁지에서 벗어나게 해주며, 내 인생에서 잘못되는 어떤 일도 책임질 필요가 없게 한다.		

| 연습 6-2 | 자기자비를 기르는 데 방해가 되는 것을 극복하기 |

당신이 선택한 각 신화에 대해서 이것이 신화가 될 수 있는 원인이 무엇인지에 대해 몇 줄 적어 보라. 첫 번째는 예시가 제시되었다. 자비에 대한 어떤 신념이 왜 신화인지에 대한 부분을 참고하고 싶다면 174페이지를 보라.

자비에 관한 신화	그것이 왜 신화인지에 대한 자비로운 이유
타인에 대한 자비는 괜찮지만 나는 자비를 받을 자격이 없다.	이것은 이중 잣대다. 삶이 힘들 때 누구나 자비를 받을 자격이 있다. 내가 자비를 받을 자격이 없다고 생각하는 것은 그저 나의 한 버전일 뿐이다.
자비는 오래 지속되지 않고 빼앗길 것이다. 그렇다면 시작할 이유가 있는가?	
자비는 자기연민에 빠져 있는 것과 같다.	
자비는 스스로에게 너무 관대하며 이기적이다.	
자비는 나약한 자들과 '겁쟁이들'을 위한 것이다.	
강한 사람은 자비를 '경험하지 않는다'.	
자비는 거품 같고, 무르고, 공허한 '집단 포옹'이다.	
자비는 당신을 이용할 사람들에게 쉽게 넘어가게 만든다.	
자비로움은 절대 배신하지 않고, 화내지 않고, 분노하지 않고, 무엇으로부터 도망가거나, 완전히 이기적이지 않다는 것을 의미한다.	
자비로울 때 나는 나쁜 생각이나 부정적인 생각을 할 수 없다.	
자비로움은 자신을 궁지에서 벗어나게 해 주며, 내 인생에서 잘못되는 어떤 일도 책임질 필요가 없게 한다.	

연습 6-3　　**두려움에 맞서서 자비의 마음을 기르고 싶은 이유들**

이 연습에서 자비에 대한 당신의 두려움을 극복하고 싶은 몇 가지 동기를 적어 볼 수 있는지 살펴보라. 시작할 수 있도록 예가 제시되어 있다.

두려움에 맞서서 자비의 마음을 기르고 싶은 이유들
1. 나는 오랫동안 기억과 씨름해 왔고 그 기억은 나를 고통스럽게 한다. 그 기억은 되고 싶은 내가 되는 것을 막고, 내가 원하는 삶을 영위하는 것을 막는다. 나를 안전하게 하기 위해 최선을 다하고 있는 복잡하고, 위협에 초점을 둔 뇌를 지니고 있음을 이제 나는 이해한다. 또한 위협의 느낌을 누그러뜨리는 데 서툴렀다는 것도 알고 있다. 이제는 그것이 나의 잘못이 아님을 알고 있다. 나의 뇌는 나의 경험에 의해서 형성되었음을 알게 되었다. 그리고 이것이 나에게 '하나의 버전'일 뿐이라는 것을 아는 것은 자비를 지니고 살기 위해서 새로운 기술을 기를 수 있다는 희망을 준다.
2.
3.
4.
5.
6.

연습 6-4 ┃ 자기자비의 방해물을 극복하도록 돕기

자기자비를 발전시키는 데 방해 요소가 되는 것을 극복할 수 있는 말이나 행동을 적어 보라.

자기자비를 발전시키는 데 방해 요소가 되는 것을 극복할 수 있는 말이나 행동들:

자비로운 것은 무섭고 다르게 느껴진다. 왜냐하면 내가 나 자신에게 친절하게 할 자격이 있다고 결코 믿어 본 적이 없기 때문이다. 그러나 이것은 겁쟁이들을 위한 것이 아니며, 가장 상징적인 자비로운 사람들은 강하고, 용감하며, 용기 있는 사람들이다. 나의 어려움을 극복하기 위해서는 용기와 결단이 필요하지만, 나 자신을 위해 하고 싶고, 마땅히 해야 할 일이다.

6. 자기자비를 이용한 실험

마지막으로, 만약 당신이 이것을 계속할 준비가 되어 있다고 느끼는지 아닌지를 여전히 고민하고 있다면, 당신을 도울 새로운 방법을 찾는 도전을 시작하는 데 있어서 다른 사람들도 그런 신념과 장해물을 경험하고 있다는 것을 스스로에게 상기시키는 것이 도움이 될 수 있다. 따라서 그것을 실험으로 시도해 보면 어떨까? 잃을 것이 있는가? 다음과 같이 생각해 보라. 만약 우리가 출산 후에 복근이 약해지거나, 일에 집중하다가 운동을 중단하고 허리가 아프다면 그 근육을 다시 만들어서 허리 통증을 없애 주는 게 마땅하지 않을까? 자비도 마찬가지다. 삶의 외상성 경험을 극복하기 위해 일시적으로는 포기했을지도 모르는 우리의 고유한 자비의 특징을 기르고 강하게 할 수 있는지를 한 번 살펴보자.

7. 요약

이 장에서는 자비의 의미를 개괄적으로 설명했다. 자비는 자신과 타인의 고통에 대한 개방성과 민감성, 그리고 그 고통을 덜어 주려는 열망과 결합되어 있다.

우리는 자비가 많은 요소로 이루어져 있음을 배웠다. 그리고 자비의 마음 틀 안에 있다는 것이 우리가 무엇에 주목하는지, 어떻게 생각하고 추론하는지, 어떻게 행동하고 느끼는지, 무엇을 하도록 동기화되는지에 영향을 미친다는 것을 배웠다.

우리는 또한 우리의 웰빙을 돌보는 것, 민감한 것, 우리의 감정과 고통을 알아차리는 것, 동정을 느끼는 것(즉, 정서적으로 감동받음), 고통을 피하려고 하기보다 고통을 견디고 극복할 수 있는 것과 같은 자비의 특정 속성들을 살펴봄으로써 자비로운 것이 무엇을 의미하는지를 탐구했다. 그것은 공감(자신의 마음과 다른 사람들의 마음을 이해하는 것)과 비판단적인 것(비판적이고 비난하고 싶은 충동을 멈추는 것)을 포함한다.

자비롭게 사는 것이 우리에게 어울리지 않을 수 있는 이유 중 일부를 검토했고, 우리가 이렇게 느끼는 이유를 탐구하기 위해 몇 가지 연습을 했다.

그런 다음 몇몇 공통된 주제를 다루었고, 자기자비를 기르려고 할 때 만날 수 있는 몇 가지 방해물을 없애고자 노력했다.

이제 우리는 자비의 마음을 준비할 수 있는 능력을 기르는 데 시간을 할애할 수 있게 되었다.

제7장
자비를 위한 마음의 준비:
기술 개발의 시작

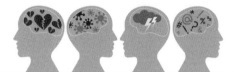

 이 장에서는 실용적인 방식을 통해 자비심이 **작동**할 수 있도록 마음을 준비하는 방법을 이해하는 데 중점을 둘 것이다. 자비중심치료에서 이를 위한 첫 번째 방법은 안내된 연습을 사용해서 마음을 자비롭게 만드는 것이다. 그다음은 연습을 통해 자비의 마음에서 여러 속성을 개발하는 것이다(329~330페이지의 유용한 자원을 참조하라). 우리는 점진적인 접근 방식을 통해 마음을 자비로 향하도록 하는 과정을 시작하고, **마음챙김**의 개념을 소개하며 자비롭게 사는 것에 접근할 것이다.

1. 자비 훈련

 마음이 자비로 향하게 하는 것은 작은 일은 아니기 때문에 우리는 이것이 빠른 해결책이라고 여러분을 현혹시키지 않을 것이다. 여행하듯이 접근하자. 정신이 건강해지도록 스스로를 훈련하는 것이다. 자비 훈련을 신체적으로 건강해지는 과정과 비교해 보면 다음과 같은 단계들을 거쳐야 한다.

- 스스로가 건강하지 않다는 것을 알아차린다.
- 건강을 향상시키기 위해 건강하지 않은 상태에서 할 수 있는 무언가를 하면서 건강을 충분히 돌본다.
- 자신이 건강해질 자격이 있다고 생각한다.
- 몸을 좋게 유지하기로 다짐한다.
- 행동하지 않고 텔레비전을 보면서 소파에 꼼짝 못하게 하는 모든 자기파괴적인 생각을 극복한다.
- 운동을 시작하고 유지한다.
- 미루지 않고 감당할 수 있는 정도의 속도로 **점진적으로** 건강을 증진시키기 시작한다.
- 모든 힘든 일이 끝난 뒤에도 건강을 유지하기 위해서 남은 인생 동안 정기적으로 운동을 계속한다.

자비 훈련에서는 실천이 중요하다. 이를 통해 자비의 기술을 배우고 유지할 수 있다. 매일 조금씩 연습하고 자비의 마음을 훈련함으로써 우리에게 진정한 가치가 있다는 관점을 갖게 된다면 도움이 될 것이다. 작은 발걸음은 결국 목적지로 이어질 것이다! 당신을 위한 우리의 목표는 조금씩 당신의 일상에 자비를 심어 주고, 끊임없이 스스로에게 자비를 일깨워 주는 것을 배우는 것이다.

2. 마음챙김과 마음챙김 주의집중

마음챙김은 무엇이고, 마음챙김은 자비훈련과 어떤 관련이 있는가? 마음챙김은 주변에 일어나고 있는 것에 집중하기 위한 방법인데, 마음챙김을 통해 우리는 매 순간 온전히 현존할 수 있게 된다. 걱정, 계획, 반추로 인해 현재의 순간에서 마음이 벗어나고 있음을 발견할 수 있고, 그것은 마음챙김의 열쇠가 되는 현재 순간으로부터의 이탈을 인식하는 것을 배우는 것이다. 마음챙김이란 지금 우리의 의식 속에 일어나는 것은 무엇이든(마음과 몸 안의 어떤 것이든, 혹은 즉각적인 환경에 있는 어떤 것이든 간에) 그것에 주의를 기울이는 것을 의미한다.

많은 동양 종교, 특히 불교는 마음챙김 기술을 개발함으로써 사람들로 하여금 자신의 주의집중을 훈련할 수 있도록 돕고 있다. 마음챙김을 배우는 것은 다양한 정서적 어려움에 매우 유익한 것으로 확인된다(마음챙김 기반 인지치료가 한 예임).

그러므로 우리가 여기서 훈련하는 기술은 마음이 이탈했음을 알아차리고, 마음을 우리가 원하는 초점으로 되돌릴 수 있도록 돕는다.

마음챙김은 당신의 마음이 주의집중하도록 '만들거나' 혹은 당신의 마음에서 생각을 비우는 것이 아니다. 마음챙김은 당신의 마음이 이탈했음을 알아차린 다음 그 마음을 마음의 초점으로 다시 되돌리는 것이다. 다음에 보듯이 자비 연습을 할 때 이 방법은 매우 도움이 될 수 있다.

마음챙김의 두 번째 측면은 생각 및 정서가 어떻게 나타나는지, 그리고 생각 및 정서와 관련된 어떤 식별 신호가 있는지를 알아차리는 것이다. 예를 들어, 심장박동이나 귓속에서 불쾌한 웅웅거림과 같이 침습적 기억이나 플래시백이 있을 때 몸에서 무슨 일이 일어나는지 알아차리는 것을 배우는 것이다. 신호나 기억을 알아차리는 법을 배우고 그에 수반되는 정서와 사고에 이름을 붙이게 되면, 우리는 자신의 몸과 마음에서 일어나는 것을 보다 더 관찰할 수 있고 보다 더 인식할 수 있게 된다. 이것은 트라우마 기억에서 우리를 괴롭히고 있는 것이 무엇인지에 대한 통찰력을 개발할 수 있게 한다.

1) 실제 준비

여기서 우리는 몇 가지 실질적인 연습을 시작하고, 삶을 개선하는 데 도움이 되는 자비를 기르기 위한 몇 가지 새로운 기술을 배우기 시작한다. 다른 사람보다 더 집중하기 쉬울 때가 있다는 것을 발견할 수도 있을 것이다. 그리고 하루 중 시간 여유가 있을 때, 집중할 수 있고 방해받지 않을 때, 본격적으로 하기 전에, 그저 연습 문장을 읽고 그것에 대해 생각하는 것부터 시작할 것이다. 그리고 당신이 차분하고 안정적일 때 연습이 더 쉽게 느껴진다는 것을 알게 될 것이다. 그러니 방해받을 가능성이 있거나 기분이 언짢을 수 있는 시간은 피하라.

이 연습은 지시에 따라 호흡하는 것과 마음을 시각화하는 것을 포함하기 때문에, 차분한 목소리로 연습 문장을 녹음한 뒤 다시 들으면 도움이 된다. 이를 통해 당신은 연습에 대한 집중력을 극대화할 수 있다.

여러분 중 일부는 '하지만 나의 삶은 항상 너무 바쁘고 혼자만의 평화로운 시간이 없는데 언제 시작할 수 있을까?'라고 느낄지도 모른다. 당신의 삶이 비교적 안정적이고 차분하게 느껴진다면 새로운 기술을 배우고 연습하는 것은 훨씬 더 쉬울 수 있다. 각각의 기술을 더 잘 사용할수록, 당신은 고통을 다루는 대안적인 방법으로 그 기술을 점차 통합하게 될 것이다. 그러므로 하루에 5분씩 당신 자신에게 시간을 주는 것부터 시작하라. 좋은 시간(아마도 샤워 하는 중에, 휴식을 취할 때, 혹은 저녁에 TV 시청이 끝난 후)을 찾으라. 하루 중 어떤 시간이든 당신에게 적합하고, 당신에게 다른 약속이 없을 때, 당신은 자신을 위한 귀퉁이 시간을 찾을 수 있다. 연습이 숙달되고 그 이점을 느끼게 되면 처음 시작했던 5분에서 점점 더 길어짐을 느끼게 될 것이다.

우리는 마음챙김 호흡과 이완을 위한 몇 가지 간단한 연습으로 시작할 것이다.

2) 마음챙김 호흡과 마음챙김 주의집중

연습 7-1   **마음챙김 호흡**

1~2분 동안 조용히 앉아서 마음을 가라앉히고 특별히 아무 생각도 하지 마세요. 그러면 당신은 완전히 현재에 존재한다고 느낄 수 있습니다. 또는 만약 당신이 원한다면, 2분간 주의집중을 호흡에 맞추도록 합니다. 숨을 들이쉴 때, 공기가 입이나 코로 들어와서 횡격막으로 내려갔다가 다시 밖으로 나갑니다. 숨을 들이쉬고 내쉬는 것에 집중하세요.

이것은 당신의 마음이 얼마나 안정되지 않았는지를 보여 주기 때문에 시작하는 연습으로 유용하다. 마음은 무작위로 하나의 생각에서 다른 생각으로 뛴다. 마음챙김 주의집중 연습을 시작할 때 가장 중요하게 관찰해야 하는 것은 비록 의도적으로 주의를 기울임으로써 주의집중을 통제할 수 있지만, 주의집중에 대한 **통제력**을 가지고 있지는 않다는 것을 인식하는 것이다. 사실, 호흡과 같은 한 가지에 집중하는 것은 처음에는 어렵기 때문에 특정한 초점에 주의집중을 유지하기 위해서는 훈련이 필요하다. 그러나 훈련은 완벽을 만든다!

당신은 우리 모두가 약간은 한 주제에서 다른 주제로 이리저리 뛰어다니는 '원숭이 마음'을 지니고 있음을 알아차렸을지도 모른다. 이것은 지극히 정상이고, 우리가 특별히 집중하는 데 서툴다는 것을 의미하지는 않는다. 오히려 우리 모두가 하나의 주제에서 다른 주제로 빠르게 전환하는 경향이 있는 마음을 가지고 있다는 것을 의미한다. 한 번에 한 가지 일에 집중하는 것은 꽤 큰 노력이 필요하다. 이것은 부분적으로 우리의 뇌가 멀티태스킹을 잘하기 때문이다. 하지만 그것은 또한 우리가 삶을 지배하는 단 하나(우리의 트라우마 경험)에 집중하는 것을 엄청나게 잘하게 되었기 때문이기도 하다. 위협 시스템이 활성화되고 플래시백, 수치심, 반추의 순환에 휘말릴 때, 다른 것에 집중하는 것은 매우 어려울 수 있다. 즉, 우리는 외골수가 되는 것이다. 진화적인 관점에서는 안전이 최우선이 되는 상황에서 이것이 합리적으로 이해되지만, 우리에게는 문제가 된다. 트라우마로 인해 위협 시스템은 과활성화되고, 과도하게 민감해지며, 과거에 고착되어 있고, 오래 전에 끝난 위협에 여전히 대응하고 있다. 그래서 자기보호적인 뇌가 외상성 경험에 집중하기로 결정하면, 우리는 다른 어떤 것에도 집중하는 것이 어렵게 된다. 그러나 이것을 인정하는 것만으로도 우리에게는 도움이 된다.

우리에게 도움이 되는 것에 관심을 기울이고 우리에게 도움이 되지 않는 것에서는 관심을 거두는 기술을 개발하기 시작할 수 있다면, 그것은 우리에게 도움이 될 것이다. 목표는 플래시백을 경험하고 그에 대한 반응으로 몸이 스트레스와 불안의 사인을 경험할 때 뒤로 물러서서 몇 번의 호흡을 하고 자신의 마음을 관찰하는 것이다. 간단하게 말해서, 만약 과거의 외상성 사건에 대한 플래시백으로 고통을 겪고 있다면, 지금 우리는 안전하다는 사실에 주의를 집중하기 시작하는 것이 도움이 될 것이다.

다음 섹션에서는 당신이 생각하고 싶은 것에 주의를 집중하는 방법을 연구하여 당신이 이 작업을 하도록 돕는 두 가지 방법에 대해 알아볼 것이다. 첫째, 당신이 경험하는 생각과 느낌에 마음챙김하는 능력을 기르기 위해 노력할 것이다. 둘째, 당신의 주의를 의도적으로 재집중시키는 능력을 기르기 위해 노력할 것이다.

트라우마 기억을 경험하고 있을 때 마음챙김을 한다면 무엇을 경험할 수 있는지 생각해 보자. 트라우마 기억이 당신을 불안하게 만들기 때문에 당신이 그 기억을 가능한 한 빨리 마음에서 지워 버리고 싶어 한다는 것을 깨닫게 될지도 모른다. 당신은 '맞아, 그냥 주의를 돌리면 사라질 거야.' 혹은 '맥주 몇 잔 마시면 모든 것이 좋아질 거야.'라고 생각하는 자신을 알아차릴 수 있다. 심지어 당신은 스스로에게 화가 나기 시작하고 자기비판적이 되어 '너는 너무

나약해. 왜 그 생각을 멈추지 못하니?' 또는 '또 바보같이 술을 마시네.'와 같은 말을 스스로에게 하는 것을 알아차릴 수도 있다.

마음챙김할 때 우리는 자신의 마음, 생각, 정서에 대해 호기심을 가지고 있는 관찰자가 된다. 마음속에 얽혀 있는 생각들에 사로잡히고 휘말리기보다 마음을 '관찰'함으로써 마음과의 관계를 변화시키려고 한다.

따라서 여기서 훈련하는 기술은 우리의 마음과 마음의 열광적인 모든 활동을 관찰하는 것이다.

우리는 정서에 좌우될 필요가 없다. 더 주의 깊게 관찰하는 법을 배움으로써 선택에 대해 마음을 열 수 있다. 생각과 느낌에 따라 행동할지 말지를 선택할 수 있다. 우리는 다음과 같은 것들을 배울 수 있다.

• 마음을 진정시키라.
• 지금 이 순간에 집중하라.
• 마음의 내용과 몸의 느낌을 관찰하라.

자비중심치료의 일환으로 길버트 교수에 의해 개발된 다음 일련의 연습에서 이것을 수행해 보자. 이 단어들을 읽고 있는 당신의 목소리를 녹음한 다음(혹은 친구에게 읽어 달라고 요청) 다시 듣는 것이 도움이 될 수 있다. 이렇게 할 수 없다면, 연습 문장을 여러 번 읽음으로써 지금 시도하려고 하는 시각화에 익숙해질 수도 있다. 연습은 눈을 감은 상태에서 진행하지만 반드시 그렇게 할 필요는 없다. 치료를 받을 때 신체적으로 매우 취약하다고 느껴서 눈을 감는 것이 안전하지 않다고 느끼는 경우도 많다. 만약 그렇다면 빈 벽을 응시하는 방법을 제안한다. 그러니 부디 당신이 가장 편안하다고 느끼는 방식으로 진행하라.

연습 7-2 마음챙김 주의집중

(녹음 시작)

잠시 조용히 앉아서 호흡에 집중합니다. '숨'을 천천히 고르게 횡격막으로 들어가게 한 다음 천천히 고르게 몸에서 빠져나가도록 합니다. 만약 이것이 어렵게 느껴지면 그냥 코로 들어오고 나가는 숨의 감각에 초점을 맞추도록 노력해 봅니다. 2분간 들숨과 날숨에 집중해 보세요. 호흡에 집중하기 싫거나 눈을 감는 것이 싫으면, 조약돌이나 조개껍데기를 보고 느끼는 경험에 관심을 집중해 보아도 좋습니다.

몇 분 내에 당신은 자신의 마음이 다른 무언가로 옮겨 갔다는 것을 알아차리게 될 겁니다. 이를 방황하는 마음이라고 합니다. 만약 우리에게 걱정되는 일이 있다면 마음은 쉽게 그것에 대한 생각에 이끌려서 현재의 순간에서 벗어나게 됩니다. 이런 일은 또한 우리에게 기대하는 일이 있거나(파티처럼), 해야 할 일이 있을 때(예: 카드값 지불, 친구에게 전화하기) 일어날 수 있고, 마음이 그것들로 건너뛰는 것을 발견할 수 있습니다. 이것은 마음의 전형적인 모습이고, 실제로 최근의 연구에 따르면 자연스러운 상태이기도 합니다.

마음챙김 훈련의 한 측면은 마음이 방황할 때 그것을 알아차리는 것을 배우고, 집중하고 싶은 것으로 주의를 부드럽고 따뜻하게 가져오는 것입니다. 마음챙김은 주의를 집중하게 하거나, 생각을 비우게 하는 것이 아닙니다. 주의를 기울이지 못한다고 스스로를 꾸짖는 것 또한 마음챙김이 아닙니다. 오히려 역효과를 낳습니다. 왜냐하면 마음이 방황하고 있다는 것을 알아차리는 것은 오히려 자신을 괴롭히는 것이 무엇인지를 확인할 수 있게 하기 때문입니다. 우리 마음이 방황할 때 그것은 우리가 마음챙김에 실패했다는 표시가 아니라 오히려 마음챙김의 과정 중 하나입니다! 그것은 알아차림의 행위이고, 마음챙김의 핵심이 되는 원하는 초점으로 주의를 되돌리는 행위입니다. 이것이 어렵다는 것을 안다는 사실 그 자체가 당신이 마음챙김 훈련에 몰두하고 있다는 증거입니다!

(녹음 끝)

마음챙김 주의 집중 기술을 개발하면 충동을 따르는 우리의 조급한 마음을 늦추게 되고 무엇이 이러한 충동을 유발하는지 스스로 알아차릴 수 있는 유용한 접근 방식들을 얻을 수 있다.

(1) 기술 훈련

여러분은 이 연습을 하루에 세 번, 몇 분 동안 하고 싶을 수도 있다. 초기 단계에서는 한 번에 10초에서 20초 정도만 집중해도 된다. 괜찮다. 마음챙김의 핵심은 마음이 어디로 가고 있는지 알아차리고, 마음을 부드럽게 과제로 되돌리는 것이라는 점을 기억하라. 그저 조금씩 계속 연습하라.

3. 만족 및 진정 시스템 활성화

이전 장에서 읽었던 것처럼, 자비의 마음을 가지려면 위협 시스템을 끄거나 줄일 수 있어야 한다. 위협에 압도되면 자비의 마음에 접근하는 것은 매우 어렵다. 따라서 자비의 마음을 가지기 전에 적어도 초기 단계에서 진정 시스템을 적극적으로 활성화시키는 기술을 연습하면 우리에게 많은 도움이 될 수 있다.

1) 진정 리듬 호흡

제3장에서 살펴본 바와 같이 세 가지 정서 조절 시스템은 각각 특정한 신체적·정서적 반응과 관련되어 있다(58페이지의 [그림 2-1] 참조). 위협 시스템은 분노, 불안, 혐오감과 관련이 있고, 성취 활성화 시스템은 추진력, 흥분 및 활력과 관련이 있으며, 만족 및 진정 시스템은 안정감, 만족감, 연결감 및 안전감과 관련이 있다.

다음 연습은 특정한 비율이나 속도를 따르기보다는 당신 자신만의 진정된 리듬의 호흡을 찾을 수 있도록 고안되었다. 또한 이전 섹션에서 설명한 기술을 기반으로 사용할 수 있는 마음챙김 요소도 포함하고 있다. 이전에 했듯이 연습에 집중할 수 있도록 지시사항을 먼저 녹음하는 것이 필요할 수도 있다.

연습 7-3   **진정 리듬 호흡**

(녹음 시작)

먼저, 적어도 10분 동안은 방해받지 않고 앉아 있을 수 있는 조용한 장소를 찾으세요. 똑바른 자세로 의자에 앉아 머리가 앞으로 흔들리지 않도록 하고 양발은 어깨 너비 정도의 간격으로 바닥에 놓으세요. 그리고 손을 다리 위에 얹으세요.

천천히 호흡에 집중하는 것부터 시작합니다. 처음에는 공기가 코로 들어가고 나가는 것을 알아차리세요. 숨을 들이쉴 때 공기가 횡격막까지 내려오는 것을 알아차려 봅니다('V'를 뒤집은 모양을 갈비뼈라고 했을 때 횡격막은 그 끝부분에 있음). 숨을 들이마시고 내쉴 때 횡격막이 움직이는 것을 느껴 보세요. 호흡에 집중하고 속도를 실험해 보세요. 약간 빠르게 혹은 약간 느리게 호흡한 다음 몸의 느낌이 어떻게 달라지는지 알아차려 봅니다. 일반적으로 진정 리듬 호흡은 정상 호흡보다 약간 더 느리고 약간 더 깊습니다. 그것은 대략 3초 동안 '마시는' 숨을 쉬고, 잠시 멈춘 후, 다시 3초 동안 '내쉬는' 숨을 쉽니다. 그러나 당신만의 진정되고 편안한 리듬의 호흡 패턴을 찾아보세요. 이것은 마치 자신을 진정시키고 편안하게 하는 몸 안의 리듬을 확인하고 그것과 연결하는 것과 같습니다. 자신의 호흡이 평소보다 약간 더 느리고 더 깊다는 것을 알게 될 것입니다. 들숨과 날숨이 원활하고 고른지 확인합니다. 예를 들어, 호흡이 너무 빠르거나, 숨이 차거나, 급하게 숨을 몰아쉬고 있는지 살펴보세요.

이제 30초 정도 호흡에 집중합니다. 호흡이 횡격막까지 내려와서 횡격막을 들어올리고, 공기는 코를 통해 빠져나가는 것을 알아차립니다. 때로는 공기가 들어오는 코의 안쪽에 초점을 맞추는 것이 유용합니다.

심지어 이 연습을 하는 30초 동안에도 벌써 당신은 방황하는 마음과 함께 다른 생각들이 살금살금 들어왔거나, 방 안의 다른 소음으로 인해 집중이 깨졌다는 것을 깨달았을 수 있습니다. 이럴 땐 마음이 방황하고 있다는 것임을 알아차리고 그저 온화하고 친절하게 마음을 되돌려 호흡에 집중하세요. 어떤 것을 억지로 하려고 하거나, 생각을 정리하려고 하거나, 집중하게 하려고 애쓰지 않도록 하세요. 그저 알아차리고 부드럽게 초점을 다시 맞추고, 알아차렸다가 다시 초점을 맞추는 것입니다. 이것을 처음해 보면, 당신의 마음이 한 가지에서 다른 것으로 얼마나 쉽게 옮겨 가는지에 매우 놀랄 수 있습니다. 이 모든 것은 지극히 정상적이고, 자연스러우며, 당연한 일입니다. 이때 천천히 호흡과 몸이 느려지는 느낌에 초점을 맞춥니다. 예를 들어, 의자에 앉은 몸이 점점 무거워지는 것을 느낄지도 모릅니다.

그러니 이 연습을 할 때 어떤 특정한 감정적 혹은 신체적 상태를 '이루는' 것이 목표가 아니라는 것을 항상 기억하세요. 이 연습은 당신이 진정 시스템에 연결되어 어떤 일이 일어나고 있는지를 확인할 수 있도록 돕기 위해 고안되었습니다. 어떤 사람들은 리듬을 찾으면 기분이 더 차분해지고 생각이 느려지며 긴장이 풀린다고 보고합니다. 어떤 사람들은 잠을 잘 준비를 하기 위해 이 연습을 하기도 합니다. 이것도 도움이 될 수 있지만 이 연습의 목적은 진정 시스템을 활성화시킬 수 있는 호흡 리듬에 주의를 집중하는 것을 배우는 것입니다. 당신은 마음에서 생각을 떨쳐 버리기 위해 노력하지 않습니다. 당신이 하는 모든 것은 마음이 방황할 때 그것을 알아차린 다음, 부드럽게 주의를 호흡에 집중하도록 되돌리는 것입니다. 따라서 '주의집중과 복귀'라는 모토를 사용해서 스스로를 안내할 수 있습니다. 주의 산만함을 알아차리고 호흡에 집중합니다. 100가지 생각, 혹은 1,000가지 생각이 있다고 해도 상관없습니다. 중요한 것은 알아차리고 난 뒤 최대한 부드럽고 친절하게 주의를 호흡으로 되돌리는 것입니다.

'주의집중과 복귀'를 훈련하면 마음이 점점 덜 흔들린다는 것을 알게 될 것입니다. 점점 더 쉬워지겠지만, 언젠가는 다른 사람들보다 더 쉬워질 거예요. 만약 훈련을 제대로 하고 있지 않거나 효과가 없을 것 같아 걱정이 된다면, 이 생각들을 전형적인 침입으로 알아차리고 호흡에 주의를 돌려 보세요. 기억해야 할 것은 방황하는 마음은 정상이고, 방황하는 마음은 실제로 우리가 나중에 작업할 매우 유용한 정보를 줄 수 있다는 것입니다. 그러니 방황하는 마음에 화를 내거나 자기비난을 하지 마세요. 그저 당신의 호흡에 주의를 다시 집중하세요. 우리 마음이 어떻게 방황하는지를 알아차리는 것이 마음챙김의 시작입니다.

(녹음 끝)

버스에 앉아 있거나 서 있을 때조차도 언제 어디서나 이 연습을 할 수 있다. 이 연습은 단지 호흡에 집중할 수 있는 순간을 스스로에게 허락하고 마음이 하나의 초점으로 돌아오도록 하는 것이다. 중요한 것은 마음챙김의 결과가 아니라 그 과정에 주의를 기울이는 것이다. 이것은 잠자는 것과 비슷하다. 즉, 잠을 자는 데 도움이 되는 주변 환경을 만들려고 노력하면서 '잠이 들었는지' '자고 있는지'에 너무 많이 집중하다 보면 오히려 잠자는 것은 더 어려워진다.

4. 요약

이 장에서는 어떻게 마음챙김을 더 잘할 수 있는지, 그리고 위협에 기반한 마음과 자비의 마음이 발현되는 것을 알아차릴 수 있는 마음속 공간을 어떻게 만들어 낼 수 있는지에 대한 이해를 높일 수 있었다. 마음챙김의 핵심 요소 중 하나는 마음챙김을 기억하는 것이다. 우리가 의도적으로 (호흡이나 다른 활동에 집중함으로써) 마음챙김을 연습하면서 시간을 보낼 수도 있지만, 진정한 이득은 삶의 매 순간을 보다 마음챙김하면서 살 수 있다는 것을 인식할 때 생긴다. 따라서 마음챙김은 삶의 많은 부분에서 우리가 사용할 수 있는 접근 방식이고, 실제로 우리가 하는 모든 것에서 더 마음챙김을 실천할 수 있다.

진정 시스템을 경험하고 실제로 마음챙김을 하도록 돕기 위해 호흡에 초점을 맞춘 몇 가지 연습을 안내하면서 이 장을 마무리했다.

다음 장에서는 자비의 마음을 기르기 위해 자신을 훈련시키고, 우리와 우리의 외상성 경험에 적용되는 자비의 여러 다른 측면을 탐구할 것이다. 자비를 기른다고 해서 위협에 초점을 두고 있는 외상을 입은(traumatized) 마음이 즉시 없어지지는 않을 것이다. 빠르게 흐르는 강 위에서 노 없는 카누를 타고 있는 것과 같은 위협적인 심리 상태를 인식하는 것을 배우고 다시 집중하기 시작하는 것이다. 노를 찾아서 카누를 조종하는 데 사용하기 시작하면 카누는 좀 더 우리의 통제하에 놓이게 될 것이다. 자비를 기르는 것도 그것이 우리의 문제를 즉시 없애 주지는 않지만 힘들고 고통스러운 감정을 견딜 수 있도록 도와줄 수는 있다. 그 결과, 우리는 생각을 통제하고 지시하기 시작해서 트라우마로부터 치유될 수 있다.

제8장

자비의 느낌에 접근할 수 있는 기술 개발

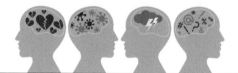

이 장에서는 일련의 이미지 연습을 사용해서 자비의 마음을 기르는 연습을 시작할 것이다. 이것은 자신을 진정시키고 뇌에 자비의 패턴을 발달시키기 위해 고안되었다.

이러한 이미지 연습은 마음과 몸을 자극하여 자비의 상태로 만들 수 있는데, 결국 이 자비의 상태가 인간의 취약성과 약함에 대한 대처에 도움이 될 것이다. 이 연습을 한 사람들의 경험은 매우 다양하다. 어떤 연습은 다른 연습보다 더 쉽거나 혹은 더 효과적일 수도 있다. 우리 중에는 자기─친절을 빨리 경험하는 사람도 있고, 자기자비라는 개념 자체에 상당한 저항을 느끼는 사람도 있다. 중요한 것은 당신이 왜 자기─친절을 기르려고 하는지를 자신에게 상기시켜 주는 것이다. 뇌가 어떻게 작동하는지에 대해 배우고 통찰한 것들을 모두 사용해서, 자비심을 기르는 목적이 위협 시스템을 조절하기 위한 것이라는 점을 기억해야 한다. 만약 당신이 이 생각 중 일부를 받아들이거나 연습을 지속하는 것이 어렵다고 여겨지면, 자비를 기르는 방법에 대한 보다 기술적인 정보를 이해하는 데 초점을 맞추는 것이 도움이 될 수 있다. 제5장, 제6장, 제7장을 다시 읽어 보면 좋을 것 같다. 이를 통해 자비의 특징을 이해하고 삶에 대한 자비의 접근이 당신에게 주는 가치를 이해할 수 있을 것이다.

더불어 이것은 당신이 경험하고 있을지 모르는 남아 있는 저항감을 극복하는 데에도 도움이 될 수 있을 것이다.

자신의 페이스에 맞게 연습하고, 지속적으로 주의 깊게 관찰하는 것(자신의 생각을 알아차리고 초점으로 돌아가는 것)을 기억하라. 그리고 무엇보다도 연습하는 동안 자신에게 부드럽게 대하라. 당신은 자신에게 맞는 속도로 연습하고 있는 것이다.

연습에 대한 당신의 반응과 생각을 메모할 수 있는 노트가 있다면 큰 도움이 될 수 있다. 당신이 경험한 통찰을 기록하는 것도 좋은 방법이고, 만약 다르게 반응할 때를 위한 플롯을 작성하는 것도 도움이 된다. 연습하는 동안과 연습이 끝난 후에 떠오르는 생각을 적어 두면 스스로에게 좋은 투자가 된다.

1. 자비의 심상 활용

자비 초점 연습과 심상은 마음속에 정신적 심상을 간직하는 능력을 사용해서 특정한 종류의 뇌 시스템을 자극하는 느낌을 만들어 내도록 고안되었다. 심상은 우리의 정신 상태와 정서를 변화시키는 강력한 방법이다. 마음이 외상을 입었을 때 우리는 과거에 일어났거나 미래에 일어날지도 모르는 끔찍한 일들에 대한 정신적 심상으로 고문을 당할 수도 있다. 그런 심상들은 순전한 공포이며 정서 상태에 큰 영향을 미친다. 따라서 이러한 부정적 심상과 정서가 마음속에 자리 잡게 하지 말고, 진정 시스템을 자극할 수 있는 긍정적 심상을 의도적으로 선택함으로써 우리에게 유리하게 사용할 수 있다. 이것은 결국 위협 시스템을 진정시키는 데 도움을 준다.

자비의 마음을 기르기 위해서 심상을 이용한 많은 것을 할 것이다. 심상이 트라우마 기억 작업에 사용할 수 있는 매우 효율적인 도구라는 것도 알게 될 것이다. 예를 들어, 플래시백 기억에 자비의 시각적 심상(compassionate imagery)과 자비의 심상(compassionate image)들을 가져와서 그 기억을 더 견 딜 만하고 덜 위협적인 것으로 만들 수도 있다.

제4장에서는 수치심과 사회적 위협이라는 개념을 탐색했는데, 이 개념은 우리가 누구인지를 두려워하는 것과 다른 사람의 마음에 우리가 어떻게 존재 하는지를 두려워하는 것 둘 다와 관련된다. 트라우마의 수치심으로 클리닉 을 찾은 고통받는 사람들은 사회적 위협과 관련된 심각한 공포 또한 경험한 다. 내가 만난 어떤 내담자들은 타인이 자신을 좋아한다는 느낌을 전혀 받은 적이 없거나, 혹은 타인이 자신을 친절하거나 사랑스럽다고 여길 것이라는 생각을 전혀 가진 적이 없었다. 또한 그들은 심각한 자기비난과 자기혐오를 할 정도로 '마음속에서 안전함'을 느끼지 못했다. 따라서 그들은 인생에서 무 언가 잘못되었을 때 자신을 지지하고 타당화하거나 자기자비를 하는 것이 어 려울 수 있다. 이러한 지속적이고 비판적인 타격이 머리에서 일어나는 것은 전혀 도움이 되지 않으며 기분을 더 나쁘게 만든다. 만약 비판적 생각이 떠오 를 때, 의도적으로 자신의 주의를 마음챙김으로 돌리고, 자신의 생각과 느낌 을 관찰하며, 스스로를 향한 친절하고 지지적인 방향의 생각에 다시 집중하 기로 선택한다면(그 결과 만족 및 진정 시스템으로 우리의 주의를 돌림), 어떤 잠 재적인 효과가 있을지 생각해 보라.

때로 만족 및 진정 시스템을 활성화하고 주의를 돌리는 것을 설명하기 위해 기찻길이라는 은유를 사용한다. 우리의 진정 시스템은 기차가 거의 달린 적 이 없는 선로다. 어떤 기찻길은 녹슬었거나 무성한 나무들로 뒤덮여 있고, 어 떤 기찻길에는 나무가 쓰러져 있기도 하다. 하지만 만약 우리가 한동안 사용 되지 않았던 선로를 정리하고 새로운 선로를 몇 개 놓으면 기차는 자기자비 라는 목적지에 도착할 수 있다. 자비의 심상도 마찬가지다. 자비의 심상 또한 우리에게서 장애물을 치우고, 이전에는 경험하지 못한 새로운 자비의 경험을 하도록 도움을 줄 수 있다. 마치 열차 선로가 놓여 있지 않았던 빈 곳에 채워 진 빛나는 새 선로처럼 말이다. 자비의 심상은 뇌에서 진정 시스템을 활성화하고 자기자비로 향해 가는 기찻길이 원활하게 작동하도록 할 수 있다.

이 섹션에서 우리는 컴패션 마인드 재단 웹 사이트(www.compassionatemind. co.uk)에서 발전시킨 일련의 과정을 연습함으로써 계속해서 자기자비를 개발해 나갈 것이다. 이 과정은 폴 길버트 교수와 재단의 친절한 허락을 받아 구성된 것이다.

2. 자비의 심상 이해

먼저, '심상'을 언급할 때 그 의미가 무엇인지 명확히 하는 것이 좋겠다. 정신적 심상은 순간적이고 모호할 수 있다. 다시 말해서, 선명하고 뚜렷한 시각적 심상은 없고 감각 혹은 인상을 만들 수 있다. 많은 경우 마음속에 심상을 만들어 보라고 하면 사진처럼 선명한 심상을 떠올리기 어려우며 심상 연습을 잘'하지' 못하는 것은 매우 당연하다. 그러나 좋은 소식은 사실 심상은 주로 순간적이고 흐릿해서 막연한 감각이나 인상만을 만들어 낸다는 점이다. 예를 들어, 자전거를 떠올려 보라고 하면 마음속에 무엇이 떠오르는가? 우리 대부분은 자전거의 주요 특징들인 바퀴 2개, 페달, 자전거 시트 등을 순간적으로 볼 수 있는 심상으로 떠올릴 것이다. 물론 이 심상을 통해 자전거를 식별할 수 있지만, 마음속에 떠오른 심상이 약간 마모된 브레이크나 바람이 약간 빠진 타이어에 묻은 붉은 진흙을 시각화한 상세한 심상일 가능성은 낮다. 심상을 '떠올릴 때' 필요한 것은 선명한 그림으로 나타나지 않는, 순간적이고 단편적인 심상으로 충분하다.

성적 자극을 위한 신체적인 느낌을 만들어 내기 위해 종종 심상을 사용한다. 잠시 책 읽는 것을 멈추고 누군가 당신을 웃게 만들었던 순간을 떠올려 보라. 눈을 감고 그 일을 정말로 기억해 보라. 이제 밖에서 당신 자신을 쳐다보고, 웃고 있는 당신 자신과 당신 주변에서 일어나는 모든 것을 살펴보라. 이 작업을 1~2분 정도 하면서 몸 안에서 무슨 일이 생기는지 주목하라. 마치 기억 속의 감정이 되살아나는 것처럼 당신 얼굴이 미소 짓기 시작했을지도 모른다.

이것은 기억을 되살리기 위해 심상을 사용하는 것이다. 플래시백이나 '트라우마 심상'이 발생하면 그것은 위협 시스템에서 출발해서 요청하지도 않았는데도 원치 않는 상태에 도달하게 된다. 따라서 다음 연습의 목적 중 하나는 **만족 및 진정 시스템**에서 긍정적인 심상을 만들어서 트라우마 심상의 위협을 줄일 수 있게 하는 것이다.

3. 후각에 관한 작지만 중요한 노트

오감(시각, 청각, 후각, 촉각, 미각) 중에서 후각은 뇌로 가는 가장 빠른 경로다. 위험을 눈으로 보기 훨씬 전에 종종 냄새로 맡을 수 있기 때문에 이것은 진화적으로도 일치하는 말이다. 냄새는 정서적 기억에 대한 매우 중요한 트리거가 될 수 있고, 후각 플래시백(현재 그곳에는 없고, 다른 사람은 냄새를 맡지 않지만 우리는 냄새를 맡을 수 있는 것처럼 트라우마와 관련됨)은 고통받는 사람들에게 두려움과 불안 또는 혐오와 같은 위협에 기반된 정서들을 활성화시키는 힘을 가지고 있다고 알려져 있다. 따라서 냄새는 위협 시스템을 빠르게 촉발시킨다. 하지만 **만족 및 진정 시스템**을 촉발시키는 행복한 기억을 떠오르게 할 수도 있다. 예를 들어, 우리는 행복한 기억을 떠올리고 따뜻하게 느끼게 되는 냄새(향수, 음식 등)를 떠올릴 수도 있다.

이제 여러분 중 일부는 자기진정 시스템을 특정한 냄새와 연결시키는 훈련을 해 보고 싶을 수 있다. 당신이 좋아하고 당신을 기분 좋게 하는 냄새를 생각할 수 있는가? 우리가 가장 좋아하는 냄새는 향수, 에센셜 오일, 후추, 방금 간 커피, 신선한 빵, 갓 자른 잔디 등이다. 목록을 읽으면서 무언가 떠오르는가? 당신은 냄새 기억을 가지고 있는가?

향수, 애프터 셰이브, 에센셜 오일처럼 당신이 좋아하고 쉽게 다시 만들 수 있는 냄새나 향을 선택했다면, 다음 연습의 시작과 중간, 그리고 끝에 냄새를 맡으며 진행하기를 제안한다. 그렇게 하면 당신의 느낌이 냄새와 연결될 수 있는 기회가 극대화될 것이다. 만약 이것이 당신에게 효과가 있다면, 플래시백이 있을 때 자비로운 느낌을 촉발시키기 위해 그 냄새를 사용하게 될 것이다(이것은 제8장에서 설명할 예정임). 일단은 그저 연결을 만들어 내는 데에만 집중하라.

4. 진정 리듬 호흡

모든 심상화 연습은 진정 리듬 호흡으로 시작할 것이다. 그것이 호흡을 늦추고 내쉬는 숨에 집중하여 우리를 차분하게 하도록 돕기 때문이다. 192페이지를 참고하라. 모든 사람이 진정 리듬 호흡에 편안함을 느끼는 것은 아니기 때문에 그냥 평소의 호흡을 하고 싶어 할 수 있다. 호흡 연습의 핵심은 속도를 늦추고 연습을 할 수 있도록 공간을 만드는 것이다.

5. '안전한 장소'의 개발

위협을 느낄 때 마음속 안전한 장소로 가는 것은 매우 도움이 되고 마음을 진정시키는 경험이 될 수 있다. 나는 클리닉을 찾아온 트라우마 내담자들과 안전한 장소 심상을 개발하는 데 많은 시간을 사용한다. 그런 다음 그들이 이 것을 사용해서 플래시백을 견디고 끝내며, '안전'과 평온함을 조성하여 위협 시스템 자체를 끌 수 있도록 돕는다. 안전한 장소 심상은 외상성 경험이 안전에 대한 두려움과 신체적 위협을 포함하고 있을 때 특히 유용하다.

당신은 이미 '안전한 장소'를 가지고 있다는 것을 발견할지도 모른다. 우리는 슬프거나 속상할 때 자신에게 더 나은 장소가 있다는 것을 깨닫거나 과거의 행복한 기억을 떠올리기 때문이다. '안전한 장소' 연습은 우리가 진정 시스템을 활성화시키는 이런 자연스러운 방법에 기반하고 있다. 안전과 평온함을 느끼면 우리는 더 많은 자비의 마음을 가지고 우리의 기억에 대해 생각할 수 있게 된다. 더 쉽게 그 기억들을 견디고 참을 수 있기 때문에, 고통을 끝내기 위해서 별로 도움이 되지 않는 행동을 할 필요가 없다는 것을 알게 될 것이다.

어떤 사람들은 자신이 좋아하거나 안전하다고 느끼는 장소에 대해 명확한 생각을 가지고 있지만 어떤 사람들은 그렇지 않을 수 있다. 또한 슬프게도 우리 중 몇몇은 신체적으로 안전하다고 느껴 본 적이 전혀 없다. 따라서 시작하기 전에, 당신이 안전하다고 느낄 수 있는 장소에 대해 생각해 보고 싶을 수 있다. 그 장소가 실제로 존재할 필요는 없다. 그것이 바로 인간 마음의 경이로운 측면이다. 즉, 우리는 환상의 심상을 만들 수 있는데, 환상의 심상도 여전히 뇌의 화학적 측면에 영향을 미친다. 심상을 만들어 내는 데 도움이 되는 몇 가지 질문은 다음과 같다.

- 안전한 장소는 어떤 곳인가요?
- 내부인가요? 외부인가요?
- 외부라면 그곳의 날씨는 어떤가요?
- 당신을 둘러싼 주변의 색깔은 무엇인가요?

우리는 안전하고, 차분하며, 만족감을 느낄 수 있는 장소를 만드는 것을 목표로 하고 있다. 실제 장소가 될 수도 있고, 만들어 낸 장소가 될 수도 있다. 어떤 장소가 우리를 안전하게 느낄 수 있게 도와준다고 생각하는 것이 이 연습의 중요한 부분이다. 여러분 중 일부는 이것에 대해서 전혀 생각해 보지 못했을 수도 있다. 마치 당신이 처음으로 무언가를 창조해 내는 예술가인 것처럼 여기서 '이것'을 좋아하는지, 아니면 저기서 '저것'을 선호하는지를 보고 호기심과 흥미를 가지고 연습에 참여하도록 노력하라.

만약 실제 장소를 사용한다면, 비탄이나 슬픔과 같은 감정이 관련된 장소는 사용하지 않도록 하라. 심상화 연습을 할 때 이런 느낌이 활성화되면 도움이 되지 않을 것이다(적어도 이때에는). 왜냐하면 이 연습의 목적은 안전한 느낌에 접근하는 것이기 때문이다.

우리는 또한 순수한 안전감과 안전한 자유로움을 구분할 필요가 있다. 예를 들어, 누군가는 철문 뒤에 자신을 가둘 수 있을 때 안전감을 느낄 수 있다. 이것이 이해가 되기는 하지만, 그것은 자신을 안에 가두는 것이고 자신이 있는 곳에서 어떤 자유로움과 즐거움도 얻지 못하는 것이다. 따라서 '안전'의 의미는 당신이 원하는 곳 어디든 안전하게 이동할 수 있다는 것을 의미한다. 그곳은 당신이 아무것도 걱정할 필요 없는 자유의 장소다.

우리는 심상을 의도적으로 만들고, 그것이 어떻게 우리를 안전하게 느끼도록 돕는가라는 측면에서 심상의 가치를 탐구하는 데 마음을 집중하는 것을 배우고 있다.

연습 8-1 당신의 안전한 장소 상상하기

(녹음 시작)

적어도 10분 동안 방해받지 않고 편하게 앉아 있을 수 있는 장소를 찾는 것부터 시작하세요. 진정 리듬 호흡을 진행하세요(192페이지 참조). 호흡에 집중하면서 호흡이 고르게 천천히 횡격막까지 내려오게 한 다음 다시 천천히 고르게 내쉬세요. 숨을 들이쉬고 내쉬는 것에만 집중하세요.

안전감 느끼기

준비가 되면, 당신에게 안전하고 평온한 느낌을 줄 수 있는 장소를 마음속에 만들어 보세요. 당신을 안전하다고 느끼게 하려고 애쓰는 것이 아니라, 단지 편안하고 안전하며 평온하고 만족스럽게 느낄 수 있는 장소를 상상하려고 하면 됩니다. 괜찮다면 눈을 감으셔도 됩니다. 눈을 감지 않고 안전한 장소로 여겨지는 마음속 심상이나 사진 또는 기억에 주의를 집중해도 좋습니다. 또는 조약돌이나 조개껍데기에 주의를 집중하면서 눈을 감지 않고 안전한 장소를 상상할 수도 있습니다.

안전한 장소에 대한 상상을 만들었다면, 시각, 촉각, 청각을 통해서 그 안전한 장소에 어떤 세부사항을 더할지 상상해 보세요. 다음 예와 같이 볼 수 있는 항목에서부터 시작합니다.

- 당신 주변에는 어떤 색이 있습니까? 어두운가요? 밝은가요?
- 만약 당신이 밖에 있다면, 어디에 있습니까?
- 당신은 바닷가에 있습니까? 어떤가요? 모래가 많고 자갈이 많은가요?
- 당신은 정원에 있나요? 시골인가요?
- 주변에 나무나 다른 식물이 있나요?
- 하늘은 어떻게 생겼나요?

이제 촉각으로 넘어갑니다.

- 안전한 장소에 있나요? 자신의 모습을 보고 있나요? 아니면 그냥 모든 것을 보고 있나요?
- 당신은 무엇을 하고 있고, 무엇을 느낄 수 있습니까?
- 걷고 있습니까? 그렇다면 어디를 걷고 있습니까?
- 누워 있습니까, 앉아 있습니까? 어떤 느낌인가요?

이제 부드럽고 시원한 바람이나 얼굴에 와 닿는 태양의 따뜻함과 같은 다른 감각을 생각해 봅니다.

무슨 소리가 들리나요?

- 물소리, 파도가 찰싹거리는 소리, 시냇물이 졸졸 흐르는 소리 혹은 폭포 소리?
- 멀리 새소리나 양떼 우는 소리, 비둘기 소리 혹은 부드러운 엔진 소리가 들립니까?

아주 자연스럽게, 당신의 방황하는 마음은 단 몇 초 만에 당신을 여기에서 데려간다는 것을 기억하세요. 그래서 그것이 언제 일어나는지 알아차리고, 관심을 당신이 가장 매력적이라고 생각하는 안전한 장소 심상으로 부드럽게 되돌립니다. 특정한 심상으로 되돌릴 때, 부드럽게 그 심상을 확장해서 안전한 장소의 다른 부분을 다시 만듭니다.

어떤 사람들은 안전한 장소에 있는 자신을 상상하는 것이 도움이 된다고 생각합니다. 즉, 안전한 장소에 있는 자신의 얼굴 표정을 상상하는 것, 안전하고 편안하고 만족감을 느낄 때 어떻게 앉거나 누워 있는지 상상하는 것이 도움이 된다고 생각합니다. 어떤 사람들은 그저 안전한 장소와 자신이 그 안에 있다는 느낌을 상상하는 것을 선호합니다. 어느 쪽이든 좋습니다.

안전한 장소에는 '옳고 그름'이 없습니다. 그곳은 단지 당신이 안전하다고 느끼는 장소이고, 하루 중 특정 시간이나 특정한 고통을 경험하고 있을 때는 다른 심상이 더 효과가 있다고 생각할 수 있습니다.

조금만 연습하면 당신에게 정말 효과가 있는 심상을 찾을 수 있을 거예요. 기억하십시오. 심상은 완벽한 'HD 3D 서라운드 사운드 및 스멜오비전(smello-vision)'[1]은 아니므로, 심상에 더 잘 집중하도록 더 많은 리마인더를 개발해야 할 수도 있습니다. 안전한 장소가 있을 때, 안전한 장소를 떠올리고 머무를 수 있도록 자신만의 대본을 작성하는 것이 도움이 될 수 있습니다. 재생할 수 있는 당신만의 CD를 만들 수 있도록 이것을 녹음하는 것도 좋습니다.

조화로운 느낌

자비의 마음에 접근하는 데 있어서 우리는 심상에 중요한 부분을 추가하는데 이것 또한 진정 및 자비 시스템을 자극하도록 고안되었습니다. 몇 분 동안 안전한 장소를 상상하고 준비가 되면, 이곳이 당신에 의해 만들어진 곳이고, 이곳이 당신을 정말로 환영하고, 당신이 여기에 있기를 바라며, 당신에게 안전감과 휴식을 제공하고 싶어 한다고 상상해 보세요. 어떤 장소가 당신에게 뭔가를 원한다는 것이 이상하게 느껴질 수도 있지만, 이것이 당신에게 어떻게 느껴지는지 살펴보세요. 이 장소와 조화를 이루는 느낌

---

1) 역자 주: 스멜오비전은 영화 상영 중에 냄새를 방출하여, 관객이 영화 속에서 일어나는 사건을 '냄새'로 체험할 수 있는 시스템이다.

에 집중합니다. 당신이 만족스러워하거나 자비의 표정을 짓는 것을 상상한다면. 이것
은 안전한 장소와 조화를 이루는 느낌을 갖는 것에 도움이 된다는 것을 발견할 수 있
을 것입니다.

안전한 장소와 조화를 이루는 느낌을 갖는 것이 어려울 수도 있습니다. 걱정하지 마
세요. 시간을 들이고 연습을 하게 되면서 이 느낌이 생길 것입니다. 어떤 것도 강요되
지 않는다는 것을 항상 기억하세요. 이 심상에서 당신 자신을 안전하게 느끼게 만들려
고 노력하지 마세요. 당신은 부드럽고 호기심 많은 연습에 참여함으로써 시간이 지남
에 따라 안전감이 어떻게 길러지는지 보게 되는 것입니다. 이 연습을 하면서 당신이 안
전하다고 느낄 수 있는 것이 무엇인지를 계속 탐색하게 되면 안전한 장소가 변화된다
는 것을 알게 될 것입니다.

(녹음 끝)

어떤 사람들은 이 연습을 할 때 매우 졸릴 수 있고, 어떤 사람들은 잠을 자
는 데 이 연습을 사용하기도 한다. 그것도 괜찮다. 그러나 이 맥락에서 심상
을 사용하는 주된 목적은 진정 시스템을 활성화시키는 것이다. 그래야 우리
가 성취 및 활성화 혹은 위협 시스템에 휘말렸을 때보다 어려움을 좀 더 쉽게
다룰 수 있기 때문이다. 이 목적을 염두에 두고, 잠들지 않고 '경계' 자세를 취
하도록 자신을 상기시키라. 등의 일부분이 의자에 닿게 하고 당신이 생각한
바른 자세를 인식하면서, 의자에 똑바로 앉기 위해 의식적으로 노력하라.

6. 심상을 통해 자비의 마음 개발하기

자비 중심 연습은 다음의 네 가지 주요 방법에 초점을 맞춘다.

• 내면의 자비로운 자기를 개발한다. 이 연습에서는 배우들이 역할에 몰입할

때 하는 것처럼 자비로운 자기에 대한 감각을 만드는 데 초점을 맞출 것이다.

• 자비가 우리에게서 타인에게로 흘러간다. 우리는 타인에 대한 자비로운 느낌으로 우리의 마음을 채울 때 몸의 느낌에 집중한다.

• 자비가 우리에게 흘러든다. 자비에 대해 마음을 열고 다른 사람의 친절에 반응하는 뇌의 영역을 자극하는 것에 집중한다.

• 자기자비. 우리 자신에게 자비로울 수 있는 자신의 능력을 가리키는 느낌, 생각, 경험을 개발하는 데 집중한다.

1) 자비의 자기 개발

살펴본 바와 같이, 우리는 모두 다양한 마음가짐을 경험하고 행동할 수 있는 능력을 지니고 있다. 우리는 많은 부분으로 이루어진 남성 또는 여성이다. 다음 일련의 연습에서 자비의 자기 부분들을 기르기 위해 작업할 것이다. 자비의 자기는 여러 중요한 자질을 가지고 있다.

(1) 지혜

지혜에는 여러 중요한 측면이 있다. 지혜는 경험을 통해 배운 방식이고, 우리를 변화시키고 사물의 본질에 대한 더 깊은 통찰력을 얻게 하는 방식이기도 하다. 선택하지도 디자인하지도 않은 수백만 년에 걸쳐 진화해 온 매우 골치 아픈 두뇌를 우리 모두가 지니고 있다는 것을 알게 되었다. 따라서 우리는 스스로를 부끄럽게 여기거나 비난하지 않고 우리 삶의 현실에 마음을 열기 시작할 수 있다.

우리가 지금 하고 있는 경험들은 수백만의 다른 사람을 감동시켰다. 우리는 혼자가 아니며 이러한 공통의 인간성은 우리 모두 같은 투쟁에 휘말려 있다는 것을 이해할 수 있게 한다. 이것은 우리가 특별히 나쁜 경험을 할 때 도움이 될 수 있다. 따라서 공통의 인간성에 당신의 마음과 가슴을 열고, 당신을 위해 거기에 있는 지혜를 사용하라. 당신은 이런 식으로 고통을 받는 첫 번째 사람도 아니고, 슬프게도 마지막도 아닐 것이다.

두 번째 통찰은 우리가 지니고 있는 자기에 대한 감각과 기억이 자신의 인생 경험에서 나온다는 점이다. 이것은 우리가 태어난 관계와 상황이다. 세 번째 통찰은 정서와 생각이 오고 간다는 점이다. 즉, 어떤 것도 영원하지 않으며 모든 것은 변한다. 이것이 만물의 본질이다.

물론 지혜의 가장 중요한 측면은 당신이 고통받고 있고, 더 이상 고통받고 싶지 않다는 것을 인식하는 것이다. 당신이 겪는 고통의 원인과 이것에 대한 위협 시스템의 역할을 이해하는 것은 마음이 작동하는 방식을 변화시키는 데 매우 중요하다. 자신의 앞과 뒤를 보는 것은 매우 어려울 수 있겠지만, 이제 당신은 위협 시스템과 트라우마 기억과의 연관성을 인식할 수 있는 지혜와 통찰을 갖게 되었다. 이제 위협 시스템을 조절하고 완화시키기 위한 진정 시스템을 개발하는 것의 가치를 알게 되었다. 이 새로운 지혜는 당신이 치유의 여정을 시작할 수 있게 해 주기 때문에 중요하다.

자비의 자기는 몸과 뇌에 대한 디자인이나 태어난 삶을 자신이 선택하지 않았다는 것을 알고 있다. 우리는 그저 물려받은 뇌와 몸으로 할 수 있는 최선을 다하며 이 행성에 있는 우리 자신을 발견했을 뿐이다. 마음속에 일어나고 있는 것 중 일부(강력한 정서, 기분 변화, 원치 않는 생각이나 심상, 고통스러운 기억)를 가지고 작업하는 것은 '우리의 잘못이 아니며' 어려울 수 있다. 지혜는 우리가 선택하지 않은 이 모든 것이 '우리 자신의 잘못도 없이' 고통의 원인이 될 수 있다는 것을 알고 있다.

(2) 권위와 힘

사람들은 종종 자비와 나약함을 혼동하지만 어느 정도의 권위와 힘이 없는 자비는 있을 수 없다. 자비는 단지 좋은 소망과 감정이 아니다. 우리가 자신의 소망을 행동으로 옮기는 방식은 인내심과 용기의 발전과 깊이 관련된다. 그것은 우리에게 자신감과 권위에 대한 내적 감각을 제공할 수 있으며 지혜에서 비롯된다. 힘은 우리에게 고통을 직면하고 치유하려고 노력하는 헌신과 결의를 주는 데 도움이 된다. 내면의 힘을 상상할 때, 우리는 스스로를 실제보다 더 나이가 많거나 더 크다고 상상할 수 있다. 우리는 스스로가 어려움을 헤쳐 나아가는 것을 상상할 수 있다.

(3) 따뜻한 동기부여

자비로운 동기를 개발하는 것은 우리 작업의 중요한 측면이다. 고통을 이해하고, 새로운 지혜를 가지고 있고, 앞으로 나아갈 길을 볼 수 있기 때문에 고통에 대해서 무언가를 하고자 하는 동기를 갖게 된다. 그리고 이것은 우리의 의도를 강화시킨다. 여기에서는 온화하지만 확고한 방식으로 고통을 완화시키려는 우리의 의도에 초점을 맞춘다. 이 따뜻함은 열린 친절과 같다. 이런 종류의 친절은 단지 친절하게 대하는 것이 아니라, 온화하고 따뜻하고 친근하고 개방적인 목소리와 태도로 도움이 되고자 하는 진정한 욕구를 갖는 것이다.

(4) 책임감

동기와 함께 책임지려는 욕구가 생긴다. 자비는 고통의 감수성에 대한 것이기 때문에 전념을 다해 자비에 대한 생각을 할 필요가 있다는 것을 알기 시작했다. 그것은 고통을 덜어 주고 해를 끼치지 않기 위해서(예: 자신과 타인을 가혹하게 비난함) 일어서서 고통에 용기 있게 대처함으로써 책임을 지는 것이다. 여기에서 우리는 삶의 도전을 외면하기보다는 마주하는 것에 초점을 둔다. 그것은 비록 어떤 것이 '우리의 잘못은 아니지만', 그것에 대해 최선을 다할 것을 우리 자신과 다른 사람들에게 약속할 수 있음을 인식하는 것이다. 한 번에 작은 단계라도 말이다. 따라서 책임은 과거의 일에 초점을 두고 비난하거나 비판하는 것이 아니라, 미래에 초점을 두고 지혜, 힘, 따뜻함에 기반하여 도움이 되는 방식으로 행동하기를 진심으로 원하는 것이다.

이것이 우리가 생각하는 자비의 자기가 지닌 핵심 특질들이다. 이러한 특성 각각에 초점을 맞추고, 그것 각각을 지니고 있다고 상상하면서 그것이 어떤 느낌인지, 그것이 우리 몸에 어떤 영향을 미치는지 알아차리는 연습을 할 것이다.

연습 8-2   자비의 자기

(녹음 시작)

이 연습은 자비심을 만들어 내는 느낌에 집중하도록 고안되었습니다. 우리가 자신이나 타인에게 자비로울 때 그것이 어떤 느낌인지를 알 수 있다면 도움이 됩니다. 이 연습을 할 때, 당신이 이런 자질을 가지고 있다고 느끼는지 아닌지는 중요하지 않다는 점을 명심하세요. 중요한 것은 당신이 그것을 가지고 있다고 상상하는 행위 자체입니다. 이것은 '메소드' 연기자들이 연기할 때 사용하는 접근의 한 유형입니다. 그들은 자신이 연기하는 캐릭터의 특징이 자신에게 있다고 상상합니다. 이런 방법으로 그들은 마음과 몸의 특정한 자질들을 자극하고, 이렇게 되면 연기는 설득력을 갖게 됩니다. 잠시 그들은 자신이 상상하는 캐릭터가 '되고', 종종 연기를 하지 않을 때조차도 '그 캐릭터에 머물게 됩니다'. 물론 역할이 끝나면 자신이 연기한 캐릭터와 어떤 것도 같고 싶지 않을지도 모릅니다(특히 만약 한니발 렉터를 연기했다면!). 자비 초점 연습에서는 당신이 지금 자비의 특징을 가지고 있다고 느끼는지 아닌지 혹은 자비의 특징을 갖고 싶어 하는지는 중요하지 않습니다. 자비 초점 연습은 중요하다고 상상하는 정신 상태에 자신을 두는 것입니다. 이것을 연습하는 정도와 강도는 그것이 얼마나 자연스럽게 발전하고, 더 자연스럽게 느껴지기 시작하는지와 관계가 있습니다.

방금 설명한 각각의 자질(지혜, 권위와 힘, 따뜻한 동기부여, 책임감)을 마음에 담은 채 당신이 그 자질들을 지니고 있다고 상상해 보세요. 각 자질들을 천천히 꾸준히 상상해 보세요. 어떤 자질은 다른 것보다 상상하기 더 쉽다는 것을 발견할 수 있습니다. 이것은 지극히 정상입니다. 각각의 특질이 어떻게 당신의 몸에 다른 영향을 주는지 주목해 보세요. 당신이 힘에 집중할 때와 친절함에 집중할 때 몸이 다르게 느껴지나요? 마음이 방황할 수 있고 혹은 집중할 수 없기 때문에 당신은 그것을 희미하게 느낄 수 있다는 것을 기억하세요. 이것은 새로운 것을 배우는 전형적인 모습입니다. 마치 피아노를 배우기 시작할 때 모든 손가락을 사용하면서 시작하는 것과 같습니다. 규칙적인 연습이 도움이 될 것입니다. 마음챙김은 생각이 방황하는 것을 관찰하고, 방황하는 생각을 부드럽게 되돌려서 그 당시 우리가 탐험하고 있는 특질에 집중하도록 하는 것임을 기억하세요.

연습을 시작하기 위해서 적어도 10분 동안은 방해받지 않고 조용히 앉아 있을 수 있는 장소를 찾으세요. 진정 리듬 호흡에 집중하여 속도를 줄이고 연습할 수 있는 공간을 만드세요. 몸이 느려졌다고 느낄 때(약간이라도), 자신이 매우 자비로운 사람이라고 상상하면 연습할 준비가 된 것입니다. 자비로운 사람으로서 당신이 가질 수 있는 각각의 특질을 차례로 생각해 봅니다. 각각에 적어도 1분 이상 집중합니다(할 수 있다면 더 길게).

이제 자비로운 사람이 되고 싶고 자비롭게 생각하고 행동하고 느낄 수 있는 사람이 되고 싶은 자신의 욕구에 집중합니다. 지혜라는 첫 번째 특질에 집중합니다. 삶과 마음과 몸의 본질에 대한 이해에서 나오는 지혜를 가진 현명한 사람이 되는 것을 상상해 보세요. 당신 내면에서 일어나는 많은 일이 당신의 잘못이 아니고 통제할 수 없었던 진화와 경험의 결과라는 것을 스스로 알고 있을 만큼 당신은 충분히 지혜롭습니다.

준비가 되고 지혜에 대한 감각이 생기면, 성숙함 및 권위의 감각과 함께 오는 힘이 자신에게 있다고 상상하는 것으로 전환합니다. 자신의 신체 자세를 탐색하고, 자신이 강하다는 생각과 일치하는 방식으로 자신감 있고 단호하게 앉거나 서 있는지 확인합니다. 얼굴 표정도 자신감이 있다는 느낌을 반영해야 합니다. 머리를 앞으로 숙이지 말고 똑바로 세우세요. 앉은 자세나 서 있는 자세는 자신감의 하나입니다. 다음을 기억하세요. 당신은 자신과 타인의 어려움을 비판단적으로 이해하고, 고통에 민감하며, 고통을 견딜 수 있는 자신감 있는 사람이라고 스스로를 상상하고 있습니다.

지혜와 힘이 느껴질 때, 따뜻함과 부드러운 친절의 특성에 집중합니다. 따뜻하고 친절한 모습을 상상해 보세요. 자비의 표정을 지어 보세요. 당신이 누군가에게 말하는 것을 상상하고, 당신 목소리에서 따뜻한 톤을 들어 보려고 해 보세요. 이제 그 따뜻함으로 다가가서 다른 사람에게 그것을 제공하는 것이 어떤 것인지 느껴 보세요. 따뜻함과 온화함으로 가득 차 있는 자신을 상상하고 있다는 것을 기억하세요.

다음에는, 책임감을 상상하는 것으로 넘어갑니다. 탓하거나 비난하는 것에 흥미를 잃었고 이제는 당신 자신과 다른 사람들이 앞으로 나아가도록 돕기 위해 최선을 다하고 싶다고 상상해 봅니다. 자비롭고 따뜻한 표정을 유지하면서 책임감을 가지고 자기개발의 자비로운 길에 전념하는 데 집중합니다.

마지막으로, 당신은 이 모든 자질을 가지고 있고, 자신에게, 그리고 다른 사람들과 함께 있는 방식에 이것을 통합시키는 것을 상상해 보세요.

모두 끝마치면 천천히 방으로 돌아오세요. 이 자질들을 지니고 있다는 것이 어떤 느낌인지, 그리고 그것이 당신이 원하는 미래의 행동 방식에 어떻게 영향을 미칠지 적어 봅니다.

(녹음 끝)

연습 8-3 당신이 최고일 때

(녹음 시작)

자비의 자기를 느끼고 연습하는 또 다른 방법은 자비를 느꼈거나 자비롭게 행동했을 때를 상기하는 시간을 갖는 것입니다. 살아가면서 어려운 일들로 힘들 때는 우리에게 자비의 능력이 있다는 사실을 잊기 쉽습니다. 그래서 다른 사람들에게 자비를 표현했던(아무리 작더라도) 때를 적극적으로 떠올리는 것은 당신이 자비의 자질을 가지고 있다는 것을 상기시키고, 이러한 특징을 더욱 강조할 수 있게 돕는다.

자비의 자기를 생각하는 한 가지 방법은 '당신이 최고일 때'입니다. 진정 리듬 호흡을 하거나 안전한 장소를 떠올리는 것으로 시작하세요. 그다음 당신이 누군가에게 친절하고 자비로웠으며 당신이 도움이 되었다는 것에 만족했던 때를 떠올려 봅니다. 누군가에게 친절을 베풀었을 때 생긴 느낌에 집중해 보세요. 친절함의 느낌과 누군가가 더 나아지고 번영하기를 바라는 진실한 소망을 느끼는 것이 무엇인지 기억하세요. 자비의 특질에 집중하듯, 돕고 싶어 하는 당신의 느낌과 친절함에 초점을 두는 것이 목표입니다.

너무나 괴로워하는 누군가에게 자비로웠던 때에 집중하지 않도록 합니다. 이 연습을 막 시작할 때는 특히 그렇습니다. 그 이유는 당신이 누군가의 고통을 기억하면서 속상해하는 것보다 친절한 행동에 집중하기를 바라기 때문입니다. 특정한 기억을 적고 그것이 고통스러운지를 확인하기 위해 '위험을 평가'하는 것이 도움이 될 수도 있습니다. 그렇지 않으면 자신의 자비의 자질에 주의를 기울이기보다는 고통에 집중하게 되고 고통을 완화할 수 없게 될 수도 있습니다.

당신 삶 속의 예에서 있었던 지혜, 힘, 따뜻함, 용기와 같은 자비의 자질들을 어떻게 마음에 떠올릴 수 있는지 살펴봄으로써 '당신이 최고일 때'에 대한 이미지를 발전시키세요.

자신의 지혜, 힘, 따뜻함, 용기를 스스로에게 제공할 때 자신의 자세와 표정, 목소리 톤에 집중합니다. 이 경험을 탐색하고 성찰할 수 있도록 이 연습에 충분한 시간을 할애하세요.

(녹음 끝)

2) 자기감

폴 길버트 교수는 불교 명상의 핵심은 **자기감**을 개발하고 깨달음을 얻는 것임을 일깨워 주었다. 불교의 실천은 자기의 핵심 특질을 개발하는 것이며(마음챙김과 자비와 같은), 이는 다시 우리에게 '자기의 본성'에 대한 새로운 통찰을 제공한다. 자비의 자기는 우리가 되고자 하는 것이기도 하다. 운동을 잘하고 싶고, 피아노를 잘 치고 싶고, 요리를 잘하고 싶고, 혹은 시를 잘 읽고 싶다면, 우리는 이러한 활동에 시간을 할애하고 연습해야 한다는 것을 알고 있다. 연습을 하면 할수록 우리는 우리가 되고 싶은 모습에 더 가까이 갈 수 있다.

자비를 기를 때도 마찬가지다. 연습을 하고 자비의 속성을 적극적으로 실천하면서 살아가는 데 시간을 할애할 필요가 있다. 상상 속에 있는 자비의 자기처럼 되겠다고 결정할 수 있다. 자비의 특질들을 지니고 실천하며 생각하고 노는 것을 상상함으로써 우리가 되고 싶은 것을 연습할 수 있다. 만약 누군가와 말다툼을 한다면, 속도를 늦추고 우리에게 흐르는 생각과 느낌을 관찰하고(마음챙김), 자비의 자기와 함께 어떻게 그 상황을 더 자비롭게 대처할 수 있을지 숙고하기로 결정할 수 있다. 우리가 어떤 사람이 되고 싶은지 결정하고 그 사람이 되는 연습을 할 수 있다.

7. 당신으로부터 타인에게 흘러가는 자비

여기에서의 초점은 다른 사람을 돕고 싶어 하는 당신의 바람과 그들에 대한 친절함과 따뜻함에 초점을 맞추는 것이다. 중요한 것은 당신의 행동과 의도라는 것을 명심하라. 느낌은 뒤에 따라온다.

여기에서는 세 가지 연습이 있다. 첫째, 자비의 자기가 지닌 특질들을 떠올리고, 당신의 자비가 당신이 아끼는 사람에게 흘러가서 그들에게 세 가지 중요한 자비 메시지를 주는 것을 상상한다. 둘째, 당신이 아끼는 어떤 개인이 삶에서 힘들어하는 상황을 돕기 위해 당신의 자비에 집중하고, 당신의 자비를 활용해서 그 개인을 돕고자 한다.

마지막 연습은 어떤 사람에게는 조금 더 까다로울 수 있다. 왜냐하면 우리는 자비를 받는 것을 탐구할 텐데, 우리 중 몇몇은 이것을 시작하는 것이 어려울 수도 있기 때문이다. 미루지 말고 천천히 계속해서 노력하라.

연습 8-4 **자비의 자기를 타인에게 집중하기**

(녹음 시작)

이 연습을 위해서 적어도 10분 동안 방해받지 않고 조용히 있을 수 있는 시간과 장소를 찾으세요. 몇 번의 깊고 느린 숨 정도라도 진정 리듬 호흡으로 시작하는 것을 다시 한 번 기억하세요. 이제 〈연습 8-3〉에서 했던 것처럼 '당신이 최고일 때'를 떠올립니다. 어떤 날은 다른 날보다 이것이 쉬울 수 있습니다. 아주 작은 빛이라도 시작이 될 수 있습니다.

그다음 당신이 아끼는 누군가를 집중해서 마음에 떠올려 봅니다(예: 배우자, 친구, 부모, 자녀, 반려동물, 혹은 식물). 이들을 마음에 떠올릴 때, 다음의 세 가지 기본적인 느낌과 생각을 그들에게 주는 것에 집중하세요.

당신이 건강하기를 바랍니다.

당신이 행복하기를 바랍니다.

당신이 번창하기를 바랍니다.

실제로 그 사람의 이름을 부르는 것이 도움이 될 수도 있습니다. '행복하기를 바랍니다. 드보라.'처럼. 자비의 느낌은 숨을 내쉴 때 접근하는 부교감 신경계와 연결되기 때문에 숨을 들이쉴 때보다 내쉴 때 머릿속으로 이 단어를 되뇌는 것이 중요합니다. 이는 단지 예시일 뿐이고, '안전하기를 바랍니다.' 또는 '고난을 극복하거나 고통에서 벗어날 수 있기를 바랍니다.'와 같은 다른 단어를 선택할 수도 있습니다. 따라서 그 사람에게 보내는 정확한 바람은 그 사람에 대한 당신 내면의 느낌에 달려 있지만, 우선 세 가지 좋은 시작점을 당신에게 제공한 것입니다.

중요한 것은 당신의 의도라는 것을 명심하십시오. 느낌은 그다음입니다. 천천히 온화하게, 상대방/동물/식물에 대한 바람과 소망에 집중합니다. 그들이 당신에게 미소 짓고 이러한 느낌을 공유하는 모습을 상상해 봅니다. 좋아요. 식물을 생각한다면 조금 어려울 수 있지만, 식물이 당신의 자비로운 소망을 받아서 '행복'하다고 상상해 보십시오. '타인'에 대한 당신의 진실한 바람에 잠시 동안 집중합니다.

마음챙김하는 것을 기억하세요. 만약 마음이 방황하더라도 그것은 문제가 아닙니다. 그저 부드럽고 친절하게 작업으로 다시 돌아오세요. 이 집중 연습을 통해 자신과 자신의 신체가 느끼는 느낌을 알아차리도록 노력합니다. 의식적인 수준에서 아무 일도 일어나지 않아도 걱정하지 마세요. 시도하는 행위 자체가 중요한 것입니다. 이것은 건강해지는 것과 같습니다. 체육관에 가거나 훈련 세션을 시작하면 의식적으로 달라진 것을 느끼기 전에 이미 당신의 신체는 즉시 반응할 것입니다.

(녹음 끝)

| 연습 8-5 | 타인에게 흘러가는 자비 |

(녹음 시작)

이 연습에서는 당신으로부터 다른 사람들에게 흘러가는 친절과 자비를 상상할 것입니다. 그러나 이 경우도 그들은 자신들 삶에서의 어려움에 직면할 것입니다. 〈연습 8-3〉과 마찬가지로 그 사람(또는 동물)이 매우 괴로웠던 시간을 선택하지 마십시오. 그러면 당신은 그 괴로움에 집중할 가능성이 높기 때문입니다. 당신이 돕고자 하는 사람이나 동물의 이름과 돕고자 하는 어려움을 적는 것이 준비하는 데 도움이 될 수 있습니다. 시작하기 전에 연습할 수 없을 정도로 문제가 고통스럽지는 않은지 확인하세요.

진정 리듬 호흡이나 안전한 장소 심상화 연습을 통해서 자비로운 마음가짐을 갖도록 하십시오. 연습의 각 요소에 1분 이상 쓰도록 하세요.

- 준비가 되었다고 느끼면 마음속에 가지고 있는 사람(또는 동물)에게 자비심을 느꼈던 때를 떠올려 봅니다.
- 당신이 더 침착해지고, 더 지혜로워지고, 더 강해지고, 더 성숙해져서 그 사람을 더 잘 도울 수 있다는 확장되는 자신을 상상합니다. 자신의 친절한 느낌을 기억하면서 몸에 주의를 기울입니다.
- 이제 따뜻함이 팽창되는 것을 상상하고 그것이 당신의 몸으로부터 타인에게로 흘러가는 것을 상상합니다. 타인이 고통에서 벗어나 잘 되기를 바라는 당신의 진정한 소망을 느껴 봅니다.
- 이제 당신의 목소리 톤과 타인을 돕기 위해 당신이 하고 싶은 말이나 행동에 집중합니다.
- 친절할 수 있다는 것에 대한 기쁨을 생각해 보십시오.
- 끝으로, 자비의 자기가 지닌 모든 자질을 결합하는 것에 집중합니다. 그 모든 것(도움이 되고 친절하고자 하는 바람, 따뜻함, 확장감, 목소리 톤, 당신의 목소리와 행동에 있는 지혜)이 다른 사람이나 동물에게 흘러가는 것을 상상해 봅니다.

연습을 마치면 이 연습을 하면서 어떤 느낌이 들었는지 몇 가지 메모를 적어 둡니다.
(녹음 끝)

8. 당신에게 흘러 들어가는 자비

많은 사람은 자비를 어떻게 제공하고 받아들이는지를 볼 수 있고, 자비가 다른 사람들에게 도움이 된다는 것도 알지만 그 자비를 자신을 위해 받아들이기는 매우 어렵다는 것을 알 수 있다. 자비의 마음은 다른 사람에게 자비의 마음을 주는 능력과 받는 능력을 모두 가지고 있다. 우리가 보았듯이 자비의 마음을 받는 우리의 능력은 진정 시스템을 활성화하고 결국 어려운 사건과 정서들을 관리하는 것을 돕는 데 매우 중요하다. 다음 연습에서는 다른 사람들이 주는 자비를 우리 삶에 허용하는 연습을 할 것이다.

첫 번째 연습은 다른 사람들이 우리에게 자비를 베풀었던 때를 기억하는 데 중점을 둔다. 괴로울 때 위협 시스템은 자연스럽게 우리에게 위험이 있다는 것에 초점을 맞추는데, 이것은 세상의 어떤 사람들이 우리에게 자비를 베풀었다는 사실을 '잊어버리는' 것을 의미한다. 여기서 핵심은 이러한 기억을 키움으로써 삶에서 자비의 마음을 지니고 있고, 자비가 주어질 때 이를 인식하고, 우리를 돕기 위해 자비를 베푸는 사람들과 교류하기 위한 기반으로 사용하는 것이다.

슬프게도, 때로 사람들은 누군가가 자신에게 특별히 자비로웠다는 것을 기억하지 못한다. 이것은 다양한 이유에서 발생할 수 있다. 아마도 그들이 너무 괴로워서 기억을 활성화하기 어려울 수 있고, 누군가가 그들에게 자비로웠던 경험이 거의 없기 때문일 수도 있다. 때로는 자비가 조건적이어서 이 기억을 활성화하는 것이 어려울 수도 있다. 그것은 그 사람이 생각하고 싶지 않은 대가를 치르고 있다는 것을 의미한다. 예를 들어, 그들이 기억하는 사람들은 한 순간에는 자비롭고 다음 순간에는 적대심을 나타내 예측하기가 매우 힘들었다. 또는 그 사람이 더 이상 곁에 없기 때문에 그 사람에게서 받은 자비의 기억이 너무 고통스럽고 마음에 떠오르지 않을 수도 있다. 그 사람을 회상하면 자비를 받았던 것에 초점을 맞추기보다 슬픔이 활성화되기 때문이다.

이렇듯 자비를 받은 기억을 활성화하는 것이 어려울 수 있다. 만약 이것을 어렵게 만든 경험이 있다면, 그것은 우리의 잘못이 아니고 실패나 개인의 능력 부족과도 관련이 없다. 그것은 단지 그렇게 된 것일 뿐이다! 그러나 그것은 우리에게 문제가 된다. 왜냐하면 우리는 다른 사람으로부터 우리에게 흘러 들어오는 자비의 심상을 처음부터 구축해야 하기 때문이다. 두 번째 연습은 이 문제를 해결하기 위해 고안되었다. 그것은 항상 의지할 수 있고 평생 동안 우리에게 자비를 제공할 수 있는 사람이나 사물의 심상을 개발하는 것이다. 비록 자비의 경험이 제한적이더라도 이전 연습에서 사용했던 자비에 관한 태생적인 지혜를 끌어냄으로써 이것을 할 수 있다.

연습 8-6 **당신에게로 흘러 들어가는 자비: 기억의 사용**

(녹음 시작)

여기에서는 자비로운 사람에 대한 기억을 활성화하는 것을 목표로 합니다. 이 기억은 당신이 매우 괴로웠을 때의 기억이 아니어야 하는데, 그 이유는 괴로웠을 때의 기억을 활성화하면 자비보다는 고통에 집중하게 되기 때문입니다. 연습의 요점은 당신을 돕고 당신에게 친절하고자 했던 다른 사람의 소망에 집중하는 것입니다. 연습의 각 단계에 1분 이상 할애하세요.

먼저, 자신의 몸이 느려지는 것을 느낄 수 있을 때까지 1분 정도 진정 리듬 호흡을 합니다. 몸이 느려지는 것을 느끼면, 자세가 자비로워질 수 있도록 하고 자비로운 이미지를 준비합니다. 예를 들어, 가슴과 어깨를 펴고 반쯤 웃는 표정을 짓습니다.

1. 준비가 되었다고 느끼면, 누군가가 당신에게 친절했던 기억을 떠올리세요.
2. 기억을 떠올리면서 친절과 따뜻한 감사의 빛을 주는 표정과 자세를 만듭니다.
3. 당신에게 친절했던 사람의 얼굴 표정과 몸 자세를 탐색합니다. 때로 그들이 당신을 향해 움직이거나, 당신에게 미소 짓거나, 머리를 한쪽으로 기울이는 것을 보는 것이 도움이 됩니다.

4. 기억의 중요한 감각적 특성에 집중하십시오. 먼저, 그 사람이 했던 말이나 목소리 톤에 1분 동안 집중하세요. 그다음 그 사람의 정서, 그 순간에 그들이 당신에게 진정으로 느꼈던 정서에 초점을 맞춥니다.

5. 이제 그 사람이 당신을 붙잡았는지, 만졌는지, 아니면 곁에 서 있거나 말을 했는지 등 전체 경험에 집중하세요. 당신이 위로받는 느낌과 연결되는 느낌을 그 사람이 어떻게 만들어 냈는지에 주목하세요. 그리고 도움받는 것에 대한 감사함과 즐거움의 느낌에 주목하세요. 위로, 연결, 도움받는 것에 대한 감사와 기쁨이 성장하게 하세요. 얼굴 표정을 가능한 한 자비롭게 유지하는 것을 기억하세요.

준비가 되면, 천천히 기억이 희미해지도록 하고, 연습을 끝내고 느낀 점을 기록하세요. 이러한 기억을 떠올리는 것이 비록 희미한 빛일지라도 내면에 자비의 느낌이 만들어진 것을 당신은 알아차렸을 수도 있습니다. 무슨 일이 있었나요? 당신을 놀라게 한 것이 있나요? 앞으로 연습을 계속하기 위해 어떤 작업을 하고 싶나요?

(녹음 끝)

9. 완벽한 양육자 심상 창조

우리가 다른 사람에게서 자비와 친절을 경험할 때, 다른 사람의 자비로운 마음이 우리에게 집중되어 있다는 것을 느끼고 감지할 때, 그것은 우리에게 아주 강력한 긍정적 영향을 미칠 수 있다. 뇌에는 다른 사람들로부터 친절을 받는 것에 매우 민감하게 반응하는 시스템이 있다. 그래서 우리는 이러한 시스템을 작동시키는 데 도움이 되는 연습을 개발하고자 한다. 왜냐하면 이것이 진정감과 내적 안정감을 만들어 내기 때문이다. 물론 우리 모두는 사람들과 실제로 자비로운 관계를 맺기 원하기 때문에, 이 연습이 그런 관계를 대체하기 위한 것은 아니다. 이 연습은 당신의 느낌과 정서를 돕기 위해 뇌를 자극하도록 고안되었다. 뇌의 이러한 측면들을 개발함으로써 외부 세계에 있는 다른 사람들과 자비로운 관계를 만들고 키우는 데 충분히 안전하다고 느낄 수 있게 된다. 스포츠에 비유하자면, 체육관에서 연습하는 것은 실제 경기를 하는 것과 같지 않다. 그러나 그 연습은 실제 게임을 할 때 도움이 될 수 있다.

연습 8-7 **완벽한 양육자 만들기**

이 연습에서는 당신의 '완벽한 양육자'를 만들어 볼 것입니다. 만약 당신의 안녕에 온전히 초점을 맞춘 누군가가 당신이 원하는 모든 것을 당신에게 줄 수 있다면 그 사람은 어떤 자질을 가지고 있을까요?

물론 어떤 사람들은 '나는 그럴 자격이 없어.' 혹은 '만약 누군가가 나와 정말 가까워서 내면부터 나를 잘 안다면 그 사람은 나를 좋아하지 않을 거야.'라고 생각하고 이 질문을 무시할 수도 있습니다. 그러나 이 연습의 핵심은 현재 상황을 판단하지 않고 다른 사람의 마음으로부터 완전히 자비를 받는 사람이라고 스스로를 상상하는 것입니다.

작업하기 위해 어떤 심상을 선택하든, 그것은 당신의 창조물이고 이상적인 것(보살핌을 받는다고 느낄 수 있는 존재)임을 주목하세요. 사람들의 첫 번째 심상이 나무나 색깔과 같은 무생물인 경우는 흔히 있는 일입니다. 어떤 경우는 자신의 완벽한 양육자가 인간 같기를 바라기도 합니다. 또 다른 경우는 동물이나 심지어 요정 같은 공상적인 캐릭터를 선호합니다. 어떤 사람은 자신의 동반자를 만들어 내는 것을 선호하는 반면, 어떤 사람은 책이나 영화의 가상 인물(예: 〈반지의 제왕〉에 나오는 간달프)을 생각해 내기도 합니다. 경험상 약간 복잡하기는 하지만 당신이 실제 알고 있는 사람을 활용할 수도 있어요. 종종, 우리가 아는 사람들은 항상 자비롭지 않습니다. 결국 그들도 그저 우리와 같은 인간일 뿐입니다! 또한 우리를 매우 자상하게 보살펴 주었지만 더 이상 우리와 함께 있지 않은, 어쩌면 돌아가셨을 수도 있거나 더 이상 볼 수 없는 선생님, 친구, 친척을 떠올릴 수도 있습니다. 따라서 심상은 슬픔과 그리움으로 뒤섞일 수 있기 때문에 완벽한 양육자에게서 받는 자비를 경험하고자 하는 이 연습의 목적에 방해가 될 수 있습니다.

당신의 완벽한 양육자가 어떤 모습을 하고 있든, 그들이 다음에 기술된 특정한 자질을 갖도록 하는 것이 중요합니다. 이 완전하고 완벽한 초인간적인 자질들을 가진 양육자의 이미지를 창조하고 마음에 떠올리는 연습을 할 것입니다. 그 자질들은 다음과 같습니다.

- 당신에 대한 깊은 헌신. 당신이 고난에 대처하고 고통을 경감시키고 행복을 누리는 데 도움을 주고자 하는 소망
- 당신의 아픔이나 고통에 압도되지 않고 당신과 함께 그것을 견디면서 현재에 머무는 마음의 힘
- 경험을 통해 얻은 지혜와 삶에서 겪는 어려움에 대한 진정한 이해(우리 모두는 그저 최선을 다하고 있는 '자신을 발견')
- 친절, 온화, 배려 및 개방성에 의해 전달되는 따뜻함
- 결코 판단하거나 비난하지 않고 당신의 어려움을 이해하고 당신을 있는 그대로 받아들이면서 당신을 돕고 지원하는 데 깊이 헌신하는 수용

[워크시트 1]은 완벽한 양육자 심상을 개발하는 것을 연습하도록 도울 것입니다. 중요한 체험 중 하나는 완벽한 양육자 이미지는 당신이 고통에서 자유로워지기를 원하고, 그리고/또는 당신이 어려움에 대처하고 번창하기를 진실로 바란다는 점입니다. 당신의 완벽한 양육자 심상은 우리 모두가 여기에서 자기가 할 수 있는 대로 살면서 마음과 삶에 최선을 다하려고 노력하는 있다는 것을 알고 있습니다. 그 심상은 또한 마음이 어렵고 감정이 우리 안에서 폭동을 일으킬 수 있을지라도 이것이 우리의 잘못은 아니라는 것을 이해합니다. 이 연습의 핵심은 시각적 명확성에 있는 것이 아닙니다. 실제로 어떤 사람들은 자신의 심상을 전혀 명확하게 보지 못합니다. 오히려 핵심은 당신 안으로 들어오는 자비로운 소망에 초점을 맞추고 실천하는 것입니다. 당신이 번창하기를 바라는 또 다른 마음을 상상하는 연습을 하고 있습니다.

이미지 작업을 시작하기 전에 [워크시트 1]을 완료하세요.

워크시트 1 **나의 완벽한 양육자 심상 만들기**

완벽한 양육자는 어떤 모습이길 원하나요?(예로, 신체적 외모, 크기, 색깔 등을 기술해 봅니다)
완벽한 양육자는 어떤 목소리이길 바라나요? 진정시키는?

차분한?

낮은?

부드러운?

강한?

완벽한 양육자는 어떤 향기가 나나요?

당신은 자비의 향기를 활용할 수 있나요?

완벽한 양육자는 어떤 질감을 가지고 있습니까? 예를 들어, 부드러운, 매끈한, 강한?

기억으로 인해 힘들 때, 완벽한 양육자가 어떻게 해 주기를 바라나요? 그가 당신을 위로할 수 있을까요?

무조건적인 수용?

비판단?

따뜻함, 배려, 친절?

힘과 지혜?

진심?

바람?

워크시트를 완료했으면 시작할 준비가 된 것입니다.

(녹음 시작)

방해받지 않는 곳에 앉아서 편안한 리듬 호흡을 하고 자비로운 표정을 지어 보세요. 그다음 안전한 곳을 떠올립니다. 이제 이곳은 당신이 완벽한 양육자 심상을 만든 뒤에 만나고 싶어 하는 장소가 될 수 있습니다. 완벽한 양육자 심상을 다른 곳에서 만나고 싶을 수도 있는데 그 또한 괜찮습니다. 중요한 것은 완벽한 양육자를 만나기 전에 당신이 안전하고 진정되는 느낌을 갖도록 만드는 것입니다.

완벽한 양육자 심상이 안전한 장소에 나타난다고 상상해 보세요. 그 심상이 안개 속에서 또렷해지면서 문을 열고 들어올 수도 있습니다. 당신 옆에 앉거나 서 있는 것을 상상해 보세요. 당신은 완벽한 양육자를 만지고 싶을 수 있고, 안기고 싶을 수도 있습니다. 그것도 괜찮습니다. 그저 완벽한 양육자가 당신이 편안하게 느끼는 방식으로, 그리고 당신이 안전하고 진정되었다고 느낄 수 있는 방식으로 당신과 함께 할 수 있도록 하세요.

먼저, 다른 사람의 마음이 당신을 진심으로 소중하게 생각하고, 당신을 무조건적으로 배려한다는 느낌에 집중하는 것이 어떤 것인지 경험하는 것을 연습하세요. 이제 당신을 따뜻한 마음으로 바라보고 있는 양육자 심상에 집중합니다. 그들이 당신을 위해 다음과 같은 깊은 소망을 가지고 있다고 상상해 봅니다.

당신이 잘 지내기를
당신이 행복하기를
당신이 고통에서 자유로워지기를

당신이 완벽한 양육자에게 의지해서 그들이 당신에게 헌신, 힘, 지혜, 수용을 제공할 수 있게 한다는 것을 의식하면서, 자비로운 경험을 받아들이고 마음을 열어 보세요.

당신은 아마도 사람들이 당신에게 자비롭지 않았던 기억들로 마음이 흘러가는 것을 알아차릴 수도 있습니다. 이것은 지극히 정상입니다. 당신의 양육자로부터 나오는 자비를 경험하는 것에 부드럽게 집중합니다.

이 연습을 10분 정도 하고 나서 다시 부드럽게 지금 여기로 돌아온 다음, 연습하면서 느낀 점을 적어 보세요.

(녹음 끝)

1) 당신이 만나게 되는 어려움

완벽한 양육자 심상을 만들기 위해 고군분투하는 것은 흔한 일이다. 당신은 '그래, 하지만 이건 진짜가 아니야. 나는 현실의 누군가가 나를 돌봐 주었으면 좋겠어.'라고 생각할 수도 있다. 물론 그것은 충분히 이해할 수 있고, 이 연습을 하는 것 자체가 당신을 슬프게 만들 수도 있다. 그 이유는 자신이 다른 사람과 연결되고 싶어 한다는 것을 직관적으로 인식하기 때문이다.

완벽한 양육자를 상상하는 목적은 당신이 다른 사람에게는 향할 수 있어도 자신에게는 향하기 어려울 수 있는 당신의 자비로운 측면을 개발하도록 돕는 것이다.

물론 배려하는 사람들을 찾고 그들의 자비를 받아들일 수 있게 되는 것은 바람직하다. 때로는 이런 사람들이 우리 삶에 있겠지만 우리가 그들의 자비를 받아들이기 힘들어하기 때문에 들어오는 것을 허용할 수가 없다. 또는 그들의 자비를 받아들일 수 있다 하더라도 우리가 원할 때 그 사람들이 가능하지 않을 수도 있다.

완벽한 양육자는 당신이 안전하다고 느낄 수 있는 방식과 속도로 자비를 받아들이는 연습을 하게 한다. 완벽한 양육자는 당신이 필요할 때는 언제든지 이용할 수 있고, 당신이 언제 힘들어하는지, 그리고 안전하다고 느끼기 위해 무엇이 필요한지를 이해하고 있다. 완벽한 양육자를 '둘 중 하나'의 선택으로 보지 말고, 당신이 자신에게 주는 자비와 다른 사람이 당신에게 주기를 바라는 자비 사이에 있는 어떤 과정으로 보도록 하라. 이 두 과정 모두 우리의 정서와 삶의 도전을 관리하는 데 유용할 수 있다.

10. 자기자비

지금까지 소개한 모든 연습 중에서 이것이 가장 어려울 수 있다. 많은 경우 우리는 자신에게 자비롭기 어렵다. 그래서 다음 장에서 이것에 대해서 좀 더 자세히 살펴볼 것이다. 하지만 우선은 지금까지 연습하면서 배웠던 기술을 사용해서 자기자비를 연습하게 된다.

사람들은 스스로에게 자비를 베풀기 위해 곧장 뛰어드는 것이 어렵다는 것을 알고 있다. 완벽한 양육자가 정말로 도움이 될 수 있는 부분이 여기다. 당신은 도움이 필요한 삶의 어려움 중에서 지나치게 괴로움이 크지 않은 것을 선택해서 동반자의 자비를 집중시킬 수 있다. 당신을 지지해 줄 수 있는 자비로운 양육자를 사용하는 것에 자신감이 생기면, 당신은 그 완벽한 양육자에게 더 큰 어려움도 이야기할 수 있다.

물론 우리는 완벽한 양육자가 진짜가 아니라는 것을 알고 있다. 완벽한 양육자는 힘들 때 당신을 도울 수 있는 가장 친절하고, 강하고, 지혜롭고, 따뜻한 당신의 일부를 대변할 뿐이다. 그러나 스스로에게 자비를 직접적으로 줄 수 있을 때까지는 그것이 유용한 다리 역할을 할 것이다. 다음의 연습을 해 보라.

연습 8-8   완벽한 양육자를 활용해서 스스로를 돕기

(녹음 시작)

먼저, 방해받지 않고 조용히 앉아 있을 수 있는 장소와 시간을 찾으세요. 그다음 진정 리듬 호흡을 하고 자비로운 표정을 지어 봅니다. 당신의 친구를 만나고 싶은 안전한 장소를 떠올립니다. 다음 연습에 각각 1분 이상 할애하세요.

1. 완벽한 양육자와 함께 시간을 보내면서 당신 주위에 흐르는 그들의 자비를 상상합니다. 당신은 그를 만지거나 그에게 안기고 싶을 수도 있는데, 이것도 괜찮습니다. 편안하고 안전하다고 느낄 수 있는 방식으로 그가 당신과 함께 있도록 하세요.
2. 당신을 매우 따뜻하게 바라보고 있는 완벽한 양육자에게 집중합니다. 그가 당신을 위해 다음과 같은 희망과 바람을 가지고 있다고 상상해 보세요.

당신이 건강하기를

당신이 행복하기를

당신이 고통에서 자유롭기를

완벽한 양육자가 당신에게 헌신, 힘, 지혜, 수용을 제공할 수 있음을 인식하면서 자비의 경험을 받아들이고 마음을 열어 봅니다.
3. 완벽한 양육자에게 당신이 가지고 있는 어려움에 대해서 이야기하는 것을 상상해 봅니다. 배려와 수용으로 당신의 이야기에 귀 기울이고 있는 그의 표정과 자세를 상상해 보세요.
4. 만약 할 수 있다면, 당신이 어려움에 직면할 용기, 지혜, 힘을 가질 수 있도록 돕기 위해 그가 당신에게 뭐라고 말할지 상상해 봅니다. 어쩌면 그는 사물을 보는 다른 방법을 생각해 내거나 당신을 도울 다른 방법을 제안할 것입니다. 또는 어쩌면 그가 그렇게 못할 수도 있습니다. 그것이 중요한 것은 아닙니다. 핵심은 그의

따뜻함과 친절함, 힘과 지혜를 경험하는 것입니다. 그리고 당신이 걱정하고 있는 것 또는 가지고 있는 느낌들을 평가받거나 비난받지 않고 표현할 수 있게 해 주는 것입니다.

5. 완벽한 양육자로부터 당신에게 흘러드는 자비를 다시 한 번 상상하면서 이 연습을 끝냅니다. 잠시 동안 안전, 편안함, 유대감의 즐거움을 만끽한 후에 당신을 부드럽게 방으로 돌아오게 하세요.

이런 느낌과 완벽한 양육자에게서 배운 새로운 이해와 대처 방식을 메모해 두는 것이 좋습니다.

(녹음 끝)

연습 8-9 **자기자비에 초점을 두기**

이 연습은 〈연습 8-5〉와 비슷합니다. 차이가 있다면 다른 사람이 아닌 당신이 자비로운 주의의 초점이라는 점입니다.

(녹음 시작)

방해받지 않고 조용히 앉아 있을 수 있는 시간과 장소를 찾으세요. 이제 자비로운 사람이 된다는 느낌을 만들어 보세요. 이것을 할 수 있게 되면, 자신의 모습을 떠올려봅니다. 때로는 사진을 사용하거나 거울 속의 당신 얼굴을 보는 것이 도움이 될 수 있습니다. 만약 당신이 지금 자신의 모습에 강한 자기혐오나 자기비판을 가지고 있다면, 더 어렸을 때 이미지를 사용하는 것이 도움이 될 수 있습니다. 어릴 때의 자신에게 자비롭기가 더 쉬울 수 있으니까요.

마음속에 이미지를 유지한 채, 세 가지 기본적인 느낌과 생각을 자신에게 지시하는 데 집중합니다.

내가 잘 지내기를 바랍니다.
내가 행복하기를 바랍니다.

내가 고통에서 자유로워질 수 있기를 바랍니다.

느낌이 뒤따라올 수 있지만 중요한 것은 당신의 행동과 의도라는 것을 명심하세요. 당신은 자신을 향해 미소를 지으며 기쁨과 감사를 느끼는 자신의 자비로운 모습을 상상할 수 있을 것입니다.

당신의 방황하는 마음은 이 연습을 하는 동안, 특히 처음에는 매우 활성화될 수 있습니다. 이것은 정상이므로 부드럽고 친절하게 이 연습으로 자신의 마음을 데려오세요.

다 마쳤으면, 당신이 남기고 싶거나 연습에서 얻어 가고 싶은 생각이나 느낌을 메모해 두세요.

(녹음 끝)

연습 8-10　당신 자신을 향한 자기자비에 집중하기

(녹음 시작)

이것은 이 장의 마지막 연습이며, 자기자비라는 측면에서 지금까지 가장 발전된 것입니다. 〈연습 8-5〉와 〈연습 8-8〉의 변형입니다. 당신의 삶에서 겪는 특정 딜레마나 어려움에 대해 자비심을 갖는 연습을 할 것입니다. 〈연습 8-8〉과 마찬가지로, 지금 당신에게 가장 고통스러운 어려움을 선택하려는 유혹을 뿌리치도록 노력하세요. 연습을 통해 자신감이 커지면 그 단계까지 올라갈 수 있습니다.

이 연습에서 우리는 친절과 자비가 당신에게서 당신 자신을 향해 흘러가는 것을 상상할 것입니다. 당신이 작업하고 싶은 이슈를 적어 두는 것이 준비에 도움이 될 수 있습니다. 연습할 때 거울을 보는 것도 좋습니다.

진정 리듬 호흡이나 안전한 장소에서부터 시작하세요. 연습의 각 요소에 최소 1분 이상의 시간을 할애하십시오.

1. 준비가 되었다고 느낄 때, 당신의 자비로운 자기를 떠올립니다. 당신 자신이 더 차분해지고, 더 현명해지고, 더 강해지고 더 성숙해지며, 도움을 줄 수 있게 확장된다고 상상해 봅니다.

2. 당신의 친절함을 떠올릴 때 자신의 몸에 주의를 기울입니다.

3. 이제 당신 몸 안의 온기를 확장시키고 그것이 당신 위로, 그리고 주위로 흐르는 것을 느낀다고 상상해 봅니다. 고통에서 벗어나 잘되고 싶은 당신의 진정한 소망을 경험해 보세요.

4. 이제 당신의 목소리 톤과 당신이 직면하고 있는 문제를 해결하기 위해 하고 싶은 말이나 행동에 집중합니다. 그것이 가능해지면 당신 자신과 대화를 하는 상상을 할 수도 있습니다.

5. 다음으로, 자신에게 친절하고 자신의 친절을 받아들일 수 있는 것에 대한 당신의 기쁨에 대해 생각해 보세요.

6. 마지막으로, 당신의 자비로운 모든 자질을 결합하는 데 초점을 맞추고, 그것들이 당신에게로 흘러 들어가는 상상을 합니다. 상상에는 도움이 되고 친절한 사람이 되고 싶은 소망, 따뜻한 감각, 확장되는 느낌, 목소리 톤, 목소리와 행동에 담긴 지혜 등이 포함됩니다.

연습을 마치면, 이것이 당신에게 어떤 느낌이고 이를 통해 무엇을 얻고 싶은지, 어떤 통찰을 얻었고, 스스로에 대해서 무엇을 배웠는지에 대해 메모를 해도 좋습니다.

(녹음 끝)

11. 자비의 방식으로 하루를 시작하라

'자비로운 자기가 되는' 연습을 매일 하는 것이 이상적이다. 그러나 바쁘다면, 길버트 교수가 말하는 '이불 속 자비'를 배우는 것부터 시작하라. 아침에 일어났을 때 몇 분 동안 자비로운 자기가 되는 것을 연습하라. 침대에 누울 때, 자비의 표정을 지으면서 현명하고 자비로운 자기가 되려는 소망에 집중한다. 당신 안에 지혜와 힘을 발휘할 수 있는 능력이 있더라도 그것을 위한 공간을 만들어야 한다는 점을 기억하라. 하루에 2분이라도 매일 연습하면 효과가 있다. 버스 정류장에 서 있을 때나 욕조에 누워 있을 때에도 연습할 수 있다. 그러면 당신은 더 오랜 시간 동안 연습하고 싶어지거나, 더 많은 훈련을 할 수 있는 장소를 찾게 될 것이다. 그것을 의식할 때마다, 심지어 회의에 앉아 있는 동안에도 진정 호흡을 하고, 현명하고 자비롭고 침착하고 성숙한 자기가 되는 것에 집중할 수 있다.

12. 기억 힌트

기억해야 할 핵심은 조금씩, 그리고 자주 연습하는 것이다. 다음 방법들은 기억을 유발시키는 힌트들이다.

- 어떤 연습을 할 때는 촉감이 좋은 원석을 들고 있을 수도 있다. 주머니나 지갑에 항상 넣어 가지고 다니면서 원석을 만질 때마다 자신이 되고 싶어 하는 친절한 사람을 떠올릴 수 있다.
- 침대 옆에 자비에 대한 메모가 적힌 작은 카드를 두어 아침에 일어나기 전에 스스로에게 오늘 자비로울 것을 상기시킬 수 있다.
- 욕조 끝에 촛불을 켜 두고, 그것을 이용하여 진정 리듬 호흡을 시작하고 자비로운 자기에 다시 초점을 맞추는 것을 상기하도록 하라. 힘들 때 우리는 편안한 욕조에 눕지 않는가? 이때가 마음챙김을 하고, 관찰하고, 자비에 집중하기에 좋은 때다.

클리닉을 찾은 한 창의적인 방문객은 자비 양말이라고 불리는 여러 가지 색깔의 양말을 구입했다. 그녀는 내면의 지혜, 힘, 자비의 방식으로 자신감을 갖고 싶다는 진정한 소망에 지속적으로 집중하는 것을 상기시키기 위해 그 양말을 신곤 했다. 당신이 사용하는 기억 힌트가 당신에게 도움이 되기만 한다면 충분하다.

13. 요약

이 장에서 다루는 연습은 당신이 스스로 자비 능력을 개발하고 발전시키며, 자신과 타인에게 자비의 주의를 기울이는 법을 배울 수 있도록 고안되었다. 이 연습에 집중하려면 시간과 노력이 필요하겠지만, 외상성 기억을 되돌아보기 전에 자비로운 마음의 관점에서 '행동'하는 것을 배울 수 있다면 도움이 될 것이다. 어려운 기억을 다루며 고통을 겪을 때마다 자비의 자기감으로 돌아갈 수 있는 것이 도움이 된다는 것을 당신은 알게 될 것이다. 이 책에서 줄곧 내가 말했듯이 편안함을 느끼기 전까지는 더 빨리 더 많이 진행하지 않도록 하라. 만약 언제든 고통스러운 느낌에 빠지거나 압도된다면 안전한 장소나 심상으로 돌아오도록 하라. 그리고 만약 그렇게 하는 것이 편안하다면 당신이 가장 좋아하는 자비 흐름 연습을 사용하라.

이 단계에서 당신은 특히 자신에 대해 자비를 '느끼지' 않을 수도 있지만, '열차 선로'의 기초가 놓이고 있다. 이러한 느낌은 정상적인 것이며, 특히 당신이 다른 사람들로부터 자비에 대해 제한된 경험을 가지고 있거나, 자기비판이 심하게 자리 잡은 경우에 더더욱 그렇다. 이런 느낌은 우리 자신에 대해서 느끼기 전에 대개는 타인이나 사물에게 먼저 느껴진다. 특히 우리가 괴로울 때 이런 느낌이 드나들고, 이것은 정상이다. 핵심은 '정신 근육'을 점차적으로 키우기 위해 연습을 계속하는 것이다. 당신이 그렇게 할 때 뇌는 자비를 주고받는 능력을 향상시킬 수 있도록 점차 변화할 것이다.

이러한 연습이 강한 느낌이나 기억을 불러일으킬 수도 있다. 만약 그렇다면 그 또한 당신의 돌봄이 필요할 수 있는 부분으로 자비롭게 받아들일 수 있어야 한다.

당신은 이제 두 챕터의 힘든 작업 끝에 도달했다. 당신이 자신에 대한 사명에 헌신하고, 고통을 덜어 주기 위한 약속을 한 것에 대해 축하한다. 당신은 자격증을 받을 자격이 있다.

축하합니다!

당신은 당신의 여정 속에 있습니다.
당신은 지금 다음과 같은 기술들을
개발하고 있습니다.

1. 마음챙김 집중
2. 진정 리듬 호흡
3. 자기자비를 수용하기 시작함
4. 당신으로부터 흘러나오는 자비
5. 당신에게 흘러 들어가는 자비
6. 타인을 위한 자비
7. 안전한 장소 이미지
8. 완벽한 양육 이미지
9. 자기자비를 자신에게 집중하기

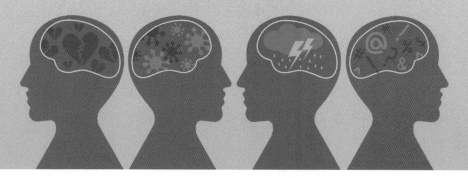

제3부

외상을 입은 마음을 진정시키기 위해
자비의 마음 활용하기

제3부에 대하여 _____

이 책의 제1부에서는 외상성 기억을 생각하는 방법과 위협에 초점화된 정서를 진정시키는 데 따르는 어려움을 살펴보았다. 삶의 무작위성도 살펴보았고, 초기 경험들이 발달과 뇌 기능을 어떻게 형성하는지도 탐구했다. 가장 중요하게는 인생에서 일어나는 일, 그리고 그 일에 대한 반응이 우리 잘못이 아니라는 것을 배웠다. 왜냐하면 유전자를 선택한 것이 우리가 아니고, 뇌가 진화하는 방식 혹은 초기의 뇌도 우리의 책임이 아니기 때문이다. 그러나 우리는 '신뇌'의 능력(추론, 지혜, 논리)을 이용해서 고통의 근원을 이해하고, '구뇌'의 자기보호 본능을 조절하는 법을 배울 수 있다. 트라우마를 치유하기 위해서 '신뇌'를 사용하여 자비의 속성으로 적극적으로 작업할 수 있다. 따라서 변화를 위한 통찰력 있는 자비의 노력을 기울임으로써 삶을 전진시키는 것은 우리의 책임이다.

제2부에서는 자비의 마음을 기르는 데 필요한 기술을 개발하는 것에 관심

을 돌렸다. 자비의 마음을 기르기 위해서 자신의 주의, 사고, 추론, 행동, 정서돌봄, 자기진정, 자기격려의 과업에 주목함으로써 마음이 자비롭게 기능하도록 준비시키는 것에 대해 살펴보았다. 우리는 심상을 이용하여 특정 상태의 마음과 정서를 자극하고 자신에 대해 진정된 자비를 느낄 수 있도록 연습했다.

마지막 3부에서는 자비의 마음이 지닌 속성을 사용해서 트라우마 기억과 경험을 재검토할 것이다. 우리의 인생 이야기를 살펴보면서 외상성 경험을 자비의 맥락 속에 넣어 삶을 진전시킬 수 있는 보다 친절한 자비의 관점을 개발할 것이다.

제**9**장

자비를 활용하여
삶의 이야기 이해하기

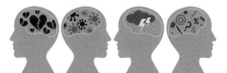

1. 자비로운 전념의 다짐

자비 훈련의 첫 단계는 우리(그리고 타인)가 고통받는 순간에 민감해지는 것이며, 고통을 감소시키려는 자신의 욕망에 민감해지는 것임을 기억할 것이다. 그러므로 자비를 개발하고, 트라우마 기억과 상호작용하는 것이 도움이 되는 이유를 몇 가지 적는 것이 도움이 될 수 있다.

이렇게 할 때 자비가 어떻게 우리를 강하게 하고, 어려운 상황에서도 계속 앞으로 나아갈 수 있도록 자비가 어떻게 격려하는지 기억하라. 돌보는 지지적인 우정이 어려운 시기에 도움이 될 수 있는 것처럼 내적 자기감도 마찬가지다. 내적 자비는 내적 어려움의 시기에 대처하는 우리의 결의와 능력을 강화시킬 수 있다.

자비로운 전념을 추구하는 또 다른 유용한 접근은 의자에 편안히 앉아 자비의 자기를 떠올린 다음 외상을 입은 부분을 돕는 것이 얼마나 멋질지에 초점을 맞추는 것이다. 스트레스에 초점을 맞추지 말고 도움과 지지가 되는 즐거움과 기쁨에 집중하라. 생각하기 힘든 경험도 다루어 보겠다고 약속하라.

항상 당신의 페이스대로 나아가는 것을 잊지 말라. 이것은 스스로를 압박

하지 않고, 자비롭게 앞으로 전진하는 것이다. 그렇기 때문에 무엇을 하든 언제나 자비의 자기감으로 돌아와서, 당신의 친절과 치유와 개선을 바라는 당신의 소망을 스스로에게 상기시킨다.

2. 플래시백 관리

외상성 기억을 더 자세히 보기 전에 플래시백을 어떻게 관리할 것인지 생각해 보는 것이 도움이 될 것이다. 외상성 경험에 대해 작업하기 시작하면 플래시백이 더 자주 느껴지기 때문이다. 이것은 매우 정상적인 것이므로 걱정하지 말라. 상황이 악화되는 것이 아니라, 오히려 상황을 다르게 생각할 수 있는 기회를 주기 위해 스스로를 두렵게 만드는 것에 직면하기로 선택하는 것이다. 이것은 당신이 스스로의 기억을 마주하기 시작했다는 뜻이며, 그렇게 함으로써 회피와 안전 행동의 일부를 포기하고 있음을 의미한다. 그러므로 한동안 기억은 더 빈번하거나 더 강렬하게 느껴질 수도 있다. 기억과 과거를 떠올리게 하는 일들을 지금까지 어떻게 회피해 왔는지를 생각하면 이해가 될 것이다.

따라서 트라우마 기억을 직접 작업할 수 있다고 느낄 때까지 플래시백을 더 잘 통제할 수 있는 방법을 배우는 것이 도움이 될 것이다.

기억을 더 잘 통제하기 위해 할 수 있는 몇 가지 일이 다음에 제시되어 있다. 제3장에서는 플래시백이 트라우마 기억의 일부이며, 위협 시스템에 의해 생성되었다는 것을 배웠다. 플래시백이 있을 때 위협 시스템이 활성화되는데, 플래시백 관리의 목표는 위협 시스템을 낮추고 자기진정 시스템과 지지 및 격려 시스템을 활성화하는 것이다. 제2부에서 이것을 할 수 있는 방법을 배웠고, 이제 당신은 그것을 실행에 옮길 수 있다.

1) 그 일은 과거다

먼저, 그 외상성 사건은 과거의 일이라는 사실을 스스로에게 상기시키자. 그 일은 과거에 일어났고, 우리는 살아남았으며, 그 일은 끝났다. 트라우마 기억이 뇌에 저장되는 방식(80페이지 참조) 때문에 우리는 그 사건이 지금 다시 발생하는 것처럼 느낀다. 마음과 몸은 우리에게 트라우마로 다시 돌아간 듯한, '트라우마가 다시 일어나고 있는 것 같은' 감각을 준다.

만약 이런 일이 일어난다면, 다음과 같이 자신에게 큰 소리로 말해 보라.

"이것은 그냥 기억일 뿐이야. 고통스러울지 몰라도 지금은 그 일이 나에게 일어나지 않아. 그것은 그때였고, 이것이 지금이야. 그것은 과거에 일어났어. 나는 안전해."

그다음 이렇게 반복하라.

"이것이 지금이고 나는 이제 안전해."

2) 현재, 그리고 현실로의 복귀

앞에서 언급했듯이 플래시백을 관리할 수 있는 핵심 방법은 자신을 현실로 되돌아올 수 있게 하는 것이다. 여러분 중 몇몇은 플래시백이나 악몽을 꾸었을 때 약간 해리되는 경향이 있다는 것을 이미 알고 있을 것이다. 우리는 이것을 제1장에서 살펴보았다. 해리가 일어나면 주변에서 일어나는 일을 점점 덜 인식하게 되고, 그 대신 느낌, 신체 감각, 심상에 더 집중하게 된다. 마음과 몸에서 일어나는 일에 집중하게 되면서 외적인 것들을 놓치게 된다. 그러나 이런 외적인 것들은 우리가 트라우마로 되돌아가지 않았음을 뇌가 알아차리는 데 도움이 된다.

(1) 아만다 이야기

아만다는 강간범처럼 생긴 사람을 보면 긴장하기 시작했다. 그들은 아만다의 가해자와 머리색과 체격이 거의 같았다. 아만다는 이런 상황에 대처하기 위해서 지금 여기로 되돌아가려고 의식적으로 노력했다.

다음은 자신을 현재로 되돌리는 데 도움이 될 수 있으며, 트라우마를 '다시 경험하고 있지 않음'을 뇌가 확인하는 데에도 도움이 될 수 있다.

① 주변에서 일어나는 사실 세 가지에 주목하라. 예를 들어, 저녁 식사 준비로 나는 냄새를 맡으면 공격당한 장면으로 돌아가지 않고 자신이 주방에 있음을 스스로에게 상기시킬 수 있다. 당신의 오감(시각, 청각, 후각, 촉각, 미각)을 모두 사용하는 것을 기억하라.

② 사건 이후 달라진 점을 상기하라. 만약 생일을 맞았다면 "나는 지금 45세이고 교통사고를 당했을 때는 44세였어."라고 스스로에게 말한다. 혹은 당신의 외모가 변했을지도 모른다. 따라서 이렇게 말할 수도 있다. "나는 지금 머리가 길지만 강도를 목격했을 때는 머리가 짧았어."

③ '오늘은 2011년 4월 14일, 나는 직장에 있고, 오전 10시 55분, 계절은 봄이고, 날씨는 맑다.'는 사실을 상기하라. 또한 트라우마 사건은 작년 12월 겨울 오후에 일어났다는 것을 적어 두면 이것을 좀 더 받아들일 수 있다.

이렇게 함으로써 두려움을 느낄 수는 있지만, 실제로는 위험하지 않은 상황에 있다는 것을 깨닫게 된다. 당신이 상황을 평가하는 수사관이라고 상상하라.

3) 자비의 냄새 활용

지금은 '자비의 냄새를 맡기' 좋은 시간이다. 제2부에서 많이 사용했는데, 이 방법은 자기-진정 시스템을 당신이 좋아하는 유쾌한 냄새와 연합시키도록 훈련하는 것이다.

4) 그라운딩 물건

많은 사람은 안전한 기억과 연관된 물건이 뇌가 현재에 있다는 것을 인식하는 데 도움이 된다는 것을 발견하기도 한다. 클리닉을 찾는 내담자 중에 주머니에 물건을 넣고 다니는 사람이 있다. 예컨대, 아만다는 조개껍데기를 좋아했고, 조개껍데기를 귀에 대었을 때 나는 소리를 좋아했다. 조개껍데기는 더 행복했던 시간들을 상기시켰고, 마음과 몸에 안전이라는 따뜻한 느낌을 만들어 냈다. 그래서 아만다는 강간과 어린 시절의 플래시백이 있을 때 조개껍데기가 아주 유용하다는 것을 알았다. 아만다는 '위협받는 마음'에서 벗어나 '자비의 마음'으로 들어가기 위해 조개껍데기를 사용했다. 이것은 자신이 트라우마의 순간으로 돌아가지 않았음을 기억하게 하는 데 도움이 되었다.

5) 그라운딩 기법

그라운딩 진술을 반복하면서 진정시키는 리듬 호흡을 연습한 다음, 안전한 장소 이미지 연습으로 넘어갈 때 그라운딩 기법을 사용하면 좋다. 그라운딩 기법 자체를 사용하는 것도 매우 유용하다는 점을 기억하라. 예를 들어, 당신이 앉아 있다면 의자에 앉아 있는 자신의 몸과 의자로 지탱되는 감각을 느껴보라. 만약 서 있다면 발밑의 단단한 바닥에 주의를 기울이라. 때로는 '지금여기'에 당신을 머물게 하는 무언가에 시야를 고정하거나, 손가락 사이를 엄지손가락으로 문지르면 현재 순간과 연결되어 있음을 느낄 수 있다. 만족 및 진정 시스템에 들어갈 수 있도록 의도적으로 호흡을 늦추고 그라운딩 감각 경험 몇 가지에 초점을 맞추어 '지금 여기'에 주의를 집중시키는 조합이 매우 도움이 될 수 있다.

새로운 연습(진정시키는 리듬 호흡이든 자비의 자기를 상상하는 것이든)을 시작할 때 너무 어려운 연습을 하지 않도록 하라. 수영이나 운전을 배울 때처럼 쉬운 것부터 시작하고 자신감이 생기면 좀 더 어려운 연습으로 넘어가라. 혼자서 이런 기법들을 연습할수록 익숙해지기 때문에 당신은 기법을 사용하기가 점차로 쉬워질 것이다.

런던 지하철 폭탄 테러(133페이지 참조)를 당한 제프의 경우처럼 과거 시제를 사용해서 자신의 '지금 여기'를 재조정하는 것이 도움이 된다.

(1) 제프의 '새로운' 사고

플래시백 사고	그것은 과거의 일임을 기억하기
나는 죽을 거야.	나는 폭탄 폭발에서 살아남았다.
엄청난 폭발음과 번쩍임이 있다.	폭탄이 터지는 굉음을 들었고, 밝은 흰색과 노란색 빛이 번쩍인 것을 기억한다.
비명 소리가 들린다.	그 당시 사람들은 너무 두려워했고, 그중 몇몇은 심하게 다쳤다. 많은 사람이 공포에 질려 비명을 질렀다.
타는 냄새가 난다.	그 당시 공기 속에 화재와 폭발의 냄새가 났다. 나는 아직도 그 냄새를 기억하고 있다.

여기에서의 핵심은 그 사건이 과거에 발생했음을 자신에게 끊임없이 상기시키는 것이다. 플래시백을 과거 시제의 생각으로 기술하는 것이 도움이 될 수 있다.

플래시백 사고	그것은 과거의 일임을 기억하기

만약 가족이나 친구가 당신이 괴로워하는 것을 알아차린다면, 그것은 기억이고 트라우마는 다시 일어나지 않는다는 것을 상기시켜 달라고 그들에게 요청할 수도 있다. 자신에게 도움이 되는 것을 해야 할 책임은 당신에게 있다.

3. 수면의 어려움

불행하게도 수면 문제는 외상성 사건을 겪은 사람들이 공통적으로 호소하는 문제다. 어떤 사람들은 밤에 잠을 못 자거나 새벽이 되어서야 잠을 자면서 '밤과 낮'이 바뀐다. 잠은 외상성 사건의 기억과 이미지가 우리를 다시 '괴롭히는' 시간이 되기 때문에 잠을 잔다는 것 자체가 너무나 두려울 수 있다. 침대에 누워 자신의 삶이 어떻게 변했는지 생각하고, 나아질 수는 있을지 걱정하면서 잠들기 어려워한다. 악몽으로 인해 잠에서 깨고, 다시 잠들기 어렵게 되기도 한다. 그래서 우리가 견디고 있는 다른 것보다 수면 문제는 우리를 피곤하게 하고, 짜증나게 하며, 에너지를 소모한다.

잠을 잘 잘 수 있게 하는 몇 가지 제안은 다음과 같다. 트라우마 클리닉에서 이 방법을 사용하고 있다. 몇 가지는 효과가 좀 더디지만 수면 패턴에 변화를 주는 데 유용하게 쓰일 수 있다.

1) 수면 규칙

① 침대는 잘 때만 사용하며, 잠은 밤에만 자라

• 침실과 침대는 잘 때만 사용하고, 낮에는 자지 말라.

• 잠자리에 들기 전에 목욕을 하거나 편안한 음악을 듣고 매일 밤 거의 같은 시간에 잠자리에 드는 것과 같은 루틴을 만들라. 매일 아침 거의 같은 시간에 일어나도록 노력하라.

• 만약 30분이 지나도 잠이 들지 않으면 일어나서 음악 듣기와 같은 활동을 하라. 15분 정도 이렇게 한 후에 다시 침대로 돌아와 잠을 청하라. 잠들 때까지 필요한 만큼 자주 반복하라.

② 자신에게 친절하라

• 배고픈 채로 잠자리에 들지 말고, 오후에는 매운 음식을 먹지 말라.

• 오후 4시 이후에는 카페인을 피하고, 카페인은 차와 콜라 같은 탄산음료에도 들어 있다는 점을 기억하라. 그래도 마시고 싶으면 카페인이 없는 것을 마시도록 하라.

• 알코올은 처음에는 졸리게 하지만, 실제로는 자극제 역할을 해서 수면을 방해하기 때문에 마시지 않는 것이 가장 좋다.

• 침실을 잠자기 좋은 곳으로 만들라. 향기로운 오일이나 꽃으로 방에서 좋은 냄새가 나게 하라. 혹은 침대 시트를 새것으로 바꾸어 침대를 더 매력적으로 만들라.

③ 악몽에 대처하는 방법

• '그 일은 과거다'(237페이지)에서 다루었던 팁을 적은 카드를 지니고 있으면 현재로 되돌아가는 데 도움이 될 수 있다. 예를 들어, 침대 옆에 놓인 카드 중 하나에는 다음과 같이 적혀 있다. '나는 안전하다. 지금은

2011년 5월이고, 나는 내 침실에 있다.' 악몽에서 깼을 때 그 카드를 읽어서 스스로에게 자신이 어디에 있는지를 상기시키라.

- 침대 옆에 현재를 상기시키는 사진을 두는 것도 도움이 된다. 악몽을 꾸었을 때 그 사진은 당신의 뇌가 '지금 여기'에 집중할 수 있게 하며, 위협 시스템을 더 빨리 진정시키는 데 도움이 된다.
- 침대에 향기로운 물건(예: 손수건 혹은 용기)을 두고 향기를 맡으면 당신의 뇌가 악몽 이후에 자신이 어디에 있는지를 기억하게 할 수 있다. 이 방법은 다시 잠들게 하는 데에도 도움이 된다.

4. 악몽 심상 재작성

외상성 사건의 여파로 플래시백과 악몽에 시달리게 된다. 악몽은 낮에 일어난 플래시백과 직접 관련되고, 실제 외상성 경험의 재연이다. 때로는 다른 내용의 악몽을 꿀 수 있지만 그것도 여전히 매우 무섭게 느껴진다. 예컨대, 비록 당신에게 일어난 적은 없지만 살기 위해 도망가는 악몽을 꿀 수도 있다. 악몽은 매우 강렬해서 트라우마를 '재경험'하듯이 악몽을 한창 꾸다가 깨어나는 것은 흔한 일이다. 깨어났을 때 강한 흥분과 두려움을 느낀다는 것을 스스로 알아차린다. 그것이 꿈이었다는 것을 알아차리는 데는 몇 분이 걸릴 수 있다. 방향 감각을 잃고 다시 잠들지 못하기도 한다. 꿈으로 인한 두려움과 불안의 느낌이 한동안 남아 있음을 알아차릴 수 있다. 자비의 향기가 나는 물품과 그라운딩 물품을 침대 옆에 두고 악몽에서 깨어났을 때 사용하는 것이 유용할 수 있다. 이것을 통해 당신은 안전감에 접근할 수 있고, 위협 시스템을 진정시키게 된다. 자신이 안전하고 건강하다는 것을 스스로에게 상기시킬 수 있다. 잠에서 깬 뒤 주의를 산만하게 만들 무언가를 해야 할 수도 있다. 그래도 괜찮다. 트라우마 기억을 작업하면 악몽이 줄어든다는 것을 알게 될 것이다.

악몽으로 인한 또 다른 부담은 수면의 양이 매우 줄어들 수도 있다는 점이
다. 깨어났다가 다시 잠들 수 없기 때문이며, 혹은 악몽을 꾸는 것이 두려워
잠을 잘 수 없기 때문이기도 하다. 어떤 사람들은 새벽까지 잠을 못 자고, 낮
잠으로 잠을 보충하기도 한다. 이렇게 되면 다른 사람이 깨어 있을 때 잠을
자기 때문에 친구나 가족과 단절되는 느낌을 갖게 된다.

악몽으로 인해 잠자는 것이 두려워지기 때문에 트라우마 클리닉을 찾는 대
부분의 사람에게 악몽은 매우 고통스럽다. 마치 자신들의 기억에서 잠시도
빠져나올 수 없는 것만 같다. 악몽에 대처하는 법을 가르치는 방법 중 하나는
꿈을 다시 작성하는 것이다. 이 말이 약간 이상하게 들릴 수 있지만 어떤 사
람들에게는 정말 도움이 된다. 악몽의 다른 결말 혹은 아예 다른 이야기를 만
든 다음 깨어났을 때 그것을 리허설한다. 다음은 악몽을 재작성하는 단계다.
이것은 당신에게도 도움이 될 수 있다.

1) 악몽의 결말을 바꾸기

① 침대 옆에 수첩을 두고 다음에 악몽을 꾸면 기록하라.
② 낮 동안에 악몽에 대해 작업할 시간을 확보하라. 생각만 해도 겁날 수
   있으므로 연습을 하는 동안 자신을 돌보고, 자비의 마음으로 접근하는
   것이 중요하다.
③ 마음을 진정시키는 리듬 호흡을 한 뒤 몸에 자비의 느낌을 줄 수 있는
   시간을 가지라. 이 연습(〈연습 8-3〉)을 할 때 '당신이 최고일 때' 심상을
   사용할 수 있다.
④ 시작할 준비가 되면 꿈에서 가장 무서운 부분이 어디인지, 무엇 때문에
   그것이 가장 두려운지, 어떻게 그렇게 느끼게 되었는지 생각해 보라.
⑤ 악몽의 결말을 다르게 해서 자신을 덜 두렵게 하려면, 악몽에서 무엇이

일어나기를 원하는지 생각해 보라. 당신은 상상을 잘할 수 있어서 원하는 어떤 꿈의 대본도 쓸 수 있다는 점을 기억하라. 집중해야 할 핵심은 당신은 고통과 두려움을 끝내고 싶기 때문에 다시 쓴 자비의 대본에는 자비의 행동이 담겨 있다는 사실이다.

⑥ 당신에게 도움이 되는 다른 결말을 만든 다음 새로운 꿈을 새로운 대본으로 적어 보라. 길 필요는 없고 그저 몇 줄로도 충분하다.

⑦ 만약 할 수 있다고 느껴지면, 눈을 감고 새로운 꿈을 상상해 보라. 자비의 마음에 머무르는 것을 기억하라. 이때 스스로에게 자비의 '안전' 느낌을 상기시킬 수 있는 자비의 향기를 사용하는 것이 도움이 될 수 있다.

⑧ 연습을 많이 할수록 뇌는 새로운 꿈을 기억할 가능성이 더 높아진다. 이 때문에 나는 클리닉을 찾는 내담자들에게 이 새로운 꿈을 여러 번 반복하라고 요청하기도 한다.

⑨ 밤이 되면 침대 옆에 그라운딩 물건이 있는지, 새로 쓴 꿈 대본이 있는지 확인하라. 잠자리에 들기 전에 그것을 다시 연습할 수도 있다.

⑩ 새로 쓴 대본으로 인해 악몽을 적게 꾸거나 악몽을 꾸지 않게 된다는 것을 알게 될 것이다. 그럼에도 불구하고 악몽을 꾸면 재빨리 자비의 향기를 맡고, 스스로에게 새로운 결말을 상기시키라.

⑪ 계속 연습하고 앞에 설명한 다른 모든 수면 규칙과 함께 이 기술을 사용하라.

(1) 마틴의 새로운 대본

앞에서 언급한 교통경찰 마틴은 일주일에 몇 번씩 악몽을 꾸곤 했다. 악몽에서 마틴은 자신과 여자 동료가 한 남자에게 공격당하는 것을 보곤 했다. 꿈에서 마틴은 이 남자와 필사적으로 싸웠지만 그를 이길 힘이 없다는 것을 알았다. 꿈에서 자신의 동료가 바닥에서 움직이지 않는 것을 보고 있었는데, 그 순간 마틴은 식은땀을 흘리고 비명을 지르면서 꿈에서 깨어났다.

마틴의 꿈에서 그 남자에게 공격을 당했던 동료는 실제로 살았다. 그 당시 마틴은 동료를 보호하려고 많이 노력했고 가해자를 물리쳤다. 마틴은 그 후 자신의 용감함에 대해 칭찬받기도 했다. 그러나 악몽에서는 그 사실이 잊혔고, 스스로에 대한 최악의 두려움(즉, 자신은 충분히 친구를 보호하지 않았다)에 사로잡힌 듯했다. 치료 회기 중에 마틴은 자신이 가해자를 제압하고 누워 있던 동료가 일어나는 것을 보는 악몽으로 각본을 새로 썼다. 동료가 미소를 지으면서 자신을 돕고 보호해 주어 고맙다고 말하는 것으로 꿈을 완결했다. 마틴은 새로운 각본을 리허설하고 연습했는데 이는 악몽에 큰 영향을 미쳤다. 악몽이 사라진 것이다.

마틴은 악몽을 다시 작성하기 위해서 실제 사실들을 사용했지만 꼭 그럴 필요는 없다. 상상을 통해 실제 일어나지 않았던 환상의 일들을 생각해 내도 되고, 그 또한 뇌에 같은 효과를 일으킬 수 있다. 그것이 일어났는지 아닌지는 뇌에 중요하지 않다. 어쨌든 뇌는 반응한다. 일어난 적 없는 환상의 일들로 자신을 겁줄 수 있는 것처럼, 실제로 일어나지 않은 환상의 일들로 우리 자신을 안심시킬 수 있다. 우리의 뇌는 매우 창의적이다.

5. 다음은 무엇인가

앞에서 보았듯이 외상성 경험이 우리를 과거에 가두고 삶에서 앞으로 나가지 못하도록 하는 이유 중 하나는 트라우마 기억이 위협 시스템을 가동시키는 강력한 트리거가 되기 때문이다. 본질적으로 자신의 마음과 트라우마 기억을 두려워하게 된다. 그래서 과거에 대해서 생각하거나 말하는 것을 피하려는 것은 이해할 만하다. 그로 인해 우리는 기분이 나쁘고, 두려우며, 수치심, 죄책감, 분노를 느끼기 때문이다. 회피를 하면 단기적으로는 기분이 좋아질 수 있지만 장기적으로는 기억이 사라지지 않고 상황은 더 악화된다는 것을 우리는 알고 있다. 사실 트라우마 클리닉을 방문한 한 내담자는 이 상황을 햄스터 바퀴에 갇혀서 빙글빙글 돌지만 아무데도 가지 못하는 것이라고 묘사하기도 했다!

우리는 삶을 살아갈 방법을 찾아야 하고, 그러기 위해서는 트라우마 기억을 처리해서 '갇혀 있지 않도록' 해야 한다. 위협 시스템을 낮추고, 자비로운 마음을 갖고, 과거에 있었던 기억을 몰아내어, 현재 순간의 삶을 계속해서 살아가기 시작해야 한다.

6. 자비의 마음 시작하기

트라우마 이야기와 기억을 작업하기 전에 만족 및 진정 시스템을 가동하여 자비의 마음을 사용하는 것을 기억하라. 지금쯤 당신은 제5장과 제6장에 나온 연습들을 실천할 수 있고, 자비의 마음에 접근하는 것에 자신감을 느끼기 시작했을 것이다. 간단히 요약하자면, 진정시키는 리듬 호흡으로 시작하라. 이 단계에서 당신의 몸과 마음이 자비의 향기로 인해 차분히 진정시키는 따뜻한 느낌으로 채워진다는 것을 알게 될 것이다. 이 상태에서 당신이 진정으로 지니고 있는 자비의 특징을 스스로에게 상기시키라. 자비의 특징은 다음 네 가지다.

비판단

지혜

힘

친절

자신과 자신의 웰빙을 돌보고, 자신이 잘 살기를 진심으로 바란다고 큰 소리로(혹은 거울을 보면서) 말할 수도 있다. 자신에게 이런 말을 하는 것이 몸과 마음에 어떤 느낌인지 집중하라.

위협받는 느낌이 마음의 상태인 것처럼 스스로에게 자비로운 것도 마음의 상태임을 기억하라. 또한 마음의 상태는 행동, 사고 과정, 주의를 지배하는 몸의 생리적인 반응과 관련이 있으며, 이 모든 것은 언제든지 우리의 필요와 목표에 부합된다는 점도 기억하라.

자비의 마음이 지닌 핵심 기술은 다음과 같다.

동기

주의

사고/추론

심상/환상

행동

정서

마음 상태의 속성을 자세히 기록한 플래시카드를 만들면 도움이 될 수 있다. 이렇게 하면 들고 다니면서 자비의 마음을 사용하도록 스스로에게 상기시킬 필요가 있을 때 읽을 수 있기 때문이다.

예를 들어, 아만다의 상기시키는 카드는 다음과 같다.

나의 자비의 마음

내가 나 자신에게 자비로울 때:

동기는 나 자신을 돌보고 나의 고통을 끝낼 방법을 찾는 것이다.

주의는 잘 되어 가고 있다는 것, 내가 할 수 있는 최선을 다하고 있다는 사실에 집중하는 것이다. 예를 들면, 나에게는 나를 사랑하고 나의 기분이 좋기를 바라는 가족과 친구가 있다는 것. 상황이 점점 나아지고 있다는 사실

사고/추론은 나 자신을 도울 수 있는 더 지지적이고 친절한 방법들을 생각하는 것이다. 나에게 일어난 일은 내 잘못이 아니었고, 이제는 나에게 이런 일이 일어날 만하지 않다는 것을 나는 알고 있다. 내가 그 일을 견뎌 내는 것은 정말 어려운 것이었다.

심상/환상은 열기와 따뜻함을 나에게 발산하는 크고 노란 태양의 자비로운 이미지를 떠올리는 것이다. 그 이미지는 웃고 있으며, 지지적이다.

행동은 기분이 안 좋을 때 자비의 향기를 맡고, 진정시키는 리듬 호흡을 연습하는 데 시간을 보내는 것이다. 또한 내 파트너가 나의 기분을 좋게 해 줄 때 내 마음이 어떤지를 파트너에게 이야기하는 것도 도움이 된다.

정서는 몸에서 느껴지는 따뜻함과 안전함이다. 그 느낌은 차분한 녹색 에너지 흐름으로 내 몸속에 흐른다.

    이제 이것이 도움이 된다고 생각되면 플래시카드([워크시트 2])를 적어 볼 수 있다.

워크시트 2 **나의 자비의 마음**

나의 자비의 마음
내가 나 자신에게 자비로울 때:
동기는 나 자신을 돌보고 나의 고통을 끝낼 방법을 찾는 것이다.
주의
사고/추론
심상/환상

행동

_____

정서

_____

7. 자비로 삶의 이야기 이해하기

자비의 마음 상태에 접근하는 방법을 스스로에게 상기시킨 다음, 우리의
인생 이야기에 다시 방문해서 의도하지 않은 삶을 공감할 수 있을지 살펴보
자. 당신의 어려움이 절대로 당신 잘못이 아니라는 것을 이해하는 데 이 책에
서 얻은 모든 지식이 도움이 되기를 바란다. 제1부에서 뇌는 21세기 삶의 과
업에 맞지 않게 설계된 위협에 초점을 둔 복잡한 뇌이고, 무슨 일이 일어날지
알 수 없는 삶을 살고 있으며, 부모가 되는 법을 배우고 있는 사람이 우리를
키웠다는 점을 배웠다. 뇌는 특정한 방식으로 위협에 대응하도록 형성되고
조건화되었다. 그래서 어린 시절에 일어난 일, 그리고 이 일에 뇌가 대응하는
방식은 우리의 통제 밖이고 우리 잘못도 아니다. 이러한 대처 기술을 성인이
될 때까지 사용하면서, 삶에서 일어나는 일들을 다루기 위해 최선을 다하고
있다.

이것은 당신을 설명하는 그저 하나의 버전이라는 것을 기억하라. 다음을
큰 소리로 말해 보라.

"내 인생을 이렇게 만들 의도는 없었어. 이것은 내 평생 동안 지속될 대본이
아닐지도 몰라."

느낌이 어떤가? 이 말 속에서 자비의 느낌을 느낄 수 있는가? 이 말을 다시 한 번 반복해 보고 이 말 속에 담긴 슬픔과 친절함에 초점을 둘 수 있을지 살펴보라.

> "내 인생을 이렇게 만들 의도는 없었어. 이것은 내 평생 동안 지속될 대본이 아닐지도 몰라."

이렇게 말하면 당신의 비판적인 목소리가 살금살금 다가와서 "그래, 하지만 그건 네 잘못이야. 너의 경우는 달라. 너는 스스로를 탓해야 해."라고 말하고 있는 것을 알아차릴지도 모른다.

이런 일이 일어나더라도 걱정하지 말라. 자비로워지는 것은 어려운 일임을 스스로에게 상기시키라. 특히나 자비로워지는 것에 익숙지 않다면 더욱 그렇다. 이런 일은 스스로를 불안하고 두렵게 만들고, 마치 우리 자신을 곤경에서 벗어나게 하는 것처럼 느끼게 할 수 있다. 비판적인 목소리가 도움이 되지는 않더라도 안전 전략이라는 사실을 자신에게 상기시키는 것이 도움이 될 수 있다! 당신은 두려움에 마주해서 자기비난과 자기비판의 악순환을 종식시킴으로써 자신의 삶을 책임지고 있다고 스스로에게 상기시켜 주라. 삶을 변화시키고 자신에 대한 책임을 지는 것에 전념할 때 도움, 친절, 이해를 받을 자격이 있다.

1) 우리의 삶을 책임지기

자신과 자기 삶을 책임지는 것은 잘못된 일에 대해 자신을 탓하는 것과는 다르다. 사실, 자신의 잘못이 아닌 것에 대해 자신을 비난하는 것을 멈출 때 자신에 대한 진정한 책임을 지기 시작할 수 있다. 때로 이것은 우리가 이해하기 어려운 개념일 수도 있다. 왜냐하면 성인으로서 우리는 삶에서 우리를 부끄럽게 하고 죄책감을 느끼게 할 수 있는 위협적인 것들에 대응하기 위해 특정한 방식으로 행동하기로 선택하기 때문이다. 그런 다음 자신이 행동한 방식 때문에 스스로를 정신적으로 비난하는 경향이 있고, 이것은 우리의 수치심을 더욱 부채질한다. 제3장에서 다룬 자기비판은 수치심과 자기비난의 순환에 스스로를 갇히게 만든다는 사실을 기억할 것이다. 자비의 마음 접근은 우리 모두가 자신의 삶에서 스스로에게 슬픔과 고통을 야기하고 있다는 것을 이해하도록 도와준다. 우리는 건강에 도움이 되지 않는 해로운 방식으로 행동하기도 하고(흡연, 술, 불법 약물 복용 등과 같이), 타인과 사랑하는 사람에게 상처를 주기도 한다. 그러나 우리가 그것을 왜 두려워하게 되었는지, 왜 그런 방식으로 두려움을 다루게 되었는지에 대해 이해가 되는 이유도 있다.

친절과 비판단과 지혜를 가지고 과거와 어린 시절의 기억을 탐구함으로써 우리가 누구인지, 그리고 우리 삶에서 일어나는 일에 대해, 특히 외상성 사건에 대해 우리가 왜 그런 식으로 반응하는지에 대한 통찰과 이해를 얻을 수 있다.

이런 통찰을 통해 삶에서 왜 어려움을 겪고 있는지 이해하도록 하자. 우리는 아만다의 인생 이야기를 통해 자비의 접근 방식을 설명할 것이다. 그다음 제안된 연습을 해 보면서 당신의 자비 이야기를 만들 수 있다.

2) 아만다 이야기의 개요

아만다가 트라우마 클리닉에 왔을 때, 그녀는 몇 달 전에 있었던 성폭행으로 인한 외상성 기억 때문에 매우 부끄러워하고 압도되어 있었다. 그 사건이 분명 그녀의 잘못은 아니었지만 아만다는 스스로를 비난했다. 아만다는 자신을 비난하는 것을 멈출 수 없었고, 그 사건에 대해 생각할 때면, 그리고 그로 인해 자신에 대해 어떻게 생각하게 되었는지를 생각할 때면 수치심에 압도되었다. 아만다가 겪는 또 다른 어려움은 자기 스스로를 별로 좋아하지 않는다는 것이었다. 슬프게도, 아만다는 어렸을 때에도 학대를 당했기 때문에 이것은 그녀에게 오래된 이슈였다. 이 사건으로 인해 왠지 자신이 나쁘고 더럽다는 느낌이 남게 되었다. 어릴 때의 학대도 자신의 잘못이라고 항상 믿고 있었다.

나에게 무슨 일이 일어났고 나는 어떻게 반응했는가

몇 달 전 나는 직장 동료에게 성폭행당했다. 이것은 매우 고통스럽고 무서운 경험이었다. 그 후로 종종 그 사건에 대한 기억으로 압도되는 느낌을 받았고 끔찍한 플래시백도 있어서 이것을 다루기 위해 애쓰고 있다. 이로 인해 수치심을 느끼고, 모든 것이 내 잘못이라고 느껴진다. 나는 좋은 사람이 아니기 때문에 성폭행을 당할 만했다고 생각한다. 또 내가 나쁜 사람이기 때문에 이 일도 내 잘못이라고 생각한다. 어릴 때 학대를 당했는데 그 일로 인해 나 스스로를 더럽고 수치스럽게 느끼게 되었다. 나에게는 늘 나쁜 일이 일어나는 것처럼 느껴진다.

이제 다음 [워크시트 3]에 당신 자신의 트라우마 이야기를 간단히 적어 보라. 자세히 많이 적을 필요는 없고 그저 아만다가 한 것처럼 외상성 사건에 대한 당신의 반응만 적도록 하라.

워크시트 3 나에게 무슨 일이 일어났고 나는 어떻게 반응했는가

나에게 무슨 일이 일어났고 나는 어떻게 반응했는가

3) 나의 이야기를 이해하는 데 도움이 되는 어린 시절의 주요 경험과 기억은 무엇인가

이 접근을 통해 얻은 지식을 사용해서 아만다의 어려움을 자비의 관점에서 살펴보기 시작했다. 아만다는 학대와 열악한 양육 경험으로 인해 다른 사람들에게 호감을 받지 못하는 것에 대한 두려움을 갖게 되었다. 위협에 초점을 둔 뇌는 상처받고 거부당하는 것에 민감해졌다. 아만다는 무슨 일이 일어났을 때마다 비난받았던 어릴 때를 기억했다. 엄마는 아만다를 자주 비난했고, 정서적으로는 냉정하고 보호적이지 않았다. 자신이 무언가 잘못해서 엄마가 그렇게 하는 것이기 때문에 자신이 비난 받는 것이 '맞다'고 느꼈다. 만약 그것이 자신의 잘못이라면 엄마가 자신을 더 사랑할 수 있도록 스스로가 변하면 된다고 생각했다.

아만다는 어린 시절 삼촌이 자신을 부적절하게 만지는 것이 얼마나 두려웠는지, 얼마나 혼란스러웠는지 깨달았다. 그녀의 돌봄 체계는 진정과 안전보다는 불안과 두려움의 느낌을 활성화시켰다. 엄마는 아만다가 슬프고 무서울 때 아만다가 안전하게 느끼도록 돕지 못했다. 삼촌이 아만다에게 '잘해' 줄 때마다 신체적으로는 상처를 주었다. 위로를 요청할 때마다 엄마는 없었고, 따뜻하고 돌보는 방식으로 반응하지 않았다. 아만다는 어릴 때 비판과 비난을 많이 받았기 때문에 그것이 자신의 잘못이라고 느꼈다. 또한 어린 나이에 아빠가 돌아가셨을 때 얼마나 슬펐는지도 깨닫게 되었다. 기분이 상해서 화를 낼까 봐 자신의 비통한 느낌을 엄마에게 도저히 말할 수 없었다. 이러한 자신의 비통함과 상실감 때문에 엄마가 자신에게 관심을 주지 않고, 정서적으로 냉정하며, 비난하는 것은 아닐까 생각했다. 아만다는 자비의 마음을 사용해서 다음과 같이 정리했다. 슬프게도 이 모든 경험 때문에 자신은 나쁘고, 못된 사람이며, 따라서 자신에게 나쁜 일이 생기는 것도 당연하다는 '믿음'(성폭행을 당할 만하다는 믿음을 포함해서)을 갖게 되었다고. 그러나 실제로는 이 어떤 것도 자신의 잘못이 아니라고 말이다.

나의 두려움과 외상성 사건에 대한 반응을 이해하는 데 도움이 되는 어린 시절의 주요 경험과 기억들

아버지는 내가 어렸을 때 돌아가셨다.

엄마는 정서적으로 냉정했고, 내 곁에 없었으며, 나를 비난했다. 엄마는 항상 내 탓을 하곤 했다.

나는 엄마가 나를 사랑하거나 좋아한다고 느끼지 않았다.

삼촌은 한동안 나를 학대했다. 삼촌은 내가 버릇없는 아이이고, 학대를 당한 것도 내 잘못이라고 말했다.

이제 [워크시트 4]를 작성하면서 당신의 이야기를 만들게 된 어린 시절과 주요한 경험들에 대해서 생각해 보라. 이것은 외상성 사건에 대한 당신의 반응을 이해하는 데 도움이 될 것이다. 이것을 하는 것은 쉽지 않기 때문에 자신에게 친절하게 대해야 한다는 점을 명심하라. 우리의 삶은 많은 슬픈 기억과 경험으로 가득 차 있고, 우리가 잃어버린 것들에 대해 슬퍼할 수 있는 것이 중요하다. 그것이 기회를 잃었든 순수함을 잃었든 관계를 잃었든 말이다. 당신은 자비로운 미래를 원하고, 자비로운 미래를 가질 충분한 자격이 있기 때문에 과거에 직면하고 있음을 스스로에게 상기시키라. 당신의 자비롭고 지혜로운 마음은 당신이 고통을 겪었고 과거를 직면하는 것이 얼마나 힘든지를 잘 알고 있다.

워크시트 4 **어릴 때의 주요 경험들**

나의 두려움과 외상성 사건에 대한 반응을 이해하는 데 도움이 되는 어린 시절의 주요 경험과 기억들

---

4) 내가 진짜 누구인지, 그리고 다른 사람이 나를 누구라고 생각하는지가 왜 두려운가

어린 시절 경험으로 인해 어떤 핵심 두려움이 아만다에게 생겼는지 살펴보자. 위협에 초점을 둔 뇌는 그녀의 경험에 의해 어떻게 형성되었는가? 아만다는 자신이 매우 자기비판적이었고, 머릿속에서 끊임없는 비판적 논평을 했다고 묘사했다. 자신에게 일어난 일들을 다른 사람들이 알고, 자신을 비난하고, 자신을 나쁘다고 생각할까 봐 매우 두려웠다. 다른 사람들이 그녀에게 자비를 느끼고, 그녀의 삶에서 일어난 고통스러운 일들을 견뎌 냈다는 것을 슬퍼할 수도 있다는 생각이 그녀의 마음속에 떠오르지 않았다. 그녀에게 일어난 일들에 대해 자신이 비난받을 필요가 없다는 생각은 전혀 들지 않았다.

나의 주요 두려움:

외적 두려움: 다른 사람들은 나를 어떻게 대할까? 다른 사람들은 나를 어떻게 생각할까?

① 나에게 무슨 일이 일어났는지 사람들이 알고 있는 것 같다. 그들은 내가 이것을 자초했다고 생각한다. 그들은 나에게 그런 일이 일어날 만하다고 생각한다.

② 나에게 무슨 일이 일어났는지 그들은 알기 때문에 아무도 나를 좋아하지 않는다.

내적 두려움: 나는 나 자신에 대해 어떻게 생각하는가? 나는 내가 누구라고 생각하는가? 나에게는 무슨 일이 일어날까?

① 나는 내가 나쁘다고 생각한다.

② 나에게 문제가 있다고 생각한다.

③ 내가 진짜 누구인지 다른 사람이 알면 안 된다.

당신이 어떤 주요한 두려움을 가지고 있는지, 그리고 당신 자신의 마음속에 무엇이 일어나고 있는지(내적), 그리고 다른 사람들의 마음속에 무엇이 일어나고 있는 것 같아 보이는지(외적) 살펴보자. 이를 통해 당신의 행동과 어려움을 이해하는 데 큰 도움이 될 것이다. 무엇이 우리를 두렵게 하는지 알면 어떻게 피할 수 있는지도 알 수 있다. 그것은 결국 위협에 대한 자연스러운 반응

이다. 다음 [워크시트 5]를 작성하라.

워크시트 5   나의 주요 두려움

나의 주요 두려움:

외적 두려움: 다른 사람들은 나를 어떻게 대할까? 다른 사람들은 나를 어떻게 생각할까?

내적 두려움: 나는 나 자신에 대해 어떻게 생각하는가? 나는 내가 누구라고 생각하는가?
나에게는 무슨 일이 일어날까?

5) 나의 세상과 나를 안전하게 지키기 위해 내가 하는 일들

위협에 초점을 둔 뇌는 우리를 안전하게 만들고 싶어 한다는 점을 알고 있
다. 왜냐하면 위협에 초점을 둔 뇌는 그렇게 하도록 설계되어 있기 때문이다.
따라서 의식적인 통제를 받지 않는 위협에 초점을 둔 마음은 안전을 추구하
고, 위협과 우리를 두렵게 하는 것들을 제거하도록 동기화될 것이다.

아만다가 자신과 다른 사람들에 대해 무엇을 두려워하는지 알게 된 뒤, 우
리는 그녀의 행동방식을 이해하고, 이런 행동을 최악의 두려움을 피하려는
동기와 연결시킬 수 있는지를 살펴보았다. 첫째, 아만다가 비판적인 생각(내
적 위협)을 퍼붓는 괴로운 마음에서 벗어나 휴식을 취할 수 있는 유일한 때는
술을 엄청 마시고 팔에 자해를 했을 때라는 것을 알게 되었다. 아만다는 그렇
게 할 때 자신의 괴로운 마음에서 얼마간 벗어날 수 있었다. 물론 이로 인해
또 다른 문제가 생겼다. 즉, 술을 마시고 자해를 했다는 사실로 인해 스스로
에게 화가 났고 더 큰 수치심을 느꼈다. 그녀는 수치심과 자기비난의 순환에

간혀 있었다. 게다가 아만다는 다른 사람들도 자신을 비난할 것이고, 자신과 친구가 되고 싶어 하지 않을 것이라고 걱정했기 때문에 사람들과 가까워지지 않으려고 많은 노력을 기울였다. 그녀는 자신이 정말로 두려워하는 세상으로부터 숨기 위해서 고안된 '사회적 행동'을 개발했다. 다음에 있는 아만다의 반응을 살펴보자.

나를 안전하게 지키기 위해서 내가 사용하는 전략들:
나의 내적 두려움/위협 매일 밤 술을 많이 마신다. 팔에 자해를 한다. 때로 과식을 한다.
나의 외적 두려움/위협 사람들과 친해지는 것을 피한다. 친구 사귀는 것을 피한다. 사람들에게 내 삶의 진실을 말하지 않는다.

당신의 세계를 안전하게 지키기 위해 무엇을 하는지 생각해 보라. 위협을 관리하는 당신의 방식을 꼼꼼히 생각할 때 자신에게 정직하면서도 친절하도록 노력하라. 그리고 고통에 직면하는 데는 용기와 힘이 필요하며, 우리는 회복하기 위해 최선을 다하고 있기 때문에 이 일을 하고 있다는 것을 기억하라. [워크시트 6]을 작성해 보라.

워크시트 6	나를 안전하게 지키기 위해서 내가 사용하는 전략들

나를 안전하게 지키기 위해서 내가 사용하는 전략들:
나의 내적 두려움/위협

나의 외적 두려움/위협

(1) 나와 내 세상을 안전하게 지키기 위한 최선의 노력으로 인한 의도치 않은 결과는 무엇인가

아만다의 경우 안타깝게도 몇 년 동안 자신의 안전 전략을 '성공적으로' 사용해 왔고, 현재는 상황이 더 어려워졌다. 특히 최근 성폭행 사건 이후에는 더 그렇다. 왜냐하면 그녀는 자신에게 일어난 일에 대해 아무에게도 말할 수 없다고 느꼈는데, 사람들이 그 일이 자신의 잘못이라고 말할까 봐 두려웠기 때문이다. 그녀는 다른 사람이 그 사실을 알았을 때의 수치심을 견딜 수 없다. 우리는 그녀의 안전 전략이 낳은 의도치 않은 결과를 살펴보고, 다음 차트를 작성했다.

나 자신을 안전하게 지키기 위한 최선의 노력이 낳은 의도치 않은 결과
고립감과 외로움
사람들과의 단절
알코올로 인한 신체 건강 문제
과체중
자해로 인한 부끄러운 상처
성폭행당한 것에 대해 누구에게도 말하지 못하거나 경찰서에 갈 수 없음
성폭행당한 것에 대해 이야기할 사람이 없어서 어떻게 하면 기분이 나아질지 모름

안전 전략의 장기적인 비용이 무엇인지 생각해 본 적이 있는가? 단기적으로는 고통을 덜어 줄 수 있지만 안타깝게도 자신의 세상을 안전하게 유지하는 것의 효과는 축적되어 자신을 더 해롭게 한다. 하지만 또다시 자신을 비난하지 않아야 한다는 사실을 기억하라. 당신의 자비롭고, 지혜롭고, 돌보는 마음은 당신을 비난하지 않는 것이 당신에게 얼마나 힘든 일이었는지 알고 있

다. 또한 그 마음은 이 안전 전략을 우연히 발견하고 한동안 효과가 있었던 데는 그럴 만한 이유가 있다는 것도 잘 이해하고 있다. 그러나 이제는 그로 인한 비용이 이득보다 크며, 당신을 굳게 붙잡고, 삶을 진전시키지 못하게 만 들 수 있다. 다음 [워크시트 7]을 작성해 보라.

워크시트 7 나 자신을 안전하게 지키기 위한 최선의 노력이 낳은 의도치 않은 결과

나 자신을 안전하게 지키기 위한 최선의 노력이 낳은 의도치 않은 결과

---

8. 내적 괴롭힘에 대해 알아보기

아만다의 이야기에서 마지막 퍼즐 조각은 그녀의 자기비난과 자기비판의 고통스러운 순환을 이해해 보는 것이다. 이를 위해 풀어야 할 것은 아만다가 분명히 자기 잘못이 아닌데도 어린 시절에 있었던 일과 성폭행에 대해서 왜 스스로를 비난하느냐는 것이다. 진화론적 관점에서 인간은 안전 전략으로서 지배적인 타인에게 복종할 수 있는 타고난 능력을 지니고 있다는 것을 우리 는 알고 있다. 하지만 그녀는 자신에게 그렇게 비판적으로 말하는 것을 어디 에서 배웠을까? 사람들이 평생 그녀에게 그렇게 말했을까? 그녀가 직면하는 내적 괴롭힘은 인생의 주요 기억과 연결될까? 그녀가 자신의 마음속에서 매 일 사용하는 말투로 다른 사람들과 대화하는 것을 스스로 허용할까? 우리는 그녀의 내적 괴롭힘이 실제로 그녀의 안전 전략 중 하나였을지도 모른다고 생각해 보았다. 아마도 그녀가 성폭행 사건에 대해 자신을 비난하고, 그것이

자신의 잘못이라고 생각한다면, 그것은 그녀가 상황을 바꿀 수 있고 다시는 그 일이 일어나지 않게 막을 수도 있음을 의미한다고 생각할 수도 있다. 아만다는 "'내가 먼저 나를 이해한다면' 다른 사람은 나를 상처 입히지 못할 것이다. 왜냐하면 '그들이 나에 대해서 말하는 것은 이미 나 자신이 알고 있는 사실이기 때문이다.'"라고 이유를 꾸몄다.

우리는 성폭행과 어린 시절 성적 학대에 대한 그녀의 플래시백 기억에 대해 앞에서 다루었다. 그리고 아만다가 이 사건을 생각할 때마다 '나는 나쁘고, 나는 역겹고, 이런 일들이 나에게 일어난 것은 내 잘못이다.'와 같은 괴로운 생각들로 머릿속이 가득 차게 된다는 것도 알았다. 물론 아만다는 자신이 모든 것을 자초했다고 생각했기 때문에 스스로를 더 나쁘고, 더 수치스럽게 느꼈다.

아만다가 지닌 내적 괴롭힘이 하는 또 다른 일은 그녀가 안전 전략을 사용할 때 그녀를 비판하는 것이다. 그것은 이런 식이다. '또 시작이군. 너는 너무 약해서 술을 끊을 수 없어, 맞지? 자제력을 좀 가져라!' 그래서 아만다의 내적 괴롭힘은 그녀가 이미 쓰러졌을 때 '그녀를 때릴 수 있는' 모든 기회를 잡을 것이다!

다음은 아만다가 자신의 내적 괴롭힘을 탐색한 방법이다. 그녀는 내적 괴롭힘이 발달하는 것을 과거의 핵심 경험들과 연결시켰다.

내적 괴롭힘을 알아 가기
내적 괴롭힘은 어떻게 생겼는가?
주름이 쭈글쭈글한 노인
내적 괴롭힘은 나에게 뭐라고 말하는가?
넌 약해. 넌 그럴 만해. 아무도 널 좋아하지 않아.
내적 괴롭힘은 내 기분을 어떻게 만드는가?
쓰레기 같고, 불안하고, 불안정하다.

자신에게 그렇게 말하는 법을 배웠을 때의 주요 경험을 기억할 수 있는가?

그렇다-학대자와 반 친구들과의 어린 시절 기억

내 인생에서 나에게 그렇게 말한 사람이 또 있는가?

그렇다-나는 그 사건들을 분명히 기억할 수 있고 내 마음속에서 그것들을 볼 수 있다.

내적 괴롭힘은 나를 위해 최선을 다하는가?

전혀 그렇지 않다.

내적 괴롭힘은 나에게 무엇을 하려고 하는가? 나를 도와주는가? 혹은 나를 방해하는가?

나를 파괴한다.

내적 괴롭힘이 나에게 말하는 방식으로 다른 사람들에게 말할 수 있는가?

절대 그렇지 않다.

그렇지 않다면 그 이유는 무엇인가?

왜냐하면 끔찍하고 불친절하기 때문이다.

무엇이 나로 하여금 내적 괴롭힘이 말하는 것을 의심 없이 혹은 방어하지 않고 받아들이게 하는가?

나는 선택의 여지가 없었다.

아마 당신도 내적 괴롭힘을 지니고 있거나 이 장에서 읽은 대로 당신이 하고 있다는 사실을 알게 되었을지도 모르겠다. 당신의 내적 괴롭힘이 무엇을 하고 있는지, 그리고 당신이 그것과 어떤 관계를 맺고 있는지를 좀 더 밝힐 수 있는지 알아보기 위해 다음 시트를 작성해 보자. 왜냐하면 그것은 아마도 당신의 어려움을 지속시키는 데 큰 역할을 하고 있기 때문이다. 다시 말하지만, 내적 괴롭힘은 당신을 두렵게 만들도록 설계되어 있기 때문에 당신 자신을 돌보아야 한다는 것을 기억하라! 당신의 자비롭고 현명하고 친절한 마음은 괴롭힘이 어디에서 비롯되었는지, 그 괴롭힘이 당신에게 무엇을 하려고 하는지를 모두 알고 있다. 하지만 당신의 자비의 마음은 또한 괴롭힘이 당장 멈추기를 원하는데, 그 이유는 내적 괴롭힘은 당신의 이득을 최선으로 염두에 두고 있지 않기 때문이다. 자비의 마음은 당신의 이득을 가장 마음에 두고 있으며, 당신에게 가장 좋은 것을 원한다. 다음 [워크시트 8]을 작성하라.

워크시트 8 내적 괴롭힘을 알아 가기

내적 괴롭힘을 알아 가기

내적 괴롭힘은 어떻게 생겼는가?

내적 괴롭힘은 나에게 뭐라고 말하는가?

내적 괴롭힘은 내 기분을 어떻게 만드는가?

자신에게 그렇게 말하는 법을 배웠을 때의 주요 경험을 기억할 수 있는가?

내 인생에서 나에게 그렇게 말한 사람이 또 있는가?

내적 괴롭힘은 나를 위해 최선을 다하는가?

내적 괴롭힘은 나에게 무엇을 하려고 하는가? 나를 도와주는가? 혹은 나를 방해하는가?

내적 괴롭힘이 나에게 말하는 방식으로 다른 사람들에게 말할 수 있는가?

그렇지 않다면 그 이유는 무엇인가?

무엇이 나로 하여금 내적 괴롭힘이 말하는 것을 의심 없이 혹은 자신을 방어하지 않고 받아들이게 하는가?

9. 외상성 사건을 이해하는 자비의 방법

그렇다면 아만다는 어떻게 이 모든 것을 종합해서 자신의 삶과 외상성 사건에 대한 자비의 통찰력을 키웠을까? 앞의 연습을 완료함으로써, 아만다는 그녀의 마음속에 자신과 함께하는 대안적인 방법을 개발할 수 있었다. 자신에게 일어난 일들에 대해 자신을 비난하고 자책하는 대신, 자신이 겪은 일들을 수용하는 느낌을 갖기 시작했다. 그녀는 이런 일이 자신이 원한 것이 아니었음을 알고 있었고, 자신의 잘못이 아니었음에도 불구하고 이런 상황에 놓인 것을 깨달았을 때의 슬픔도 알고 있었다. 그녀는 성폭행을 포함한 모든 일에 대해서 자신을 비난했던 이유를 이해하기 시작했다. 자신의 비난은 안전 전략이었다고 생각하고, 위협에 초점을 둔 뇌는 단지 그렇게 하도록 고안된 일을 하고 있었을 뿐임을 스스로에게 상기시키는 것이 도움이 된다는 것을 알게 되었다. 아만다는 자기 삶의 슬픔과 접촉하기 시작했다. 그녀는 자신에 대해서 '슬픔'을 느낀다고 언급했는데, 이번에는 자기만족적이거나 자기연민적으로 느껴지지는 않았다고 언급했다. 아만다는 자신에 대한 따뜻함, 돌봄, 지지의 느낌이 시작되는 것을 알아차렸다. 아만다는 성폭행 사건을 자신을 위해 자비롭게 재구성할 수 있었다(다음 참조). 이것은 자비의 'KUWS'라고 부르는 것에 초점을 맞추고 있다.

지식(Knowledge)

이해(Understanding)

지혜(Wisdom)

힘(Strength)

외상성 경험에 대한 아만다의 자비로운 재구성은 다음과 같다.

오래된 자기비난의 의미	당신은 그다지 좋은 사람이 아니고 스스로 이 일을 자초한 것이다. 당신은 결국 당신 자신을 탓하게 된다. 다른 사람들이 당신이 어떤 사람인지 알면, 당신을 알고 싶어 하지 않을 것이다.
자비로운 새로운 재구성 지식 이해 지혜 힘	나는 당신이 왜 자신을 비난하고 싶은지 이해한다. 즉, 당신이 과거에 겪었던 일과 자신에게 친절하게 대하는 것이 얼마나 힘들었을지를 고려할 때 이해가 된다. 당신이 그렇게 슬프고 괴로워하는 것은 이해할 수 있지만 그것은 당신 잘못이 아니다. 자신을 위한 따뜻함, 돌봄, 친절에 집중하라. 당신의 마음속에 있는 자신을 향한 지지를 받아들이도록 스스로에게 허락하라. 당신의 몸에 있는 자신을 위한 온기를 느끼도록 스스로에게 허락하라. 그것은 당신 잘못이 아니다.

[워크시트 9]를 작성하여 자신의 삶과 외상성 사건에 대한 당신의 반응에 대해 더 친절하고 자비로운 관점을 발달시킬 수 있는지 살펴보라. 기억할 것은 앞의 연습에서 얻은 통찰력에 집중하고 당신의 자비로운 KUWS를 가져오는 것이다.

워크시트 9 나의 자비로운 재구성

오래된 자기비난의 의미	
자비로운 새로운 재구성 지식 이해 지혜 힘	

10. 그렇다면 아만다의 성과는 무엇인가

아만다가 자비의 마음 기술을 개발하고 사용할 수 있게 되었을 때 우리는 성폭행에 대한 기억을 다시 떠올리도록 했다. 이전에 성폭행 사건을 떠올렸을 때 아만다는 이렇게 생각했다. '너는 더럽고, 그런 일을 당할 만해.' 이제 아만다는 다음과 같이 말할 수 있다(그리고 그것이 사실이라고 느낀다). "네가 이렇게 고통받은 것이 너무 슬퍼. 너는 이런 일을 당할 만하지 않아. 자신을 위해 가진 따뜻함과 친절함의 느낌에 집중해." 이 새로운 정서적 경험은 아만다의 몸에 따뜻하고 진정시키는 생리적 반응을 유발하는 것 같았기 때문에 아만다에게 의미가 있었다.

이제 아만다는 괴롭고 고통스러운 플래시백을 다시 볼 수 있는 준비가 되었다. 그녀는 기억을 떠올리는 것을 견딜 수 있도록 돕기 위해 자비의 심상을 사용하기로 결정했다. 우리가 이것을 어떻게 했는지는 제10장에서 알 수 있다.

11. 요약

외상성 기억과 플래시백을 좀 더 직접적으로 다루기 전에 이 장에서 배운 내용을 요약해 보자. 우리는 제1부와 제2부에서 얻은 정보를 적용하기 시작했고, 아만다와 함께했던 작업을 실례로 사용함으로써 당신의 삶의 이야기를 자비롭게 이해하도록 도왔다. 이제 당신 자신의 이야기를 바라볼 때 자비의 마음을 쏟기를 바란다. 그리고 당신에 대한 새로운 이야기가 당신의 잘못이 아님에도 불구하고 발생하는 트라우마를 다룰 때의 어려움에 어떻게 도움이 되었는지도 알게 되기를 바란다. 우리는 당신과 당신의 세상에 대한 주요 두려움이 무엇인지 살펴보았다. 그리고 당신을 안전하게 지키기 위해 위협에 초점을 둔 뇌가 설계한 모든 행동을 이해하기 시작했다. 마지막으로 가장 중요한 것은 자비의 마음으로 트라우마 이야기를 재검토하게 되었고, 당신의 삶과 외상성 삶의 경험에 대한 자신의 반응에 대해 더 친절하고 더 자비로운 관점을 발전시켰다는 점이다.

제10장

자비의 마음을 활용하여 수치심으로 가득 찬 플래시백 해결하기

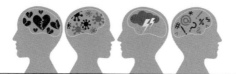

　이 장에서는 플래시백을 해결하는 것에 주목할 것이다. 제3장에서 다루었듯이 플래시백은 외상성 사건 후에 뇌가 저장한 일종의 트라우마 기억에서 기인한다. 위험에 초점을 둔 복잡한 뇌는 플래시백과 다른 트라우마 기억들을 경고 신호로 인식하여 반응한다. 그 결과 트라우마 기억을 회상하면 뇌는 여전히 위험에 처해 있는 것처럼 그 기억에 반응하게 된다. 실제로 원래의 외상성 사건은 오래 전에 끝났음에도 불구하고 말이다.

　뇌에 있는 편도체, 해마, 전두엽 피질의 특징들을 기억하는가? 매우 무섭고 고통스러운 경험에 대한 플래시백은 편도체를 가동시켜서 마치 현재 심각한 위험에 처해 있는 것처럼 반응하게 한다. 이것은 뇌로 하여금 해마를 마취시키는 스트레스 호르몬을 분비하게 한다. 해마는 뇌의 나머지 부분에서 오는 유용한 정보들에 대한 '문지기'이기 때문에 이것은 문제가 된다. 마취된 해마는 전두엽 피질(자기진정 기술, 자비의 마음, 안전한 기억이 저장되는 곳), 문제 해결 기술, 장기 기억 저장에 영향을 미친다. 만약 해마가 제대로 작동하지 않게 되면, '플래시백'은 단지 과거의 외상성 사건에 대한 기억이고 지금 우리에게 일어나고 있지 않는 일이라는 것을 뇌가 알아내기 어려워진다. 위협에 초점을 둔 뇌는 항상 위협(예: 플래시백)을 우선시하기 때문에 자비의 마음과 자기진정에 접근하기는 어렵게 된다. 그래서 뇌는 외상성 경험과 관련된 정서기억을 처리할 수 없고, 그 결과 정서적 트라우마 기억은 조각으로 남겨 져서 통합될 수 없기 때문에 오히려 우리는 꼼짝 못하게 된다. 뇌는 계속해서 그 기억이 위험하다고 생각하게 된다. 뇌는 기본적으로 어떤 자극에 대해 자 동적으로 반응하는데, 이것은 우리가 그로 인한 결과를 처리할 수밖에 없다 는 의미다. 이러한 결과는 그다지 즐겁지 않을 수 있는데, 그 이유는 그로 인 해 높은 수준의 스트레스 호르몬이 분비되어 우리를 초조하고 불안하며 과민 하게 느끼도록 하기 때문이다. 그 결과, 우리는 자신의 경험을 이해하기 위해 서 자기비판, 자기비난, 강한 수치심으로 가득 찬 마음속 어두운 곳으로 우리 자신을 이끌 수 있다.

자신의 트라우마 역사에 수치심을 느끼고 스스로를 치유하기 위해 고군분 투하는 사람들은 외상성 경험에 대해 더 자비롭고 지지적인 관점을 개발하는 것이 매우 도움이 된다는 것을 알 수 있다. 하지만 이 능력은 전두엽 피질(혹 은 지휘자)에 의존한다. 그래서 제2부에서는 자신을 진정시키고 자비롭게 생 각하는 전두엽 피질의 능력을 개발하는 데 할애했다. 우리의 잘못이 아니라 단지 어릴 때 이런 중요한 기술을 배우지 못했음을 기억하라(제4장에서 만난 제시, 조니, 빌리를 돌아보라. 141~142페이지 참조).

외상성 경험으로 인해 수치심, 부적절감, 더러운 느낌을 갖게 된다는 것을 우리는 알고 있다. 또한 자기비판적일 때 위협 시스템이 활성화되고, 이는 우 리를 위협에 초점을 둔 뇌에 갇히게 만든다는 것도 우리는 알고 있다!

1. 앞으로의 방향은?

플래시백 기억을 평범하고 덜 위협적인 과거의 기억이 되도록 만들기 위 해서 자비의 마음을 사용하고자 한다. 이를 위해서는 위협에 초점을 둔 마음이 지배하는 것을 방지하고, 그 대신 자비의 마음을 사용해서 플래시백을 견디고 이해해야 한다. 그러면 플래시백은 덜 위협에 초점을 두게 되고 덜 수치스러워지며, 결국 우리는 그 플래시백을 장기 기억 창고에 넣어 둘 수 있게 된다.

이 장에서는 다음 사항을 연습할 것이다.

① 자비의 마음 이끌어 내기
② 자기비판과 자기비난에 대처하기 위해 자비의 자기대화 개발하기
③ 수치심으로 가득 찬 플래시백을 다시 살펴보면서 완벽한 양육자 이미지를 사용하여 우리 스스로를 지지하기
④ 혐오나 분노와 같은 위협 기반 정서 다루기

2. 자비의 마음 이끌어 내기

자비의 마음을 이끌어 내어 평화롭고 평온하게 느끼는 것으로 시작한다. 제2부의 제6, 7, 8장을 다시 읽는 것이 도움이 될 수도 있겠다. 당신의 몸이 평화와 평온이라는 자기진정 감각으로 가득 차 있다고 느낄 수 있을 만큼 충분히 자비의 향기가 있다는 것을 당신은 이미 알고 있을지도 모르겠다. 또한 당신이 선호하는 몇 가지 자비의 흐름 연습(제8장의 연습 7번과 8번)이 있을 수도 있다. 당신에게 도움이 된다면 그것이 무엇이든 상관없다! 이 장에서도 완벽한 양육자 심상을 사용할 것이다. 즉, 글이나 그림 혹은 냄새를 사용해서 완벽한 양육자 심상을 스스로에게 상기시키고 그것을 시각화하는 연습을 할 것이다. 이 방법이 모든 사람에게 적용되지는 않기 때문에, 이런 심상을 사용하는 것이 마음에 들지 않더라도 걱정하지 말라. 이것이 모든 사람에게 효과가 있지 않고 이 과정이 없이도 연습할 수 있다.

진정 리듬 호흡과 같이 속도를 늦추는 방법을 사용해서 시작하도록 하라. 그다음 자비의 흐름 연습으로 넘어가라(제8장의 연습 7번과 8번). 자비의 마음은 당신이 잘 되기를 바라고 당신이 만족하고 행복하기를 원한다는 것을 잠시 상기시켜 보라. 당신에게 일어난 일은 당신에게 마땅히 일어날 일도 아니고 당신 탓도 아니다. 제9장에서 당신의 자비로운 인생 이야기를 만드는 데 시간을 할애했다. 자기비난은 당신에 관한 하나의 이야기일 뿐이며, 자신의 잘못이 아닌 것에 대해 책임을 지라고 배웠기 때문임을 스스로에게 상기시키는 시간을 가지라. 이것이 안전 전략이기는 하지만, 고통과 괴로움을 유발하기 때문에 당신의 삶에서 더 이상 필요하지 않을 것이다.

3. 자기비난을 대체할 자비의 자기 말 개발하기

자기비난이 어떻게 플래시백을 유지하고, 악순환에 빠지게 하는지를 제3장에서 살펴보았던 것을 기억할 것이다. 그것이 다음 도표에 설명되어 있다.

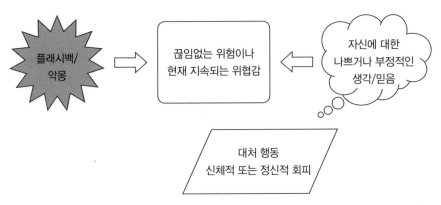

[그림 10-1] 플래시백이 지속되는 이유는 무엇인가

이제 연습할 것은 우리 자신의 순환 고리를 확인하는 것이다. 이를 위해 제
9장에서 했던 작업 중 일부를 사용한다. 이 작업을 수행하는 방법을 설명하
기 위해 아만다의 예를 다시 한 번 이용하자. 빈 상자 안에 무엇을 넣을지 생
각해 보라. 당신의 트라우마는 성폭행보다 훨씬 덜 심각할 수도 있지만 사건
이 얼마나 '중대한'지와 상관없이, 그것은 당신에게 심각하고 당신을 악순환
에 가둘 수도 있다. 당신이 무엇을 하든, 트라우마가 여기 서술된 것만큼 '심
각하다'고 생각되지 않아도 그 트라우마를 무시하지 말라. 다음은 매우 심각
한 트라우마조차도 자비를 가지고 도울 수 있다는 것을 보여 주는 예들이다.

1) 아만다의 악순환

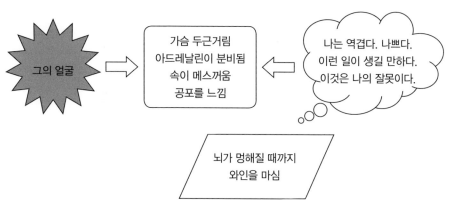

[그림 10-2] 플래시백이 지속되는 이유는 무엇인가

아만다가 고통의 악순환에 빠져 있는 것이 보이는가? 성폭행에 대한 플래
시백을 경험할 때마다 아만다는 공포와 혐오감이라는 강렬한 정서를 느낀
다. 그 감정이 너무 강렬해서 '그 사건을 재경험하는 것' 같이 느낀다. 지금 이
순간 아만다의 편도체가 중심에 있고 위협에 초점을 둔 뇌가 관여하고 있음
을 기억하라. 이런 느낌은 모든 종류의 위협에 초점을 둔 사고를 유발하고,
아만다는 그 사건에 대해 책임을 져야만 한다고 스스로에게 말한다. 그녀는

나쁜 일이 일어날 만한 나쁜 사람이라고 스스로를 생각한다. 바로 이런 생각들이 그녀를 더욱더 기분 나쁘게 만들고, 자신에 대해 더욱 수치스럽게 느끼게 한다. 이제 그녀는 훨씬 더 많은 위협적인 감정으로 자신의 위협 초점 마음에 기름을 붓고 있다! 괴로움과 수치심의 상태를 끝내는 유일한 방법은 한두 잔의 와인을 마시는 것이다. 와인을 마시면 생각이 멈추게 되고, 마음이 약간 흐려지는데 이것이 공포를 느끼는 것보다 더 낫다.

이제 [워크시트 10]의 박스를 채우고 당신 자신의 악순환을 탐색할 수 있는지 살펴보자.

잠시 시간을 내어 당신과 당신의 플래시백에 대해 배운 내용을 되새겨 보라. 당신도 순환 고리에 갇혀 있는가?

워크시트 10 **나의 악순환**

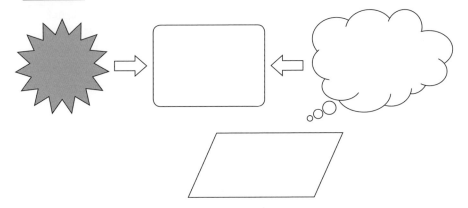

4. 자비로운 재구성과 플래시백 다루기

만약 우리 자신과 우리의 트라우마 경험들에 대해 생각하는 다른 방법을 개발하는 것에 관심을 돌린다면, 우리의 잘못이 없는 일에서 스스로가 만들어 낸 고통의 악순환을 끊을 수 있다. 제5장에서 언급했던 런던 지하철 폭파 사건에 연루된 제프를 기억하는가? 지금 떠올려 보면 다음과 같다.

제프는 런던 지하철 폭탄 테러에 휘말렸다. 폭탄이 폭발했을 때 열차에 탑승한 승객이었다. 그는 폭탄의 위력을 느꼈고, 부상을 입었고, 소방대원에 의해 구조되었다. 폭발 당시 그의 생명이 위험했기 때문에 제프의 뇌는 극도로 위협에 초점화되었다. 그는 심한 공포를 느꼈다. 제프의 생각은 빠르게 위협에 초점화되었다. 살아남을 방법을 찾으려고 노력했기 때문이다. 이것은 그 자신과 편도체에게 압도적인 경험이었다. 폭탄 테러가 있고 나서 며칠, 그리고 몇주 동안, 제프의 뇌는 그 경험을 이해하려고 노력했지만, 제프의 마음이 그 사건을 떠올릴 때마다 다시금 강렬한 공포감에 압도되었다. 그의 뇌는 위협이 실제로 현존하는 것처럼 이미지와 기억(플래시백)에 반응했다. 그 결과, 코르티솔과 아드레날린과 같은 위협에 초점화된 호르몬을 대량 방출했다. 이 호르몬은 제프의 해마를 '마비시켰고', 감각, 의미, 맥락, 자기 진정을 관할하는 뇌의 사고 영역에 접근하는 것을 차단했다. 간단히 말해서, 제프의 플래시백 경험은 그 사건을 단지 기억하는 것이 아니라 그 사건으로 되돌아간 것이었다. 그 결과 제프는 자신이 느끼는 공포가 과거의 사건임을 깨닫고 안도하지 못한 채, 폭탄 테러의 공포를 아주 강렬하게 재경험하는 마음속에 갇히게 되었다. 이러한 무시무시한 플래시백을 경험하는 동안 그의 사고방식은 위협에 기반을 두고 있었고, 이것은 모든 다른 반응이 동시에 조정되었다는 것을 의미했다. 즉, 그의 관심, 생각, 느낌, 행동, 동기, 이미지들도 모두 위협에 초점을 두게 되었다.

제프는 악순환의 고리를 끝내고 플래시백을 해결하기 위해 무엇을 해야 했을까?

제프가 플래시백을 해결하고 자신의 삶을 살아가기 위해서는 두 가지가 필요했다. 첫째, 그는 자비의 마음을 개발하고 접근해야 했고, 비판적인 위협에 초점을 둔 사고를 자비로운 자기대화로 대체해야 했다. 그런 다음 트라우마 경험과 플래시백을 자비의 관점에서 '재구성'할 수 있어야만 했다.

1) 자비로운 재구성은 무엇인가

자비로운 재구성은 트라우마와 같은 사건에 대한 대안적 관점이나 자신을 바라보는 태도를 개발하는 것이다. 즉, 수용적이고 따뜻하며 배려하고 이해하고 격려하고 지지하는 자세로 자신에게 접근하는 것을 의미한다. 예를 들면, 다음과 같은 것이 자비로운 재구성이다.

> 왜 스스로를 원망하고 싶은지 이해가 된다. 내가 과거에 무슨 일을 겪었는지, 그리고 내가 나에게 친절을 베푸는 것이 얼마나 어려운지를 생각하면 말이 된다. 내가 너무 슬프고 괴로운 건 이해할 수 있지만, 그것은 내 잘못이 아니다. 따뜻함, 용기, 관심으로 나 자신을 돕고 내 고통을 덜어 주려는 나의 깊은 의도에 나는 집중할 수 있다.

제프가 트라우마를 경험한 뒤 그가 폭탄 폭발에 대해 생각할 때마다 그의 기억은 다음과 같이 모든 위협에 집중된 많은 생각을 촉발시켰다는 것을 기억하라.

> 제프의 사고와 추론은 자신이 얼마나 많은 위험에 처해 있는지에 매우 집중하게 되었다. 그는 자신의 집 밖에서 일어날 수 있는 모든 가능한 해로움을 고려했고, 런던 지하철이 얼마나 안전하지 않은지에 대해 생각했다. 제프는 죽음에 직면하는 것이 얼마나 끔찍한 일인지 생각하고, 이런 나쁜 일이 일어날 것을 미리 '알았어야' 했다고 곰곰이 생각해 보곤 했다. 그는 폭발 후 자신이 어떻게 행동했는지에 대해서도 생각했고, 부상자들을 돕기 위해 충분히 노력하지 않

았다고 생각했다. 제프는 자신이 더 강해지고 이것을 극복해야 한다고 생각했고, '약해서 대처하지 못했다'고 스스로를 비판하곤 했다. 제프는 폭발로 인해 부상당한 다른 승객들을 돕지 않은 자신이 얼마나 '이기적'인지를 다른 사람들이 안다면 그들이 자신을 어떻게 생각할까 걱정했다.

그렇다면 만약 제프가 외상성 경험과 자신에 대해 다르게 생각할 수 있다면, 특히 수치스러워하지 않고 지지적이고 배려하는 방식으로 생각할 수만 있다면, 그의 기억은 더 이상 그에게 위협이 되지 않을 것이라는 것이 이해되는가? 그는 악순환의 고리를 끝낼 수 있었을 것이다. 그것은 그의 뇌가 더 이상 그 기억들을 위협적인 것으로 반응할 필요가 없어지고, 전체 위협 시스템이 진정된다는 것을 의미한다. 이것은 제프의 해마가 전두엽 피질로부터의 정보를 사용하여 그 기억들을 좀 더 도움이 되는 다른 맥락으로 연결할 수 있는 진정한 기회를 제공할 것이다.

이것이 우리 과제였다. 이 작업을 수행한 방법을 살펴본 후 플래시백에 적용해 보자. 우리는 이 작업을 다음과 같이 세 단계로 나누었다.

(1) 1단계

먼저, 우리는 제프에게 그의 주요 플래시백을 짧게 적어 달라고 요청하면서 시작했다. 즉, 플래시백이 그를 어떻게 느끼게 했는지, 그에게서 어떤 생각을 촉발시켰고, 대처하기 위해 그는 무엇을 했는지(이것은 이 장의 앞부분에서 작성한 도표가 아니라 차트 형태의 악순환 고리다). 다음에 제시된 제프의 차트를 보라.

〈제프의 플래시백〉

플래시백 묘사	플래시백으로 인한 느낌	플래시백으로 인해 생긴 자신과 타인에 대한 생각	플래시백에 대처하기 위해서 내가 한 것과 그로 인한 느낌
1. 나는 흰색과 노란색의 거대한 섬광과 쾅 하는 소리를 듣고 느끼고 볼 수 있다. 심장이 쾅 내려앉고 두근거리고, 주변의 공황 상태를 확인하는 데 잠시 시간이 걸린다. 사람들이 도와달라고 소리치고 신음하고 있다. 타는 냄새가 나고 몇몇 사람이 다친 것이 보인다. 숨을 쉴 수 없을 것 같은 느낌이 들고, 공포에 질려 도망가고 싶은 강한 충동을 느낀다. 이제 겁에 질려서 죽을 것 같은 생각이 든다. 누가 물을 달라고 하는데, 밖으로 나가야 해서 대답할 수 없다.	완전한 공포와 무력감 두려움 슬픔 분노 죄책감	이게 바로 내가 죽는 거구나. 내가 다른 사람들을 돕지 않았기 때문에 사람들은 실망하고 슬퍼할 것이다. 폭탄 테러범들이 감히 내 인생을 망치다니. 이걸 극복할 만큼 강하지 못하다니 나는 얼마나 한심한가.	런던 지하철은 피하라. 지하철 역 근처에서 걷지 말라. 그 사건들을 생각나게 하는 텔레비전이나 신문을 피하라. 젊은 무슬림 남자들을 피하라. 집 밖을 나가지 말라.
2.			
3.			

이제 당신의 경우를 적을 수 있는지 살펴보라. 당신의 주된 트라우마 기억은 1~2개일 수도 있고, 4개 이상일 수도 있다. 그것들을 모두 확인하고, 각각에 대한 간단한 설명을 적어 보라.

워크시트 11 나의 플래시백

플래시백 묘사	플래시백으로 인한 느낌	플래시백으로 인해 생긴 자신과 타인에 대한 생각	플래시백에 대처하기 위해서 내가 한 것과 그로 인한 느낌
1.			
2.			
3.			

(2) 2단계

다음으로 우리는 제프에게 자비의 마음을 가지고 다음 차트를 작성하도록 요청했다. 마음의 다른 상태를 떠올리기 위해 제6장을 읽는 것이 도움이 될 수 있다.

〈제프의 차트〉

플래시백에 대한 트라우마를 겪은 마음의 반응	플래시백에 대한 자비의 마음의 반응
동기: 어떤 희생을 치르더라도 살아남고, 최대한 빨리 위험에서 벗어나는 것	자비의 마음의 동기는 무엇인가? 지식, 이해, 지혜, 힘을 통해 나의 괴로움과 고통을 완화할 수 있는 방법을 찾는 것-나의 KUWS(지식, 이해, 지혜, 힘)
주의: 가능한 한 위험에 초점을 맞추고, 이슬람교도의 외양을 한 젊은 남자와 주인 없는 가방에 대해 경계	자비의 '관심'은 무엇에 주의를 기울이거나 초점을 맞추는가? 이것은 드문 사건이다. 내가 지금까지 수천 번 지하철을 탔지만 아무 일도 일어나지 않았다. 사랑하고 아끼는 이슬람교 친구들이 내게는 많이 있다. 대부분의 이슬람교도도 그날 일어난 일에 경악했다. 일단 지하철역을 탈출한 후, 나는 걸을 수 있는 부상자들을 도왔다.
사고/추론: 세상은 너무 위험하고 예측 불가능하다, 나는 언제든 위험에 처할 수 있다. 죽음을 예상하는 것은 무섭다. 나는 약골이므로 강해져서 이것을 극복해야 한다. 다른 사람들을 돕지 않았기 때문에 나는 이기적이다.	자비의 '사고'는 무엇을 반영하는가? 이것은 끔찍한 시련이었고, 누구든 두려워했을 것이라고 스스로에게 되뇌곤 한다. 뇌는 위협 모드로 들어갔고, 그 순간에 나는 자동으로 행동했다. 이것은 '극복하기' 어려운 일이고, 대부분의 경우 그렇게 무서운 일은 겪지 않는다. 나는 그 상황과 나의 기억을 처리하기 위해 내가 할 수 있는 최선을 다하고 있다.
심상/환상: 대학살에 대한 플래시백 -비명 소리, 타는 냄새, 폭발의 섬광	당신은 어떤 자비의 심상을 가지고 있는가? 완벽한 양육자인 사자가 내 곁에 걸어와 나를 지켜준다. 친절과 보살핌을 제공하는 사람들의 이미지. 사건 이후에 서로 돕고 지원하기 위해 함께 모이는 인간성

행동: 신문이나 TV와 같이 상황을 악화시킬 수 있는 것을 피함. 그 일에 대해 질문하는 사람을 피함. 지하철 타는 것을 피함. 외출을 피함. 정신을 마비시키고 잠들기 위해 술을 마심	자비의 방식으로 어떻게 행동할 수 있는가? 가족과 친구들과 이야기하고, 힘들다고 말하기. 다시 지하철을 탈 수 있도록 도와 달라고 그들에게 요청하기. 폭발로 나와 똑같이 놀란 이슬람 친구들과 다시 연락을 취하기
정서: 공포, 무력감, 공황, 분노, 죄책감, 수치심, 슬픔	자비심은 어떤 느낌과 연관되는가? 내 몸의 따뜻함, '안전함', 힘, 용기

이제 당신의 자비의 마음을 사용할 때다. 당신의 자기비판과 자기비난을 자비의 자기대화로 바꿈으로써 악순환의 고리를 끊을 수 있는지 살펴보자.

다음 [워크시트 12]를 작성하라. 당신의 KUWS(지식, 이해, 지혜, 힘)를 기억하고, 잠시 시간을 내어 자비의 마음가짐(mindset)을 여전히 지니고 있는지 확인해 보라. 자비의 향기를 들이마시고, 당신의 몸에 있는 자기를 진정시키는 느낌에 초점을 맞추는 시간을 가져 보라. 자비의 마음의 동기는 고통을 경감시키는 것이고, 비판단적이고 친절하고 배려하는 것이라는 점을 스스로에게 상기시키라. 도움이 된다면 제프가 했던 것처럼 트라우마를 경험한 마음의 반응도 적어 보라.

워크시트 12 플래시백에 대한 자비의 반응

플래시백에 대한 트라우마를 겪은 마음의 반응	플래시백에 대한 자비의 마음의 반응
동기:	자비의 마음의 동기는 무엇인가?

주의:	자비의 '관심'은 무엇에 주의를 기울이거나 초점을 맞추는가?
사고/추론:	자비의 '사고'는 무엇을 반영하는가?
심상/환상:	당신은 어떤 자비의 심상을 가지고 있는가?
행동:	자비의 방식으로 어떻게 행동할 수 있는가?
정서:	자비심은 어떤 느낌과 연관되는가?

(3) 3단계

제프에게 요청한 마지막 과제는 자비의 향기를 이용하여 자비의 느낌을 이끌어 낸 다음, 자신의 플래시백을 다시 읽고, 자비의 반응만을 읽도록 하는 것이었다. 마지막으로, 우리는 그에게 자신의 경험을 자비롭게 재구성해 달라고 요청했다. 그가 작성한 시트는 다음과 같다.

〈제프의 자비로운 재구성〉

나의 플래시백:

흰색과 노란색의 거대한 섬광과 쾅 하는 소리를 듣고 느끼고 볼 수 있다. 심장이 쾅 내려앉고 두근거리고, 주변의 공황 상태를 확인하는 데 잠시 시간이 걸린다. 사람들이 도와 달라고 소리치고 신음하고 있다. 타는 냄새가 나고 몇몇 사람이 다친 것이 보인다. 숨을 쉴 수 없을 것 같은 느낌이 들고, 공포에 질려 도망가고 싶은 강한 충동을 느낀다. 이제 겁에 질려서 죽을 것 같은 생각이 든다. 누가 물을 달라고 하는데, 밖으로 나가야 해서 대답할 수 없다.

나의 플래시백에 대한 자비로운 재구성:

런던 폭탄 테러의 무서운 시련 속에서 살아남았다. 슬프게도 많은 사람이 죽었고, 나는 그들을 도울 수 없었다. 내가 지하철역을 빠져나온 뒤에야 몇 사람을 도울 수 있었고, 그렇게 하자 나에게 용기와 따뜻함과 인간성이 느껴졌다. 우리는 서로를 돕고 지원하기 위해 최선을 다했다. 다른 사람이 보낸 친절과 돌봄의 느낌은 항상 내 곁에 머물 것이다. 이 경험은 인생을 변화시키는 데 영향을 미쳤고, 나도 몰랐던 용기를 찾게 되었다. 그 용기는 두려움에 직면하고 그곳에서 빠져나와 다시 살고 싶은 삶을 살겠다는 것이다. 나를 응원하고 나를 위해 최선을 다하는 사랑하는 가족과 친구들에게 둘러싸여 있고, 나는 이제 이 슬픈 날의 기억을 그 기억들이 속한 과거로 둘 수 있게 되었다. 그 기억은 잊히지는 않았지만 훨씬 덜 두렵게 되었다. 나는 살아남았다.

그리고 마지막으로, 이제 당신 차례다. 플래시백에 대해 당신 자신만의 자비로운 재구성을 개발해 보라. 항상 그렇듯이, 이 연습을 시작하기 전에 제8장을 다시 읽어 본 뒤 자비의 마음(compassionate mind)을 끌어올리도록 하라. [워크시트 13]이 당신을 안내해 줄 것이다.

워크시트 13 나의 자비로운 재구성

나의 플래시백:

나의 플래시백에 대한 자비로운 재구성:

　　당신의 플래시백 하나마다 각각 이 차트를 만드는 것을 잊지 말라. 이 연습을 완성했을 때 당신의 몸에서 만들어 내고 있는 따뜻함, 보살핌, 친절의 감정에 온전히 초점을 맞추라.

　　이제 시간을 내어 당신이 그것에 대해 어떻게 느끼는지, 이러한 연습을 통해 얻은 새로운 통찰은 무엇인지에 대해 생각해 보라. 우리를 두렵게 하는 것들에 직면하는 것은 힘과 용기가 필요하고, 또 그것은 우리의 마음(mind)을 에워싸기 때문에 연습을 완성한 것은 잘한 것이다.

5. 완벽한 양육자 심상을 활용하여 수치심으로 가득 찬 플래시백 재방문하기

이런 저런 이유로 자비의 마음으로 자신과 대화하는 것이 어려울 수 있다. 스스로에게 자비로운 흐름을 보내는 것이 어려운 사람들이 특히 그렇다(예: 자신에게 자비를 보냄). 이러한 이유로 우리는 완벽한 양육자 심상을 개발했다. 이 심상을 간단히 설명한 후, 제8장에 요약된 완벽한 양육자를 만들기 위한 지침을 다시 살펴보겠다. 완벽한 양육자 심상은 특정 형태의 자비의 심상이며, 특히 우리의 요구(돌봄, 친절함, 정서적 양육, 힘, 연결에 대한 요구)를 완벽하게 충족시키기 위해 만들어진 내적 도우미의 환상적 개념에 기반을 두고 있다. 그것은 인간적인 실패를 넘어서도록 만들어졌으며, 결코 당신을 실망시키지도 않고, 당신이 고통스러울 때 들어야 할 말을 빠뜨리지 않는다. 완벽한 양육자 심상은 당신이 잘 되는 것에 가장 관심이 있고, 당신의 웰빙을 돌보는 것을 가장 중요하게 여긴다. 완벽한 양육자 심상에 옳고 그름은 없으며, 어떤 심상을 떠올릴 것인가는 당신에게 달려 있다. 어떤 사람은 사자와 같은 동물의 심상을 개발한다. 앞의 제프의 예를 참조하라. 또 어떤 사람은 천사나 어머니 같은 존재를 떠올리는 반면, 또 다른 사람들은 만화 같은 캐릭터를 떠올린다. 당신에게 맞고 가장 기억에 남는 것이라면 무엇이든 가능하다.

우리는 트라우마 클리닉에 온 사람들에게 완벽한 양육자 심상을 사용하는데, 이때의 목적은 안전감과 관련된 긍정적인 효과를 느낄 수 있는 자비의 마음에 접근할 수 있도록 돕는 것이다. 완벽한 양육자 심상을 사용할 때의 다른 이점은 다른 사람들과 연결되어 있고, 혼자가 아니라는 느낌도 증가시킬 수 있다는 것이다(약간 상상의 친구를 가진 것처럼!). 당신이 원하면, 자기비판을 재구성하거나 내면의 괴롭힘에 대응하는 심상을 사용할 수도 있다. 심상을 떠올리기 전에, 그리고 자기비판적인 사고를 다루기 전에, 우선은 (냄새를 사용해서) 당신이 자비의 느낌을 경험할 수 있는지 확인하는 것을 잊지 말라.

하지만 지금 우리가 정말로 탐구하고자 하는 것은 플래시백에서 수치심과 자기비난의 감정을 해결하기 위해서 완벽한 양육자 심상을 어떻게 사용할 수 있는가 하는 점이다. 여기서 중요한 것은 냄새가 심상을 촉발할 수 있는지 확인하는 것이다. 우리는 당신이 필요할 때 그 느낌에 접근하는 데 냄새를 이용하고자 한다.

아만다로 하여금 자비의 기술을 개발해서 성폭행 사건을 효과적으로 다루도록 돕고 난 뒤에도, 그녀는 여전히 자신은 나쁘며, 그 일은 자신에게 일어날 만했다는 생각과 싸우고 있었다. 성폭행 사건에 대해 자책하는 생각과 느낌을 성공적으로 해결했음에도 불구하고, 그녀는 여전히 어린 시절의 성적 학대에 대한 기억을 다루느라 애썼다. 우리는 이러한 기억들이 여전히 그녀가 자신에 대해 어떻게 느끼는지에 대해 강력한 영향을 끼친다는 것을 깨달았고, 성적 학대에 대한 기억이 떠오를 때 아만다는 여전히 자비의 마음에 확신이 서지 않았다. 그녀는 일어난 일에 대해 자책하는 것을 멈추기가 매우 어렵다는 것을 알았다. 그래서 우리는 그녀가 이 싸움을 그칠 수 있도록 다른 것을 해 보기로 했다. 우리는 완벽한 양육자 심상을 사용했을 때 아만다가 자신을 달래고 강해지는 느낌에 접근할 수 있는지, 자비의 시각으로 학대의 기억을 바라볼 수 있는지 살펴보기로 했다.

우리가 아만다와 함께 작업했던 것을 당신에게 설명할 것이고, 이전과 마찬가지로 그것이 당신의 플래시백에도 도움이 되는지를 당신 스스로 살펴보면 된다. 어떤 플래시백이든, 어떤 유형의 트라우마 경험이 있든 완벽한 양육자 심상을 사용할 수 있다. 마침내 아만다의 기억은 어린 시절의 추억이 되었다.

1) 완벽한 양육자 심상을 활용하여 수치심으로 가득 찬 아만다의 플래시백 작업하기

완벽한 양육자 심상과 관련된 냄새를 이용하여 자비의 마음에 접근하기 위한 연습을 하고 난 다음, 우리는 그녀의 고통스러운 어린 시절 학대 기억을 재방문하는 것에 동의했다. 하지만 이번에 아만다는 그녀의 마음속에 자비의 느낌을 불러일으키기 위해 완벽한 양육자 심상을 플래시백에 포함시켰다. 우리는 아만다가 이것을 할 수 있도록 다음에 설명한 세 가지 단계를 수행하게 했다. 아마 당신도 이 단계들을 따라 할 수 있을 것이다.

(1) 1단계

이전에 제프와 했던 것처럼 우리는 아만다에게 주요 플래시백에 대한 간략한 묘사, 플래시백으로 인해 어떻게 느꼈는지, 플래시백으로 인해 어떤 생각을 하게 되었는지, 대처하기 위해 무엇을 했는지 등을 적어 달라고 요청했다.
다음에 있는 아만다의 차트를 보라.

〈아만다의 플래시백〉

플래시백 묘사	플래시백으로 인한 느낌	플래시백으로 인한 자신과 타인에 대한 생각	플래시백에 대처하기 위해서 내가 한 것과 그로 인한 느낌
나는 7세 혹은 8세 정도 되었다. 어느 일요일에 삼촌이 우리 집에 왔다. 삼촌은 밤에 책을 읽어 주다가 나를 재우겠다고 엄마에게 말했다. 내가 잠옷을 갈아입을 때 그가 나를 쳐다보았던 것이 기억난다. 그리고 나서 침대에 있을 때 삼촌이 나를 만졌다.	겁에 질림 역겨움 구역질나고 부끄러움	나는 아무 말도 하지 않았고, 삼촌에게 그만하라고도 하지 않았기 때문에 그것은 내 잘못이다. 나는 더럽다. 다른 사람들이 이것을 안다면 나를 다르게 생각할 것이다. 아마 그들도 내가 나쁘다고 생각할 것이다.	팔을 긁기 시작한다. 몸을 씻기 위해 샤워를 하고 싶다. 정신을 딴 데로 돌리려고 애쓴다. 저녁에 플래시백이 있으면 와인을 마신다.

이제 이 장의 앞부분에서 작성한 차트로 돌아가서, 당신이 특히 까다롭게 느끼거나 수치심이나 자책감을 전환하기 어려운 플래시백에 대해서 작업할 수 있다.

(2) 2단계

다음으로, 아만다가 안전감과 진정감을 느낄 수 있으려면 플래시백 중에서 무엇에 집중할 필요가 있는지를 아만다와 의논했다. 이를 위해 우리는 먼저 완벽한 양육자 심상을 그녀의 마음속에 떠올리게 했다. 이때 자비의 마음이 지닌 정서를 느낄 수 있는 트리거로 그녀의 냄새를 사용했고, 그다음으로 다음과 같은 일련의 질문을 했다. 플래시백에서 그녀가 완벽한 양육자에게서 받고 싶은 말이나 행동은 무엇인가? 그녀는 그 기억을 어떻게 느끼고 싶어 하는가? 아만다는 플래시백에서 완벽한 양육자가 자신을 지지하고, 자신이 편안하고 안전하게 느끼게 해 주기를 얼마나 원하는지 알게 되었다.

완벽한 양육자 심상 사용하기

당신의 심상을 간략히 요약하라:
내 심상은 가운데가 노란 큰 보라색 꽃이다. 꽃잎은 거베라[1]같고 움직이고 흔들리면서 나를 감싸고 있다. 노란색 중앙은 살짝 미소 짓는, 친절하고 자상한 눈을 가진 얼굴이다. 그로 인해 나는 강하고, 보호받고 있으며, 따뜻하다고 느낀다.
냄새: 라벤더 오일

당신의 완벽한 양육자가 어떤 이야기를 통해서 당신에게 힘과 용기를 주었으면 하는가?
나는 널 위해 여기에 있다. 삼촌이 너한테 그런 짓을 하면 안 되었다. 그것은 잘못되었고, 그는 어른이고, 그의 행동은 그의 책임이다. 그것은 네 잘못이 아니다. 너는 아주 용감하게 이것을 견뎌 왔다.

당신의 심상이 플래시백 속의 당신을 어떻게 지지해 주었으면 하는가?
그것은 내 잘못이 아니라고 말해 주고, 양육자로부터 나오는 따뜻함, 보살핌, 위로를 내가 느껴 보라고 했으면 좋겠다.

---

1) 역자 주: 솜나물(국화과)

심상이 당신을 위해서 무엇을 했으면 하는가? [워크시트 14]를 채우기 전에 마음속에 심상을 떠올리고(제8장 221페이지에서 연습함) 당신의 자비로운 냄새를 사용하면 자비의 마음을 촉발하는 것에 도움이 된다는 것을 기억하라.

워크시트 14 완벽한 양육자 심상 사용하기

완벽한 양육자 심상 사용하기

당신의 심상을 간략히 요약하라:

냄새:

당신의 완벽한 양육자가 어떤 이야기를 통해서 당신에게 힘과 용기를 주었으면 하는가?

당신의 심상이 플래시백 속의 당신을 어떻게 지지해 주었으면 하는가?

(3) 3단계

그러고 나서 우리는 아만다에게 다음과 같은 일들을 하도록 요청했다.

- 완벽한 양육자 심상이 플래시백 속의 그녀를 위해 해 주었으면 하는 것을 연습하고 반복해서, 그것이 자신에게 익숙해지도록 하라.
- 완벽한 양육자 심상을 떠올리기 위해 라벤더 오일을 사용하라.
- 완벽한 양육자 심상에게 플래시백에 대해서 말하라. 즉, 무슨 일이 일어났고, 그 일로 인해서 자신이 어떻게 느꼈는지.

- 완벽한 양육자 심상이 그녀에게 말하도록 하고, 또한 그녀에게 힘, 편안함, 지혜를 제공하도록 하라(자비로운 재구성).
- 완벽한 양육자 심상이 그녀에게 했던 지혜와 힘의 말을 적으라.

아만다의 완벽한 양육자가 그녀에게 했던 말은 다음과 같다.

나의 완벽한 양육자에 의한 플래시백의 자비로운 재구성

아만다, 지금 이 순간 내가 너에게 주는 보살핌과 자비심을 네가 느낄 수 있기를 바란다. 이 느낌에 집중해 봐. 그 학대가 네 잘못이 아니었다는 걸 네가 알았으면 좋겠어. 넌 아이였고, 너의 삼촌이 그 일에 책임이 있다. 네가 그것으로 고통을 겪어야 해서 정말 마음이 아프다. 너무 두렵고 혼자뿐이라고 느꼈을 것 같구나. 지금 너에게는 큰 힘과 용기가 있고, 이 사건에서 벗어나 내가 너를 사랑하고 아끼는 것처럼 너도 너 자신을 사랑하고 돌볼 수 있어. 그것은 네가 만든 일이 아니야, 그 비난은 버려. 이제는 네가 마땅히 살아야 할 너의 삶을 살아.

아만다는 이 연습이 매우 도움이 된다는 것을 알았다. 그녀는 완벽한 양육자 심상이 그녀에게 편안함과 힘을 주면서 거기에 있을 때 기분이 얼마나 좋아지는지를 알고 놀랐다. 또한 이제는 학대가 자신의 잘못이 아니라는 것을 확실히 알게 되었을 때도 놀랐다.

이제 완벽한 양육자 심상이 당신으로 하여금 자기비난을 다르게 느끼도록 도울 수 있는지를 살펴볼 차례다. 당신이 해야 할 것은 앞의 3단계에서 설명한 5개의 절차를 따르는 것이다.

① 완벽한 양육자 심상이 플래시백 속의 당신을 위해 해 주었으면 하는 것을 연습하고 반복하라.
② 자비로운 냄새를 사용해서 완벽한 양육자 심상을 떠올리라.
③ 완벽한 양육자 심상에게 플래시백에 대해서 말하라. 즉, 무슨 일이 일어났고, 그 일로 인해서 당신이 어떻게 느꼈는지.

④ 완벽한 양육자 심상이 당신에게 말하도록 하고, 또한 당신에게 힘, 편안함, 지혜를 제공하도록 하라(자비로운 재구성).
⑤ 완벽한 양육자 심상이 당신에게 했던 지혜와 힘의 말을 적으라.

그럼에도 여기서 강조해야 할 정말 중요한 것은 플래시백을 떠올리기 전에, **만족 및 진정 시스템**을 사용했는지 확인하는 것이다. 당신이 짐작하듯 위협에 초점을 둔 마음은 중앙 무대를 그렇게 쉽게 포기하려 하지 않기 때문에, 위협에 초점을 둔 마음에 자비의 마음을 불어넣는 것은 훨씬 더 어렵다. 따라서 이런 식으로 하는 것이 훨씬 더 쉽고, 훨씬 더 견딜 만할 것이다! 준비가 되었으면 다음 [워크시트 15]를 완성하라.

워크시트 15 나의 완벽한 양육자에 의한 플래시백의 자비로운 재구성

나의 완벽한 양육자에 의한 플래시백의 자비로운 재구성

이제 잠시 시간을 내서 당신이 어떻게 느끼는지, 그리고 이러한 연습을 통해 얻은 새로운 통찰은 무엇인지 생각해 보라. 연습을 마치느라 수고했다. 앞에서와 마찬가지로 우리를 두렵게 하는 것들에 맞서서 우리의 삶을 계속 진행하겠다는 결심을 하려면 힘과 용기가 필요하다.

6. 혐오감에 대한 자비로운 노트

이 장을 마치기 전에 혐오감에 대해 생각하는 시간을 갖고자 한다. 트라우마를 겪은 사람들은 혐오감을 느끼게 하는 일들을 자주 겪게 된다. 예를 들어, 사고 현장으로 향하는 응급대원의 경우가 특히 그렇다. 가끔은 다른 사람들이 자신에게 하는 혐오스러운 행동을 견뎌 내야 할 때도 있다. 역겨움을 묘사하는 것은 꽤 어렵지만, 우리는 모두 그것이 어떤 느낌인지 알고 있다. 그것은 우리 몸에서 일어나는 매우 본능적인 느낌일 수 있다. 그것은 우리 자신에게서 그 느낌을 없애려는 욕구가 결합되어 있는 자동적인 거부감이다. 심지어 토할 것 같이 느껴지기도 한다. 예를 들어, 역겨운 냄새는 자동으로 얼굴을 찌푸리게 하고, 고개를 돌리거나, 코를 막게 한다. 마찬가지로, 우리 몸에서 불쾌한 느낌이 플래시백에 의해 유발되면 우리는 몸을 깨끗이 씻거나 그 느낌을 없애고 싶은 강한 욕구를 느낄 수 있다.

1) 내성적 재구성

혐오감은 매우 괴로울 수 있고, 만약 그것이 트라우마 플래시백에 의해 촉발된다면, 매우 혼란스럽고 토할 만큼 속이 메스꺼워서 필사적으로 그 감정에서 벗어나려고 할 것이다. 앞 장에서 만났던 경찰관 마틴은 혐오감으로 가득 찬 플래시백에 시달리곤 했다. 이것은 교통경찰관이라는 그의 직업과 관련이 있었는데 그는 수년간 끔찍한 도로 교통사고를 많이 보았고, 그로 인해 역겨움을 느끼게 하는 장면의 플래시백이 종종 떠오르곤 했다. 우리는 마틴의 플래시백 관리를 돕기 위해 내성적 재구성(visceral rescript)이라고 부르는 기술을 사용했다. 당신도 강한 혐오감을 느낀다면 도움이 될 수 있으니 함께 이 기술을 사용해 보자.

시작하기 전에 한 가지 아주 중요한 것을 말해야겠다. 당신이 역겨운 짓을 당하고 혐오감을 느꼈을 수 있지만, 이것이 당신이 역겹다는 것을 의미하지는 않는다. 위협에 초점을 둔 뇌는 그렇게 하도록 고안되어 있기 때문에 특정한 상황에 자동적으로 반응하여 혐오감을 촉발시킬 것이다. 이 때문에 당신은 역겨움을 느끼겠지만, 그렇다고 해서 이것이 당신이 역겹다는 것을 의미하지는 않는다.

(1) 1단계

마틴이 자신의 역겨운 플래시백을 어떻게 작업했는지 다음에서 살펴볼 것이다. 그의 플래시백을 아주 자세히는 다루지 않을 것이다. 왜냐하면 당신이 그것을 읽을 때 역겨움을 느낄 수 있기 때문이다. 마틴이 자신의 기억에 강한 혐오 반응을 보였다고 말하는 것으로 충분하다.

플래시백 요약:
자동차 화재로 사람이 숨지는 사고 현장에 있었다. 내 입속에 사람들의 잔해가 있다고 생각되었다.

혐오감은 당신에게 어떻게 느껴지는가?
아픈 것 같고 메스꺼운 느낌이다. 정신적 · 신체적으로 얼굴을 찡그리고, 몸이 움찔하는 것 같은 느낌이다. 근육 경련같이 느껴진다.

당신의 몸 어디에서 혐오감을 느끼는가?
코와 목구멍 뒤쪽에서 느낄 수 있다. 그것은 내 배 속까지 흘러 내린다.

그 느낌을 색깔로 표현할 수 있는가?
그렇다. 역겨운 녹황색이다.

그것에 냄새가 있는가?
그렇다. 부패한 고기와 탄 고기 냄새가 섞여 있다.

앞에서 했던 것처럼 당신에게 역겨움을 느끼게 하는 플래시백을 확인하는 것으로 시작해 보자. 그런 다음 [워크시트 16]을 가이드로 사용하여 다음 질문에 대답할 수 있는지 살펴보라.

| 워크시트 16 | 혐오감 플래시백 탐색하기 |

플래시백 요약:

혐오감은 당신에게 어떻게 느껴지는가?

당신의 몸 어디에서 혐오감을 느끼는가?

그 느낌을 색깔로 표현할 수 있는가?

그것에 냄새가 있는가?

---

(2) 2단계

그다음 자비롭고 진정시키는 느낌에 대한 자신의 모든 지식을 활용하여 혐오감에 대한 자비로운 해독제를 생각해 내도록 마틴에게 요청했다. 시각화를 통해 몸에서 이 느낌을 만들어 낼 수 있도록 시간을 할애했다. 다음은 그가 생각해 낸 것이다.

혐오감에 대한 자비로운 해독제
자비는 당신에게 어떤 느낌인가?
자비는 따뜻하고, 안전하고, 차분하고, 강하고, 개방적인 느낌이 든다.
당신의 몸 어디에서 자비를 느끼는가?
가슴 중간과 복부 위쪽에서 마치 에너지 덩어리처럼 느껴진다.
그 느낌을 색깔로 표현할 수 있는가?
그렇다. 보라색과 청록색이 잘 섞인 보라청록색이다.

그것에 냄새가 있는가?

그렇다. 자비로운 냄새는 오래된 애프터 셰이브 향이다.

이제 혐오감에 대한 자비로운 해독제가 당신의 몸에서 어떻게 느껴지는지 생각해 보길 바란다. 당신의 자비가 본능적인 감각으로는 어떻게 느껴지는지 생각해 보길 바란다. 몸속에 자비의 느낌을 만들어 낼 수 있도록 진심으로 노력해 보라. 이것을 시각화하고 상상하는 것이 그 느낌을 강화하는 데 도움이 된다는 것을 알게 될 것이다. 눈을 감고 상상해 보라. 아마도 제8장의 자비 흐름 연습을 했을 때 느꼈던 느낌을 돌이켜 생각해 보고, [워크시트 17]을 완성할 수 있을 것이다.

이 연습을 할 때 집중해야 할 중요한 것은 몸에 있는 새로운 자비의 느낌을 상상하는 데에는 시간이 걸린다는 점이다. 평온하게 시간을 보내면서, 진정시키는 리듬 호흡을 시작한 뒤에 몸을 자비의 느낌으로 채울 수 있는지 살펴보라. 심지어 머리끝에서부터 발끝까지 몸이 자비의 색깔로 변한다고 상상해 보라. 자비의 냄새도 당신을 도울 것이다. 그러니 그것을 깊이 들이마시라.

워크시트 17 **혐오감에 대한 자비로운 해독제**

혐오감에 대한 자비로운 해독제

자비는 당신에게 어떤 느낌인가?

당신의 몸 어디에서 자비를 느끼는가?

그 느낌을 색깔로 표현할 수 있는가?

그것에 냄새가 있는가?

---

(3) 3단계

이것은 자비로운 용기와 힘이 필요한 연습의 일부다. 지금 당신이 해야 할 것은 혐오감 플래시백을 상기시키고 몇 분 동안 마음속에서 그것을 견디면서, 동시에 몸이 자비의 느낌으로 가득 차 있을 수 있는지 알아보는 것이다.

어떻게 했는가? 이 연습에서 얻은 핵심 통찰을 몇 분 동안 적어 보라. 마틴은 이 연습으로 자신이 매우 진정되는 것을 발견하곤 했다. 이 연습을 한 뒤에 자비의 느낌을 활용하자 혐오감 플래시백이 덜 강력해지고 덜 무섭게 되었다는 것을 알아차렸다. 마틴은 또한 자비의 향기가 나는 손수건을 지니고 다니면서 혐오감이 느껴지는 냄새 플래시백이 떠오를 때마다 손수건의 냄새를 맡았다. 그러자 혐오감 냄새 기억이 더 이상 남아 있지 않다는 것을 알았다. 당신도 이것을 시도해 보고, 필요할 때 자비의 냄새를 맡아 보라.

7. 요약

이 장에서는 자기비판적인 사고와 자기비난을 스스로 극복하기 위해 자비의 마음을 계속해서 개발하고 사용했다. 아만다, 제프, 마틴의 인생 이야기를 통해 어떻게 하면 자기 공격의 악순환 고리를 끊고, 플래시백을 자비롭게 재구성하며, 플래시백이 있을 때 자신을 지지하기 위해 완벽한 양육 심상을 사용할 수 있는지 설명했다. 그다음 우리는 혐오감에 대해 생각하고, 혐오감으로 가득 찬 플래시백을 처리하기 위해 자비의 몸 느낌을 어떻게 사용할 수 있을지 생각해 보았다.

아만다, 제프, 마틴처럼 당신도 이 연습이 도움이 된다는 것을 깨닫기 바란다. 수치심과 자기비난에서 벗어나 플래시백 기억을 해결하는 데 이 연습을 계속 사용하기 바란다.

제11장

자비의 편지 쓰기를 활용하여
트라우마 이야기에 자비를 가져오기

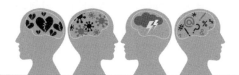

이제는 외상성 경험에 대한 자비의 문서 작성을 통해 트라우마 경험에 대한 자비의 관점을 계속해서 만들어 갈 것이다. 노출이라는 아이디어에 약간 기반을 두고 있기는 하지만, 고통스러운 느낌을 피하지 않고 마주할 수 있도록 자비에 초점을 둔 측면을 추가할 예정이다. 그래서 실제 일어난 일에 대해 자세히 다루지는 않지만 경험에 대한 자비로운 편지를 우리 자신에게 쓸 예정이다. 클리닉에 온 사람들은 치료의 일환으로 자신의 외상 경험을 자세히 적게 되는데, 이를 이야기 문서(narrative account)라고 부른다. 그러나 어떤 사람들은 외상 경험을 극복한 후에, 새로운 통찰만을 이야기에 넣어서 자신의 트라우마가 지닌 의미를 재구성하기도 한다. 두 가지 접근 방식 모두 이전의 고통스러운 사건에 다른 의미를 가져오는 새로운 문서를 개발하는 데 도움이 될 수 있다.

제9장과 제10장은 외상 경험을 현명하고 통찰력 있게, 그리고 자비의 방식으로 생각할 수 있도록 돕기 위한 여러 가지 연습을 제공했다. 이렇게 하는 이유는 자비 초점이 마음속의 중요한 처리 체계가 트라우마 문제를 다루도록 도와주고, 트라우마를 완화시키는 데 도움이 되기 때문이다. 제8장에서는 공포와 안전 전략을 해결하기 위해서 삶의 경험에 대한 자비의 문서를 개발했

다. 제8장에서 얻은 중요한 통찰 중 하나는 우리의 투쟁은 이해할 만하며 우리 잘못도 아니라는 것이다. 자비의 이야기를 이용함으로써 우리는 삶의 여정이 지닌 비의도성을 인식하기 시작했고, 자비가 삶에 도움이 된다는 것을 받아들이는 방향으로 나아가게 되었다. 그다음 우리는 자신에게 일어난 슬픈 일들에 대해 스스로를 비난하는 느낌에 자비의 이해를 줄 수 있게 되었다. 우리는 스스로를 비난하고 부끄러워하는 것을 멈추고 치유와 변화에 대한 확고한 책임을 갖게 되었다.

제10장에서는 자비의 마음가짐과 자비의 심상을 활용해서 비판의 목소리와 플래시백을 다루는 방법을 탐색했다.

이 연습의 목적은 외상성 경험에 자비의 통찰을 불어넣는 것이다. 자, 이제는 자비의 편지를 스스로에게 쓰면서 기술을 개발해 보자. 여기서 초점은 트라우마에 내재된 고통이 아니라 트라우마에 대한 자비의 방향이다. 바로 이것이 우리가 사건의 세부사항을 깊이 생각하지 않는 이유다. 이것은 회복을 위한 당신만의 개인적 여정이고, 당신이 편안함을 느낄 수 있는 속도로 진행된다는 점을 기억하라. 만약 원치 않으면, 자비의 편지에 트라우마의 세부사항을 포함할 필요는 없다. 돌봄과 친절로 스스로를 대하라.

1. 자비의 편지 쓰기

어떤 사람들은 걱정이나 근심을 글로 적는 것이 도움이 된다고 생각한다. 글쓰기는 '머릿속에서' 생각을 꺼내서, 쳐다볼 수 있는 기회를 주기 때문에 매우 도움이 될 수 있다. 자신의 생각을 읽으면서 자기 자신과, 자신의 경험, 느낌, 행동에 새로운 통찰을 얻을 수 있다. 이 기법은 인지치료에서 자주 사용되는데, 여기에서 사람들은 부정적 생각을 메모한 다음 좀 더 도움이 되는 관점의 재평가를 글로 적는다. 따라서 글쓰기는 부정적 생각을 반복해서 연습하는 것이 아니라, 거기에서 물러서서 보다 도움이 되는 방식으로 부정적 생각을 평가하려는 노력이라는 것을 아는 것이 중요하다. 글을 쓸 때 다음과 같은 질문을 스스로에게 던질 수 있다. 나는 상황을 어떻게 개선할 수 있을까? 지금 나에게 도움이 되는 것은 무엇일까? 이 편지를 쓰고 나면 앞으로 어떻게 더 잘 대처할 수 있게 될까? 비슷한 상황을 겪은 친구에게 나는 무슨 말을 할 수 있을까?

외상성 사건을 다루는 데 도움이 될 수 있도록 지지, 이해, 친절을 제공하는 방식으로 우리 자신에게 편지를 쓰는 것에 집중할 것이다. 우리는 이 접근을 **자비의 편지 쓰기**라고 부른다.

자비의 편지 쓰기는 자비의 기술을 개발하는 데 도움이 된다. 왜냐하면 자신을 향상시키려 하고, 경험에 대한 민감성과 개방성을 개발하며, 고통을 견디고 비판단적이 되는 방법을 배우기 때문이다. 이 기술을 개발하게 되면 자기자비가 되는 것을 막는 것이 무엇인지 알 수 있고, 머릿속에 있는 '네, 그렇지만'을 들을 수 있다. 당신의 다른 부분들은 늘 트라우마에 대한 다른 생각과 믿음을 지니고 있다는 것을 기억하라. 당신에게 중요한 것은 당신을 돕고자 하는 현명하고 강한 자비의 자기에게 초점을 맞추기로 하는 것이다.

외상성 경험을 글로 적은 문서를 작성하는 방법으로 자비의 편지 쓰기를 사용했지만, 많은 사람은 자신과의 새로운 관계를 만드는 방법으로 편지를 사용하기도 한다. 두 가지 다 도움이 된다는 것을 알 수 있다. 만약 자비의 편지 쓰기 기술을 좀 더 개발하고 싶다면 폴 길버트 교수의 자조 도서인 『자비의 마음』(329~330페이지의 유용한 자원을 참조하라)에서 해당 장을 읽어 볼 수도 있겠다.

1) 사고의 흐름 따라가기

무엇을 쓸지 미리 너무 걱정하지 말고 천천히 생각의 흐름을 따라가라. 무엇을 써 넣을지 알든 모르든 글쓰기를 시작하라. 완벽한 편지도 없고, 이것을 하는 완벽한 방법도 없으며, 옳고 그른 것도 없다. 당신에게 맞는 것을 찾을 때까지 시간을 갖고 다시 써도 좋다. 편지 쓰기의 목적은 자비의 자기를 활성화시키는 것임을 기억한다면 도움이 될 것이다. 여기에서 자비의 자기는 특정한 종류의 느낌, 지혜, 그리고 외상성 경험에 도움이 되고자 하는 욕망을 지니고 있다.

편지 쓰기는 사람들에게 매우 강력하고 가슴 아픈 일이 될 수도 있다. 어떤 사람들은 글을 쓰면서 슬픔을 느끼는 자신을 발견하기도 한다. 이것은 수치심보다는 슬픔의 경험에 초점을 맞추기 시작하는 것이기에 그들의 여정에 중요한 부분이 될 수 있다. 자신의 고통을 인정하고 슬퍼하는 것은 상처를 치유하고 벗어날 수 있는 방법을 찾는 데 중요하다. 자비의 마음은 이 작업이 당신을 화나게 할 수 있다는 것을 이미 알고 있다. 그래서 편지를 다 쓴 후에 당신을 위한 자비로운 것이 무엇일지를 생각해 볼 것이다. 당신을 위한 것이 무엇일지 생각해 보라. 친구에게 전화하거나 산책하러 갈 수 있다.

2. 자비의 편지 쓰기 단계

조용하고 안전한 장소를 찾은 다음 방해받지 않을 시간을 마련하라. 편지를 한 번에 다 쓰지 못할 수도 있고, 앞으로 돌아가서 고치고 싶을 수도 있다.

1) 1단계: 자비의 동기

편지를 쓰기 전에 자비의 마음이 지닌 동기는 친절, 용기, 따뜻함, 힘으로 괴로움과 고통을 경감시키는 것임을 기억하라. 자신의 경험에 대해 스스로에게 편지를 쓰기 시작하면서 불안 혹은 괴로움이 섞인 느낌을 이미 알아차렸을 수도 있다. 충분히 그럴 수 있다. 그렇다면 마음을 자비의 느낌에 집중해 보라. 아마 자비의 냄새를 사용해서 몸 안에서 이 상태를 일으킬 수도 있다.

2) 2단계: 마음가짐을 정향하기

(1) 자비의 자기 상태에서 쓰기를 시작하라

앞에서 했던 연습들처럼, 시작하기 전에 자비의 이미지를 사용해서 자비의 자기감에 접근하라. 이렇게 함으로써 위협을 조절하는 데 매우 중요한 진정 및 만족 시스템을 깨울 수 있다. 따라서 먼저 진정시키는 리듬 호흡을 하는 데 시간을 할애하라. 이렇게 하면 당신의 마음을 느리게 하는 데 초점을 둘 수 있다. 항상 내쉬는 호흡에 초점을 두고 위엄과 권위 있는 자세를 취하도록 자세에도 집중하라. 얼굴 근육은 진정과 '안전'을 등록하는 뇌의 시스템에 피드백을 제공하기 때문에 친근한 표정을 지어야 하며, 목소리도 차분하게 하라. 이런 자기감을 만드는 데 30초를 할애하라. 편지 쓰기를 위해 자신의 마음을 활용하면 우리 안에 자비의 마음 틀을 만들 수 있게 된다. 이 과정을 하는 데 제8장에 제시된 연습 몇 가지를 사용하면 도움이 될 수 있다.

혹은 당신에게 편지를 쓰는 완벽한 양육자 심상을 상상할 수도 있다. 어떤 사람들은 자신이 완벽한 양육자를 만들어 냈다는 것을 알면서도, 그들 자신이 아니라 상상한 심상으로부터 나온 자비의 생각을 더 쉽게 받아들인다.

만약 당신이 완벽한 양육자를 사용해서 편지를 쓴다면, 그 사람을 상상하거나 그 사람이 당신과 함께 있는 심상을 상상하는 데 시간을 할애하라. 자비의 마음을 이끌어 내기 위해 자비의 냄새 혹은 심상 연습 몇 가지를 사용할 수도 있다. 편지 쓰기를 시작할 때 우리는 지혜, 힘, 친절, 따뜻함의 느낌에 접근할 수 있기를 원한다. 심상은 당신이 자신을 위해서 만들었고, 당신에게 제일 관심이 있다는 점을 기억하라. 심상은 고통에 직면할 수 있는 용기를 당신에게 준다.

자비의 마음이 점차 생겨나서 형태를 갖추는 것을 느낄 수 있을 때, 다음에 요약된 편지 쓰기의 단계들을 따르면서 작업을 시작한다. 이것은 당신의 여정이고, 그것을 해 나가는 데 몇 주가 걸릴 수도 있기 때문에 자신에게 친절하게 대할 것을 명심하라. 괜찮다. 당신에게 도움이 되는 방식으로 속도를 조절하면 된다.

비록 일시적인 경험일지라도 완벽한 양육자 심상을 마음속에 떠올릴 수 있다는 확신이 들 때까지는 편지 쓰기를 시작하지 않는다.

자비의 마음이 당신에게 도움이 되는 삶의 일들에 주의를 기울이고, 용기와 친절로 어려움을 헤쳐 나갈 수 있도록 돕고, 당신의 웰빙에 도움이 되는 방식으로 행동할 수 있게 해 줄 것임을 상기하는 것이 도움이 될 수 있다.

자비의 마음에 접근하고 활성화하는 것이 어려울 수 있지만, 그 또한 우리의 잘못이 아니라는 것을 인식할 필요가 있다. 중요한 것은 고통을 완화하는 데 도움이 되는 우리 마음의 의도에 집중하는 것이다.

3) 3단계: 안전의 경험

편지를 쓸 때 우리는 안전하고, 트라우마는 과거의 일이며, 더 이상 우리를 해칠 수 없다는 것을 스스로에게 상기시키는 것이 중요하다. 당신은 지금 여기에 있다는 것과 당신은 안전하다는 것을 스스로에게 상기시켜라. 이를 위해 주변을 살펴보고, 당신을 지탱하는 발아래 바닥을 느껴 보라. 의자에 앉아 있다면 의자의 등받이가 당신을 지탱하고 있는 것을 느껴 보라. 탁자 옆에 앉아 있거나 창밖을 보고 있다면 주변의 색깔과 질감을 알아차려 보라. 당신이 바로 지금 이 장소에서 '안전'에 집중할 때 촉발되는 신체 느낌에 잠시 집중하라. '안전'과 따뜻함이 있는 장소에서 편지 쓰기는 외상성 경험과 관련된 강렬한 느낌과 고통을 견디는 데 도움이 될 것이다. 언제든 너무 괴롭거나 압도당하는 느낌이 들면, 호흡에 집중하고 의자에 앉아 있거나 창밖을 보는 느낌에 집중하면서 당신이 바로 지금 있는 곳의 느낌으로 돌아오라. 가끔은 잠시 동안 글을 쓰다가 현재 순간으로 돌아왔다가 다시 글을 쓰다가를 들락날락할 수 있다. 당신에게 도움이 되는 것이면 무엇이든 하라.

4) 4단계: 시작할 준비가 되었는가

편지 쓰기가 도움이 되는 측면은 자비의 자기 관점에서 편지를 쓰거나, 혹은 당신에게 편지를 쓰는 자비의 타인을 상상하는 것이다. 자비의 자기는 무조건적으로 당신을 이해하고, 타당화하고, 공감하고, 지지한다. 자비의 자기는 현명하다. 그래서 사는 것은 매우 힘들고, 우리 모두가 그렇다는 것도 알고 있다. 자비의 자기는 트라우마 경험이 슬프게도 흔히 일어나고 압도적일 수 있다는 것을 이해한다. 그것은 당신의 한 부분으로, 이러한 이해에 확신을 갖게 하고, 돌보고 지지하고 싶은 깊은 동기도 갖게 한다. 이는 자비가 불쾌한 느낌을 가라앉히거나 없애는 것이 아니라는 것을 인식하기 시작할 때 생긴다. 즉, 자비는 선함과 은총이라는 어떤 멋진 상태로의 일종의 상승이 아니다. 진정한 자비는 매우 염려하면서 도움이 되는 방식으로 우리 안의 고통스러운 것들에 관여하는 데 필요한 용기를 개발하는 것이다. 자비는 일을 다르게 하는 것에 대해 생각하는 것, 혹은 새로운 방식으로 자신을 이해하는 것이 고통스러울 수 있다는 것을 인식하는 것이다. 우리는 온갖 이유로 그것을 거부할 수 있기 때문에 편지를 쓰도록 재촉하거나 당신이 준비되지 않은 변화를 요청하지 않을 것이다.

5) 5단계: 편지 쓰기를 시작하기—지혜, 용기, 힘, 회복력을 인식하라

글을 쓰기 시작할 때 첫 단락을 어떻게 쓸지 힘들어하는 것은 흔한 일이다. 이 장애물을 극복하려면 다음 제시된 구조를 따르도록 노력해 보라. 이 방법은 자비의 편지 쓰기를 시작하는 많은 사람에게 도움이 되었다.

자신의 고통과 자신이 겪은 일이 그럴 수 있다는 것을 언급하는 문장으로 편지를 시작하라고 나는 제안한다. 우리가 앞에서 만났던 레이첼의 예를 통해 이것을 진행해 보자.

> 레이첼에게,
>
> 친애하는 레이첼에게 이 편지를 씁니다. 저는 당신이 지금도 어려움을 겪고 있고 과거의 트라우마 경험으로 인해 많이 힘들었다는 것을 알고 있습니다. 당신이 어려움을 극복하고 앞으로 살아 나갈 수 있는 방법을 찾는 데 저의 도움과 응원을 주고자 이 편지를 씁니다. 이렇게 되겠다고 선택한 것도 아니고, 과거를 선택한 것도 아니며, 두려움에 사로잡혀 있는 뇌도 당신이 어려워하는 것에 연연해하는 뇌도 당신이 선택한 것이 아니라는 점을 알았으면 좋겠습니다.

편지의 첫 부분은 우리 자신의 내적 지혜, 용기, 힘, 회복력을 이해하는 데 도움을 줄 수 있다. 당신 자신의 이 부분을 이해할 수 있는 시간을 주기만 해도 그 부분이 점차로 드러난다는 점은 흥미롭다. 이 느낌에 열중해 있을 때는 자신의 이런 자질을 인식하기 어려울 수 있다. 따라서 느낄 수 없다고 해도 우리가 그것을 지니고 있다는 사실을 스스로에게 상기시키는 것이 도움이 된다. 편지에는 다음과 같은 내용이 포함될 수 있다.

> 우리 중 누구도 트라우마를 겪기로 선택하지 않았다는 점을 기억하세요. 이것은 바로 지금도 트라우마의 영향으로 고통받고 있는 모든 사람에게 해당됩니다. 지금 가장 중요한 것은 트라우마에서 물러서서, 그 경험을 치유하고 받아들이기 위해 당신에게 정말로 필요한 것이 무엇인지를 생각해 보는 것입니다. 트라우마의 극복은 불안, 공포, 분노, 혐오, 실망, 혼란과 같은 많은 다양한 감정을 대처하고 다루는 것입니다. 다루기 어려운 것은 당연합니다. 그래서

우리는 한 번에 한 단계씩 진행할 것입니다. 우리는 어떤 것도 당신의 잘못이 아니고, 뇌가 위협 상황에 대응하도록 그렇게 설계되었기 때문이라는 것을 알고 있습니다. 당신의 방식으로 고통을 지켜보는 것도 힘든 일이었고, 당신에게 일어난 일에 대해 스스로를 비난하는 것 또한 힘든 일이었습니다. 당신은 그동안 고통을 견뎌 낼 수 있는 큰 힘과 용기를 보여 주었고, 가슴이 벅차오른다는 말씀도 드리고 싶습니다. 당신의 지혜와 용기는 고통을 헤쳐 나갈 수 있도록 도와줄 것입니다.

당신은 이 시점에서 자비의 심상을 믿지 않을 수도 있지만, 뇌의 일부분을 활성화할 수 있도록 우리가 도울 수 있다는 점이 중요하다. 뇌의 그 부분은 자비의 능력, 용기, 그리고 고통스럽고 힘든 것을 견디고 다룰 수 있는 능력에 초점을 두고 있다.

6) 6단계: 공감과 이해

편지를 씀으로써 우리는 과거에 경험한 투쟁과 외상성 경험이 우리에게 어떤 영향을 주었는지에 대해서 공감과 이해를 표현할 수 있게 된다는 것이 중요하다. 우리가 겪고 있는 투쟁은 인간이 공통적으로 경험하는 것이고, 역사와 관련된다는 것을 이해할 필요가 있다. 그것은 우리의 잘못이 아니지만, 스스로를 공격하지 않고 다룰 수 있는 방법을 찾는 것은 우리의 책임이다.

따라서 당신의 뇌, 개인적인 역사, 당신이 처한 상황, 그리고 힘든 일에 대처하는 법을 배우는 것에 초점을 맞추는 것이 도움이 될 수 있다.

편지의 다음 부분은 외상성 경험에 대해 스스로를 탓하는 이유에 대한 공감과 이해에 초점을 맞춘다.

성폭행 사건 이후 그 일을 극복하는 것이 얼마나 힘들었는지 알고 있습니다.

또한 당신의 삶에서 일어난 그 슬픈 일에 대해 왜 스스로를 비난하려고 하는 지도 이해합니다. 자신의 삶을 뒤돌아보고, 스스로를 좋아하지 않게 만들었던 경험을 살펴보는 당신의 용기와 정직함에 나는 깊은 인상을 받았습니다. 그렇게 하려면 용기가 필요하고, 당신은 회복하려는 강한 의지를 보이고 있습니다. 중요한 것은 학교에서 괴롭힘을 당한 것이 당신의 잘못이 아니며, 자신의 감정을 진정시키는 방법을 부모가 잘 가르쳐 주지 않은 것 또한 당신 잘못이 아니라는 것입니다. 당신은 어렸을 때 자주 비난받았고, 이로 인해 삶에서 무언가 잘못될 때 자신을 비난하는 경향이 있습니다. 성폭행을 당한 것에 대해 자신을 비난하는 것을 이해할 수 있습니다. 당신은 그 일이 당신 잘못이고, 그럴 만하다고 생각했습니다. 그렇게 생각하는 것이 당신으로 하여금 더 통제감을 느끼게 하기 때문이며, 또한 당신이 여전히 위험에 처해 있다고 생각하는 위협에 초점을 둔 복잡한 뇌 때문에 스스로를 비난하고 싶어진다는 것을 나는 이해합니다. 하지만 당신 잘못이 아닙니다. 당신은 안전합니다. 당신이 겪은 이 모든 것에도 불구하고 이것은 당신 잘못이 아니며, 당신은 이런 식으로 고통을 받을 만하지도 않습니다.

강인함과 결단력이 당신을 지탱해 주었고, 당신 자신과 가족을 돌보고 사랑스러운 가정을 이끌기 위해 당신이 꾸려 나가는 방식에 감명을 받았습니다. 당신은 최선을 다하고 있고, 내가 당신에게 느끼는 편안함이 깃든 친절함과 따뜻함을 당신이 기억해 주길 바랍니다. 당신은 고통 속에 혼자 있는 것이 아닙니다. 당신의 노력에 대해, 그리고 이 공격에서 회복하는 데 얼마나 노력해 왔는지에 대해 스스로를 칭찬할 수 있습니다. 이 모든 것은 당신의 잘못이 아니고, 당신은 자신의 삶을 이렇게 만들려는 의도가 없었으며, 선택권이 있었다면 자신을 위해 이런 대본을 쓰지는 않았을 것임을 나는 당신에게 상기시켜 주고 싶습니다.

7) 7단계: 위협에 대처했던 방식의 의도치 않은 결과를 이해하기

이제 편지는 당신이 위협에 대처 한 방식의 의도하지 않은 결과에 대해 생각해 보게 된다. 제9장에서 개발한 자비의 이야기를 다시 읽으면서 자신의 이야기를 상기해 볼 수 있다.

레이첼, 어렸을 때, 그리고 성인이 되었을 때 대처하기 위해 당신이 했던 모든 것은 당신의 삶에서 벌어진 일들을 고려하면 그때 할 수 있는 당신의 최선이었습니다. 성폭행 사건으로 인해 남편과의 관계가 힘들어졌고, 남편과 가까워지는 것이 어렵다는 사실이 당신을 슬프게 했다는 것을 나는 알고 있습니다. 신체 접촉은 성폭행 사건을 생각나게 하기 때문에 피했다는 것이 납득이 됩니다. 영원히 이렇게 되기를 원치 않는다는 것도 나는 알고 있습니다. 당신은 이 어려움을 해결하기 위해 용기 있는 단계를 밟고 있습니다. 시간이 지날수록 나아질 것입니다. 한 번에 한 단계씩 진행합시다. 당신은 술을 너무 많이 마셨고, 건강을 해쳤다는 사실도 인정했습니다. 이 상황이 슬프지만 마음과 기억에서 벗어나고 싶었던 것도 이해가 갑니다. 그것은 힘들었고, 스스로를 괴롭혔다는 점도 이해가 가고, 술을 마실 때 얼마나 '의지가 약했는지'도 납득이 됩니다. 그러나 의도하지 않은 결과 중 하나는 이제 자신을 괴롭히는 데 너무 익숙해져서, 당신은 훨씬 더 비참하고 외롭고 고립된 상태가 되었다는 사실입니다. 또한 성폭행 사건에 대해 보다 균형 잡히고 도움이 되는 방식으로 생각하지 못하게 되었고, 그 결과 수치심이 더 커졌습니다.

8) 8단계: 그것은 우리의 잘못이 아니라 우리의 책임이다

편지는 이제 삶의 변화에 대해 책임지는 것에 대한 내용을 적는 것으로 넘어간다. 이를 위해서, 자비의 접근에서 핵심은 스스로에게 다음을 상기시키는 것이다. 즉, 우리는 자라 온 환경이나 관계로 태어나게 해 달라고 요청하지 않았고, 외상성 삶의 사건을 경험하게 해 달라고 요청하지도 않았다는 점이다.

도망쳐서 숨고 싶고, 기억과 플래시백을 피하고 싶고, 맥주로 마음을 덮어 버리고 싶고, 남편을 피하고 싶은 것은 당신 잘못이 아닙니다. 이 모든 것은 무서운 일에 대한 이해 가능한 정상적 반응입니다. 어렵고 복잡하고 상충되는 감정과 삶의 도전들을 다루는 다른 방법을 배울 기회가 당신에게는 없었다는 것 또한 당신 잘못이 아닙니다. 기억하세요. 당신은 여기에 있기로 선택하지 않았고, 과거를 선택하지 않았으며, 공포를 두려워하거나 어려운 일에 연연하는 뇌를 가지기로 선택한 것도 분명 아닙니다.

그러나 이 행동이 웰빙을 해치기 때문에 고통을 초래한다는 것도 당신은 알고 있습니다. 이제 당신은 자신이 경험한 위협을 다룰 다른 방법을 찾고 싶습니다. 그리고 두려울 때 대처할 수 있는 다른 방법을 당신이 찾을 수 있고 찾을 것임을 나는 알고 있습니다. 그 방법은 당신에게 더 유익하며, 당신의 미래 목표를 더 지지합니다.

9) 9단계: 기억을 극복하는 데 필요한 것이 무엇인지를 이해하라

편지 쓰기의 다음 단계는 감정과 기억을 극복하는 데 필요한 것이 무엇인지를 이해하는 데 중점을 둔다. 여기에는 두 가지 요소가 있다. 하나는 당신의 잘못이 아닌 사건들을 다룰 수 있는 다양한 방법을 찾기 위해 과거에 필요했던 것이고, 다른 하나는 지금 당신이 다르게 대처하는 데 도움이 되는 것이다.

당신은 외상성 경험의 맥락에서 뇌가 제공하는 복잡하고 상충되는 정서들을 극복하는 방법을 평생 동안 잘 알지 못했습니다. 또한 그것을 바로 잡으려는 절박한 소망으로 인해 자신에게 매우 집중하게 되었고, 일이 잘못되었을 때 스스로를 자책하게 되었습니다. 이 중 어느 것도 당신 잘못이 아닙니다. 그러나 오늘 당신은 뇌가 얼마나 교묘한지를, 그리고 자기비판은 이해할 수 있지만 도움이 되지 않는다는 것을 인식하고 있습니다. 따라서 핵심은 플래시백과 자기비난 사고로 힘들 때 자신을 지지하고 위로를 제공하는 데 필요한 것을 생각하는 것입니다. 당신은 자비의 능력을 개발하기 위해 열심히 노력하고 있습니다. 자비의 능력은 당신이 두려움을 마주하고, 견디고, 해결할 수 있도록 도울 것입니다. 성폭행당한 것은 당신이 원하는 일도 아니었고, 당신이 선택한 삶의 계획도 아니었습니다. 이것은 당신 잘못이 아니며 이 사실에 집중하는 것이 자기비난의 느낌을 다루는 데 도움이 됩니다. 당신에게 일어났던 일을 당할 만큼 당신이 나쁜 사람이 아니라고 스스로에게 상기시키는 것이 도움이 됩니다. 당신은 자비를 지니고 삶을 살기로 했습니다. 취약함을 보이려면 큰 용기가 필요하기 때문에 타인에게 도움을 요청하는 것은 약한 것이 아닙니다. 취약하다고 느낄 때 다른 사람에게 다가갈 수 있다는 것은 큰 힘입니다. 자신을 어떻게 느끼고 싶은지, 그리고 자신에 대해 나쁜 것을 믿고 싶은지 아닌지는 선택할 수 있다는 점을 기억하세요. 다른 사람들은 당신이 아닌 자신의 이익을 위해 당신에게 이름 붙였습니다. 만약 그 사람들이 당신의 이익을 생각하지 않는다면, 그들의 말을 들을 가치가 있을까요? 이것은 당신이 좋은 사람인지 나쁜 사람인지에 대한 것이 아닙니다. 이것은 당신이 어떤 사람이 되고 싶은지에 대한 것이며, 당신이 누구라고 믿기로 선택하는지에 관한 것입니다.

10) 10단계: 고통 없는 미래를 향한 용기와 헌신의 최종 진술

나는 사람들이 미래에 대한 헌신의 마음으로 편지를 끝내라고 격려하곤 한다. 이것은 트라우마를 겪은 후의 삶을 생각할 때 도움이 된다. 미래에 왜 다르게 생각하고 행동해야 하는지를 탐색하는 것도 도움이 된다.

당신은 언제나 자신에 대해 배우고 있습니다. 기억 속에 이러한 감정과 두려움이 여전히 있지만, 자신의 느낌을 더 잘 다룰 수 있는 자기진정 기술을 당신은 사용할 수 있습니다. 당신은 자비로운 사람이 될 수 있는 능력을 기르고 있고, 미래에 어려움이 있을 때 남편이나 친구에게서 위안을 받을 수 있다는 것을 이제 알고 있습니다. 자비로 인해 당신은 참여하고, 인내하며, 자비롭게 앞으로 나아갈 수 있습니다. 당신의 미래 모습은 스스로를 수치스러워하는 레이첼이 될 필요가 없습니다. 왜냐하면 당신은 강하고 안전하며 살아남은 레이첼이 되기로 선택할 수 있기 때문입니다. 남편과 다시 연결되고, 한때 가졌었고 지금은 두 사람 모두 다시 원하는 가까운 관계를 즐기는 미래를 당신은 선택할 수 있습니다. 한 번에 한 단계씩만 실천하세요.

외상성 경험에 관해 자신에게 자비의 편지를 쓰는 10단계를 살펴보았으니, 이제는 당신만의 편지 작성을 시도해 보자. 그 편지는 자비의 내용을 담고 있고, 앞에서 언급한 모든 사항을 포함하도록 하라. 클리닉을 방문하는 사람들이 자비와는 거리가 먼 경험에 대해 편지를 썼기 때문에 이렇게 말하는 것이다. 이것은 자신을 질책하는 편지가 아니다. 우리는 당신이 이미 아주 잘하고 있고, 더 이상 연습할 필요가 없다는 것을 알고 있다. 이것은 자비의 마음을 기르기 위한 편지이며, 동기는 외상성 경험으로 인한 자기비난과 고통을 제거하는 것이다.

11) 11단계: 편지에 자비로운 집중하기

(1) 스스로에게 자비를 베푸는 시각화

길버트 교수는 많은 사람이 다른 사람이나 스스로에게 자비의 편지를 쓸 수 있지만 그것이 사실이라고 느끼지 못하기 때문에 자기가 쓴 자비의 편지를 '듣는 것'이 중요하다고 말했다. 편지와 감정적으로 연결하는 능력을 향상시킬 수 있는 방법을 다음에서 살펴보겠다.

자신에게 자비가 흘러가는 것을 상상함으로써 편지에서 자비를 느낄 수 있다. 이것은 따뜻하고, 친절하며, 무비판적이고, 도움이 되는 방식으로 다른 사람의 보살핌과 지지를 받는 경험을 갖게 할 것이다. 당신으로부터 당신 자신에게 친절과 자비가 흘러가는 것을 상상하면서 시작하라. 준비가 되었다고 느끼면, 자비의 자기를 마음속에 떠올려 보라. 평온함, 지혜, 힘, 따뜻함으로 가득 차 있는 자신을 상상하라. 당신에게 다가와서 당신 주변에 머무는 자비의 흐름을 상상하라. 이제 자신을 위한 진정한 보살핌과 고통에서 벗어나고 싶어 하는 사실에 초점을 맞추라. 곧 편지를 스스로에게 큰 소리로 읽어줄 것이므로 자비의 목소리 톤에 잠시 집중하라. 당신의 목소리가 차분하고, 부드러우며, 진정시킨다고 상상하라. 또한 지혜와 염려의 톤에도 주목하라. 스스로 할 수 있는 만큼 잘 헤쳐 나가고, 잘 대처하기 위해 최선을 다하고 있다는 것을 당신은 알고 있다. 그것이 어떤 느낌인지에 집중하라.

준비가 되면 자신에게 큰 소리로 편지를 읽어 주라. 어떤 사람들은 거울을 보면서 편지를 큰 소리로 읽으면 마치 자기 자신과 대화를 하는 것처럼 느끼기 때문에 도움이 된다고 생각한다. 이렇게 하면 거울에 비친 자신에게 미소를 지을 수 있고, 자신에게 친절과 자비를 제공하는 것이 얼마나 따뜻하게 느껴지는지에도 집중할 수 있다. 이것을 녹음해서, 자기자비가 필요할 때 사용할 수 있다. 자신의 목소리를 녹음하는 것이 불편하다면, 편지를 큰 소리로 읽고 어떤 부분에서 감동을 받았는지, 어떤 부분에서 진정과 이해받는 느낌을 느꼈는지, 어떤 부분이 도움이 되었는지를 살펴보아도 된다. 이런 방식은 자비의 마음을 개발할 때 당신에게 방해가 되는 것이 무엇인지를 아는 데에도 도움이 된다.

클리닉 방문객들과 가끔씩 하는 또 다른 방식은 편지를 내가 그들에게 읽어 주어서 마치 다른 사람의 이야기를 듣는 것처럼 하는 것이다. 이것은 자기 비판 경향성에서 약간의 거리를 제공하기 때문에 자신의 고통에 대한 따뜻함, 보살핌, 슬픔의 느낌을 촉진하는 데 매우 도움이 될 수 있다. 또는 안전하게 느끼고, 당신을 돌본다고 생각되는 사람을 선택할 수도 있다. 그러나 당신의 생각을 타인과 공유하는 것이 안전하지 않고 불안하다면 연습의 목표를 해칠 수 있으므로 이 작업을 하지 말라.

3. 자신을 돌보기

이것은 강력한 연습이어서 당신은 고통과 슬픔을 느낄 수 있다. 치유와 성장을 찾기 위해서는 고통이 있는 곳으로 가야 한다는 것을 알고 있지만, 그렇게 함으로써 지치고 기진맥진하게 될 수 있다. 그러니 당신이 이것을 하고 싶은 이유와 당신의 회복에 전념하고 있다는 것을 자신에게 상기시키라. 이 연습을 끝낸 후에는 자신을 돌보고, 자비로운 행동을 하라.

4. 자비의 편지 쓰기 11단계

다음은 글쓰기에 도움이 되는 편지 쓰기의 핵심 단계들을 요약한 것이다. 글쓰기를 시작하기 전에, 자비의 몸 느낌에 집중한다. 그리고 자비의 심상을 마음속에 떠올리고, 자비의 냄새를 사용하며, 진정시키는 리듬 호흡으로 마음을 느리게 하면서 자비의 마음가짐으로 들어간다. 편지를 쓰는 데 적어도 한 시간 정도의 시간을 할애하고, 작업을 마친 후에는 진정시키거나 주의를 돌릴 수 있는 일을 계획하라.

① 고통을 인지하고 타당화하는 것에서 시작하고, 트라우마와 관련된 고통을 완화시키고자 하는 동기를 스스로에게 상기시키라.

② 자비의 초점을 기억하고, 자비의 생각, 행동, 감정을 스스로에게 상기시키라.

③ 지금은 안전하다는 것을 스스로에게 상기시키고, 심상을 사용하여 '안전'이라는 느낌에 접근하라.

④ 안전하다고 느끼고, 자비의 마음가짐을 지니고 있다면 시작할 준비가 된 것이다.

⑤ 당신의 용기, 회복력, 최근 및 과거에 대처할 수 있었던 당신의 능력을 인식하면서 편지 쓰기를 시작하라.

⑥ 당신이 무엇을 겪었는지, 그리고 당신이 어떻게 해서 위협에 초점을 둔 뇌(당신의 경험으로 인해 형성됨)를 갖게 되었는지를 스스로에게 상기시키라.

⑦ 안전 전략이 당신의 삶과 웰빙에 미친 영향과 누적 효과를 인정하는 데 시간을 할애하라.

⑧ 당신에게 일어난 일이 당신의 잘못이 아니지만 이 사건에서 회복하는 것은 당신의 책임임을 이해하기 위해 당신의 통찰력과 이해를 사용하라.

⑨ 트라우마 기억을 다루는 데 도움이 되는 것이 무엇인지 생각해 보라.

⑩ 당신이 원하는 자비의 삶을 영위하겠다는 용기와 결의를 마지막으로 언급하라.

⑪ 당신의 이야기를 스스로에게 읽어 줌으로써 자비의 느낌을 키우고, 이를 통해 편지를 진실로 만드는 데 시간을 할애하라.

5. 요약

이 장에서는 외상성 경험을 설명하기 위한 자비의 편지 쓰기를 탐색했다. 이것의 목적은 자기비난의 느낌에 자비의 재구성을 가져와서 기억과 관련된 두려움과 수치심을 완화하는 것이다.

제9장과 제10장의 연습을 완료하는 데 시간을 할애함으로써, 외상성 경험을 새롭게 통찰하고, 새로운 의미를 부여할 수 있다. 편지에서 외상성 기억과 당신 자신에게 자비와 관심을 주기 위해 이 새로운 통찰과 의미를 사용할 수 있다.

제12장

자비로 자신의 삶을 살아가기

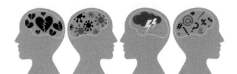

　이제 우리는 책의 마지막 장이자 자비의 마음을 개발하기 위한 여정의 어딘가에 와 있다.

　여러 장을 통해 작업하고, 당신에게 적절해 보이는 연습을 완수하면서, 당신 자신과 당신의 외상성 경험에 대한 느낌에 약간의 변화를 이미 경험했을 수도 있다. 갑자기 모든 것이 제자리에 들어맞거나 이해가 되는 '깨달음'의 순간들을 경험했을지도 모른다. 어떤 사람은 책을 읽고 '무슨 말인지는 알겠는데, 내게는 도저히 사실처럼 느껴지지 않아.'라고 생각할 수도 있다. 이것은 흔한 느낌이고, 자비의 느낌이 발달하기에는 어느 정도의 시간이 걸릴 수도 있다. 자비의 연습을 시도하고 지속하라. 연습을 거듭할수록 자비의 느낌에 다가가는 것이 더 쉬워질 것이다. 당신은 지금 자비의 능력을 기르고 있다는 것을 기억하라. 여러분 중 몇몇은 '이것은 나에게 맞지 않아.'라고 생각할지도 모른다. 그래도 괜찮다. 당신이 어느 단계에 있든 이것이 자기발견의 여정임을 기억하라. 만약 이 아이디어가 도움이 된다고 느껴지면 계속하라. 그리고 아마도 당신은 치료자와 함께 이 아이디어 중 일부를 탐구하는 것을 고려하고 싶어질지도 모른다. 그 누구의 여정도 똑같을 순 없다. 책 전반에 걸쳐 소개되는 다른 사람들의 경험을 읽음으로써 자신의 경험을 이해하는 방법과 외상성 경험을 친절과 자비로 다루는 방법에 대한 통찰과 아이디어를 얻을 수 있을 것이다.

1. 트라우마에 자비롭게 접근하기 위한 핵심적인 열 가지 통찰

당신이 생각한 것과 다르거나 추가적인 내용이 있을 수 있지만, 이 책을 통해 당신이 갖게 된 열 가지 핵심 메시지 혹은 통찰에 대한 요약이 다음에 제시되어 있다. 잠시 시간을 내어 열 가지 요점을 읽은 후 목록에 추가하고 싶은 다른 요점이 있는지 생각해 보라.

① 우리들 대부분은 일생 동안 심각도와 지속 기간이 다양한 외상성 사건에 노출될 것이다. 어떤 사람들은 자신에게 일어난 일을 받아들이기 힘들 것이고, 심지어 PTSD 증상이 생길 수 있다. 또 다른 사람들은 일어난 일에 대해서, 그리고 PTSD에 수반되는 불안, 우울증, 짜증 증상에 대해서 자신을 탓할 것이다. 고통스러운 수치심에 시달릴 수 있고, 외상성 경험과 그 경험에 대한 자신의 반응에 대해 매우 자기비판적일 수도 있다.

② 인간의 뇌는 수백만 년에 걸쳐 진화해 왔지만 현재의 삶을 살기에는 최고의 설계가 아닌 위협에 초점을 둔 뇌라는 사실을 받아들임으로써 외상성 사건에 대한 우리의 반응을 이해할 수 있다! 이 문제에 본질적으로 그렇게 반응하도록 뇌가 설계되어 있다는 것은 우리 잘못이 아니다. 또한 어릴 때의 경험으로 인해 트라우마에 매우 민감할 수도 있다.

③ 트라우마를 겪은 사람들에게 플래시백과 악몽은 흔하고 고통스러운 경험이다. 뇌는 플래시백을 위협으로 여기기 때문에 기억을 두려워하게

된다. 외상성 경험을 지속적으로 '재경험'하는 것은 너무나 고통스럽기 때문에, 플래시백에 노출되지 않기 위해 정교한 회피 전략을 사용할 수 있다. 즉, 자신을 사랑하는 사람들을 피하거나, 자신을 해하거나, 알코올 혹은 약물을 오용할 수 있다. 또는 항상 경계하거나 잠재적 위험을 조심하는 것처럼 느낄 수도 있다.

④ 위협에 대한 우리의 반응(불안, 분노, 혐오, 슬픔의 감정)은 정상적일 뿐만 아니라, 안전을 지키는 것을 최우선시하는 뇌의 임무를 돕는 데 중요하다. 우리는 위협받을 때 특정한 방식으로 행동하는데, 이 또한 우리의 잘못이 아니라 안전 전략의 일부일 뿐이다. 중요한 것은 우리가 위협과 관련된 감정을 조절하거나 진정시킬 수 있다는 것이다.

⑤ 자신을 비판하고 비난하는 것은 스스로를 고통의 악순환에 갇히게 한다. 뇌는 자기비판이 사회적 위협인 것처럼 반응하고, 다른 사람들이 우리를 어떻게 생각할지 두려워한다. 우리는 사회적 뇌를 지녔기 때문에 다른 사람들이 어떻게 생각하는지 신경 쓰는 것이다. 이는 진화에 의해 설계된 결과다. 그러나 자기비판은 플래시백을 훨씬 더 두렵게 느끼게 만든다. 왜냐하면 이 기억의 조각이 그 사건은 우리 잘못이라고 우리에게 전하기 때문이다. 스스로를 탓함으로써 위협 시스템을 더욱더 위협적으로 만들어, 외상을 입은 마음의 '쳇바퀴'에 갇히게 된다.

⑥ 만족 및 진정 시스템에 의해 통제되는 감정을 경험함으로써 위협 기반 정서를 조절할 수 있다. 만족 및 진정 시스템에서 우리는 평화와 고요를 느끼며, 두렵고 힘든 일을 겪는 데 필요한 지원과 격려도 느낀다. 자비는 위협에 민감한 두뇌에 균형을 이루기 때문에 도움이 될 수 있다.

⑦ 우리의 잘못은 아니지만, 우리 중 몇몇은 만족 및 진정 시스템에 접근하여 사용하는 것 혹은 우리가 필요로 하는 내적 지원, 이해, 격려, 타당화를 찾는 것이 어려울 수 있다. 우리는 회피, 자기비판, 수치심에 너무 갇혀 있다. 내적으로 이해하고, 지지하며, 스스로를 안정시키는 법은 자라

면서 애착관계에서 일반적으로 배우는 기술이다. 하지만 이것을 어릴 때 학습하지 못했다면, 몸의 근육에 힘을 키우듯이 자비의 마음에 초점을 두는 것을 훈련하고 연습하면서 이 기술을 배울 수 있다.

⑧ 자비의 마음을 기르는 것은 우리의 마음을 조직화하기 위해서 만족 및 진정 시스템을 사용하는 것이다. 자비를 가진 마음의 동기는 고통과 괴로움을 완화하는 것이고, 이를 이루기 위해 우리는 자신의 추론, 행동, 느낌에 관심을 기울여야 한다. 자비는 부드러운 것만이 아니다. 치유되기 위해서는 고통이 있는 곳으로 가야 하며, 이를 위해서는 역경을 견디는 힘, 불굴의 용기, 담력이 필요하다. 실제로, 진정에 대해서 이야기할 때 무언가를 진정시키는 것이 아니라는 사실을 명심하는 것이 중요하다. 오히려, 진정은 심리적 보수 작업을 할 수 있는 내면의 공간을 만드는 일이다. 자비는 고통에서 벗어나 천사 같은 존재가 되는 것이 아니다. 자비는 도움이 되고 치유되기 위해 우리 삶의 고통 속으로 들어가는 것이다. 자비가 부드럽거나 약하다고 생각하는 사람은 이 개념을 오해한 것이다.

⑨ 우리가 고통과 괴로움을 완화하고 싶을 때, 자비의 마음을 사용해서 외상성 사건을 극복하도록 도울 수 있다. 자비로 삶의 이야기를 이해할 수 있고, 이것은 단지 우리에 대한 하나의 버전일 뿐임을 인식하기 시작할 수 있다. 자기비난을 내려놓음으로써, 자비의 마음을 사용해서 우리 자신의 다른 버전을 발전시키고 트라우마에서 벗어날 수 있다.

⑩ 위협적인 마음가짐을 느낄 때, 잠시 멈추어 자비의 마음으로 바라보면 삶이 더 나아지고 견딜 만해진다는 점을 기억하라.

자비의 마음으로 [워크시트 17]을 채우면서 이 책 전반에 걸친 당신의 개인적 여정에 대해 생각해 볼 수 있는지 살펴보라.

| 워크시트 17 | 자비와 트라우마에 대한 나의 개인적 통찰 |

자비와 트라우마에 대한 나의 개인적 통찰

1.

2.

3.

4.

2. 당신이 알아차린 변화는 무엇인가

이 책에 제시된 연습을 한 뒤 당신 자신에게서 발견한 변화를 생각해 볼 때가 왔다. 아직 큰 변화가 아니라도 괜찮다. 하지만 바닷속에 약간의 물 한 방울이 파문을 일으킬 수 있고, 만약 충분한 추진력이 있다면 잔물결은 파동을 일으킬 수 있다는 것을 기억하라. 따라서 당신이 알아차리기 전에 자비의 변화라는 물결의 꼭대기 위에 올라탄 자신을 발견할지도 모른다! 지금 어떤 단계에 있든지 상관하지 말고, 당신이 과거에 있었던 곳을 돌아보고 현재와의 차이점을 생각해 보라. 그런 다음 [워크시트 18]에 그것을 적어 보라.

워크시트 18 현재 나의 삶에서 달라진 것들

현재 나의 삶에서 달라진 것들

예:

나 자신에 대해 덜 엄격하다.

내 자신이 위협적인 마음가짐에 있을 때 이를 인지하기 시작했다.

플래시백이 덜 두려운 것 같다.

내가 혼자가 아니라는 것을 알게 되어 기쁘다.

---

3. 어떤 연습이 가장 도움이 되었는가

　잠시 이 책에 제시된 연습들을 생각해 보고 당신에게 가장 도움이 된 것이 무엇인지 생각해 보자. 제2부에서는 자비의 기술을 개발하는 것에 중점을 두었음을 기억할 것이다. 마음챙김의 진정시키는 심호흡을 개발하는 방법을 살펴보았고, 그다음 자비의 흐름을 개발하는 것을 목표로 하는 일련의 연습을 마쳤으며, 완벽한 양육자 심상을 개발하면서 마무리했다. 제3부에서는 우리 삶에 대한 자비의 이야기를 작성했고, 그다음 트라우마 기억, 자기비판, 수치심을 다루기 위한 기술을 사용했다.

　어떤 연습이 당신에게 가장 도움이 되었는가? 다음 [워크시트 19]에 당신이 앞으로 계속 사용하고 싶은 연습을 적어 보라.

워크시트 19 도움이 되는 자비 연습

도움이 되었고 앞으로 지속해서 사용할 자비 연습

예:

진정 리듬 호흡, 안전한 공간 상상, 완벽한 양육자 심상, 자비로운 기술 개발

---

4. 새로운 버전의 나

이제 나의 '새로운 버전'에 대해 생각할 시간이다. 당신은 몇 년 동안 당신 자신과 함께 살아왔기 때문에, 당신의 '옛날 버전'을 알고 있다. 그렇다면 '새로운 버전'은 어떤가? 자신이 갖추어야 할 능력을 개발하고, 어린 시절의 경험에서 유래하지 않은 새로운 버전이 될 수 있다. 이 사실을 기억하라. 당신은 이에 대한 선택권이 있으며, 제1부에서 얻은 모든 통찰력과 제2부와 제3부의 모든 연습과 워크시트를 활용하여 더 자비로운 자신의 버전이 되기 위해 어떤 방식으로 헌신하고 싶은지 고려할 수 있다.

이 책을 통해 당신에 대하여 배운 것의 개관과 요약으로 이 연습을 사용하라. 그리고 이것은 자비롭고, 현명하며, 비판단적인 능력을 개발하기 위한 것임을 기억하라.

당신의 자비로운 버전은 어떤 모습일까? 우리 함께 이것에 대해 생각해 보자. [워크시트 20]에 나온 질문들에 답할 수 있는지 확인해 보라.

워크시트 20 **나의 자비로운 버전**

나의 자비로운 버전
만약 내가 나 자신에게 자비롭다면

나 자신에 대해 어떤 생각이 드는가?
예를 들어, 나는 나 자신을 좋아하고 나의 웰빙에 관심이 있다. 내가 할 수 있는 한 나 자신과 타인에게 고통을 덜 주면서 삶을 헤쳐 나가기 위해 최선을 다하고 있음을 나는 알고 있다.

나는 다른 사람들에 대해 어떻게 생각하는가?
예를 들어, 삶은 힘들고 우리 모두는 복잡한 뇌를 지니고 있기 때문에 고군분투하고 있다. 다른 사람들도 그들의 삶을 살아내기 위해 할 수 있는 일을 하고 있다. 아마 나도 그들에게 자비를 베풀 수 있을 것이다.

내가 힘들 때 나는 스스로에게 어떻게 행동해야 할까?
예를 들어, 나는 자비의 마음으로 나의 고통을 없애는 데 도움이 되는 방식으로 행동한다. 따라서 나는 친절하고 이해심이 있으며, 아마도 친구와 함께 이야기할 수도 있다.

나는 전반적으로 내 삶에서 어떻게 행동해야 할까?
예를 들어, 나는 내가 누구인지, 나의 희망과 공포에 대해 마음챙김하려고 노력한다. 나 자신과 타인을 돌봄과 친절로 대하려고 노력한다. 지지적이고 나에게 가장 이익이 되는 방식으로 행동하려고 노력할 것이다.

삶에서 나는 무엇을 가질 수 있는가?

예를 들어, 지지해 주는 좋은 친구들, 정말로 즐기는 사회생활과 일

미래에 내가 원하는 것은 무엇인가?

예를 들어, 만족감, 자비심, 고통이 없는 삶을 누릴 자격이 있다는 지속적인 믿음

---

5. 자신에 대한 자비로운 헌신

앞의 연습에서 볼 수 있듯이 우리는 아직은 가지고 있지 않지만 가지고 싶어 하는 이라는 의미를 가진 '할 것이다(would)'라는 단어를 많이 사용했다. 만약 무언가가 달라지기를 '원한다면', '나는 할 것이다.'가 '나는 −이다.'로 바뀔 수 있는 가능성은 충분하다. 자신에 대한 이 버전을 위해 작업하기 위해서는 자비로운 헌신이 필요하고, 그것이 우리가 원하는 것이라면 최선을 다해 노력할 수 있다. 우리가 스스로에게 요구할 수 있는 것은 그게 전부다. 그러나 이 여정은 힘들고 고통스러울 수 있다는 것을 이미 알고 있기 때문에, 자신과 타인으로부터 모을 수 있는 모든 도움과 지지가 필요할 것이다.

6. 자비의 구급상자

많은 사람이 유용하다고 생각하는 것은 자비의 구급상자를 구성하는 것이다. 그것은 우리가 자비의 자기와 관련된 만족감과 위로의 느낌에 접근하기 위해 필요한 것을 스스로에게 상기시킨다. 다음은 사람들이 자신의 구급상

자에 넣고자 하는 인기 품목들이다.

- 자비의 냄새. 예를 들면, 작은 향수 병 혹은 향기 나는 천
- 자비의 물건. 예를 들면, 돌이나 조개껍데기
- 완벽한 양육자의 그림
- 당신이 가장 좋아하는 색깔의 물건
- 나의 새로운 자비의 버전 연습 용지
- 사랑하는 사람이 웃고 있는 사진
- 중요한 편지
- 내 삶에 대한 자비로운 이야기
- 나에게 쓴 자비의 편지

구급상자에 넣을 수 있는 것이 무엇일지를 생각할 때 이 리스트가 도움이 되기를 바란다. 당신이 원하는 것을 떠올릴 수 있도록 [워크시트 21]을 작성해 보라. 그다음 그것들을 한데 모아 자비의 마음이 어떤 느낌인지 생각해 보는 시간을 가지라.

워크시트 21 나의 자비의 구급상자

나의 자비의 구급상자

7. 기대

이 접근이 당신 자신 및 당신의 외상성 경험과의 관계를 자비롭게 변화시킬 수 있기를 바란다. 나는 이것이 당신이 원하는 버전의 당신 자신이 될 수 있도록 당신이 원하는 삶을 자유롭게 살 수 있게 해 주기를 바란다.

이 책의 아이디어가 힘들기는 하지만 변화를 원한다면, 전문가의 도움을 구하는 것에 대해 생각해 보기 바란다. 트라우마 치료의 경험이 많고 당신이 회복할 수 있도록 지원하고 안내할 수 있는 치료자는 많이 있다.

또한 당신이 자신에 대해 좀 더 자비로울 수 있고, 외상성 경험을 다루는 데 도움이 되는 많은 자원이 있다. 일부가 부록에 제시되어 있다.

당신의 행운을 비는 메모를 남긴다.

잘 지내길 바랍니다.
고통에서 벗어나길 바랍니다.
행복하길 바랍니다.
스스로를 좀 더 자비롭게 대하기를 바랍니다.

유용한 자원

```
┌ ─ ─ ─ ─ ─ ┐
   책
└ ─ ─ ─ ─ ─ ┘
```

외상후 스트레스 장애

Claudia Herbert and Ann Wetmore, *Overcoming Traumatic Stress: A Self-help Guide Using Cognitive Behavioural Techniques*. Constable & Robinson, 2008.

Babette Rothschild, *8 Keys to Safe Trauma Recovery: Take-charge Strategies to Empower Your Healing*. W. W. Norton & Co, 2010.

자비

Paul Gilbert, *The Compassionate Mind*. London: Constable & Robinson, 2009; Oakland: New Harbinger, 2010.

우울

Paul Gilbert, *Overcoming Depression: A Self-help Guide Using Cognitive Behavioral Techniques*. 3rd edn. Constable & Robinson, 2009.

낮은 자아존중감과 자기비판

Melanie Fennell, *Overcoming Low Self-Esteem: A Self-help Guide Using Cognitive Behavioural Techniques*. Constable & Robinson, 2009.

Paul Gilbert, *The Compassionate Mind*. London: Constable & Robinson, 2009;
Oakland: New Harbinger, 2010.

지원 그룹

다음은 도움이 될 수 있는 지지 그룹이나 돌봄단체다.

The Samaritans (Tel: 08457 90 90 90; www.samaritans.org.uk). 이들은 위기 상황에
처한 모든 사람을 위해 전화로 24시간 지원을 제공한다.

Cruse (Tel: 0870 167 1677; www.crusebereavementcare.org.uk). 이들은 사별한 사
람들을 위해 영국 전역에서 상담, 조언 및 지원을 제공한다.

National Center for PTSD: www.ptsd.va.gov 이곳은 참전 군인들을 위한 다양한 유
용한 자원을 제공한다.

Veteran Crisis Line: www.veteranscrisisline.net 이곳은 참전 군인들에게 즉각적인 도움
을 주는 위기 전화 서비스를 제공한다.

International Society of Traumatic Stress Studies: www.istss.org 국제 외상 스트레스
연구 학회(ISTSS)는 많은 유용한 자료와 링크를 제공한다.

International Society of Traumatic Stress Studies:

www.istss.org/UsefulLinksAndResources/3607.htm

National Child Traumatic Stress Network: www.nctsnet.org 이곳은 아이들을 위한
많은 유용한 자료와 링크가 있다.

National Institute of Mental Health: www.nimh.nih.gov 미국 국립정신건강연구소
(NIMH)는 대중을 위한 자원을 제공한다.

참고문헌

제1장 외상성 인생 사건에 대한 우리의 반응 이해하기

American Diagnostical & Statistical Manual of Mental Disorders, DSM IV-R (2000), Washington, Dc: APA.

제2장 외상성 사건으로 인한 반응 이해하기: 뇌, 동기, 그리고 정서

A cognitive neuroscience account of PTSD and its treatment: C. Brewin, *Behaviour Research and Therapy*, 39, 373-393.

The Emotional Brain: The Mysterious Underpinnings of Emotional Life, Joseph LeDoux. (London: Weidenfeld and Nicolson, 1998).

제3장 트라우마 기억의 이해: 플래시백, 악몽, 침습적 사고

A cognitive model of post-traumatic stress disorder: A. Ehlers and D. M. Clark, *Behaviour Research and Therapy*, 38: 4, 2000, 319-45.

The role of self-attack and self-soothing in the maintenance of shame-based PTSD: R. Harman, D. A. Lee, and C. Barker,. *Clinical Psychology & Psychotherapy*, 17, 2010, 13-24.

제4장 외상성 사건으로 인한 수치심과 자기비난의 이해

Human nature and suffering, P. Gilbert (Psychology Press, 1989).

What is shame? Some core issues and controversies: P. Gilbert. *Shame: Interpersonal Behaviour, Psychopathology, and Culture* (New York: Oxford University Press, 1998), p. 3-38.

제5장 자비의 필요성 이해

Attachment: Attachment and Loss, Vol. 1, J. Bowlby (London: Hogarth Press, 1969).

Why Love Matters: How Affection Shapes a Baby's Brain, S. Gerhardt (Brunner-Routledge, Hove, 2004).

제6장 자비를 위한 마음의 준비: 자비의 속성

The Compassionate Mind, P. Gilbert (London: Constable Robinson, 2009; New York: New Harbinger, 2010).

제7장 자비를 위한 마음 준비: 기술 개발의 시작

Compassionate mind training for people with high shame and self-criticism: overview and pilot study of a group therapy approach: P. Gilbert and S. Proctor, self-criticism, *Clinical Psychology and Psychotherapy*, 13, 2006, 353-79.

Clinical management of chronic nightmares: imagery rehearsal therapy: B. Krakow and A. Zadra, *Behavioural Sleep Medicine*, 4: 1, 2006, 45-70.

The Perfect Nurturer: A model to develop compassion within cognitive therapy: D. A. Lee, *Compassion and psychotherapy: Theory, Research and Practice* (London: Routledge, 2005).

제8장 자비의 느낌에 접근할 수 있는 기술 개발

Cognitive Restructuring Within Re-living: a Treatment for Peritraumatic Emotional 'Hotspots' in Post-traumatic Stress Disorder: N. Grey, K. Young and E. Holmes, *Behavioural and Cognitive Psychotherapy*, 30: 1, 2002, 37-56.

Cognitive therapy for post-traumatic stress disorder: development and evaluation: A. Ehlers, D. M. Clark, F. McManus, M. Fennell, *Behaviour Research and*

Therapy, 43: 4, 2005, 413-31.

제9장 자비를 활용하여 삶의 이야기 이해하기

Cognitive Restructuring Within Re-living: a Treatment for Peritraumatic Emotional 'Hotspots' in Post-traumatic Stress Disorder: N. Grey, K. Young and E. Holmes, *Behavioural and Cognitive Psychotherapy*, 30: 1, 2002, 37-56.

Overcoming Childhood Trauma, H. Kennerley, H. (London: Constable Robinson, 2000)

The Perfect Nurturer: A model to develop compassion within cognitive therapy: D. A. Lee. *Compassion and psychotherapy: Theory, Research and Practice*. (London: Routledge, 2005).

'I'll believe it when I can see it': Imagery rescripting of intrusive sensory memories in depression: Wheatley et al, *Journal of Behavior Therapy and Experimental Psychiatry*, 38: 4, 2007, 371-85.

제10장 자비의 마음을 활용하여 수치심으로 가득 찬 플래시백 해결하기

Compassion Focused Cognitive Therapy For Shame-based Trauma Memories and Flashbacks in PTSD: D. A. Lee, *A Casebook of Cognitive Therapy for Traumatic Stress Reactions* (London: Brunner-Routledge, 2009), ch. 15.

찾아보기

인명

Goss, K. 165

내용

PTSD 92, 318

내적 수치심 105

ㄱ

공감 167
구뇌 52
그라운딩 239

ㄷ

ㅁ

마음챙김 184
마음챙김 주의집중 184, 187, 190
마음챙김 호흡 187

ㄴ

저자 소개

드보라 리(Deborah Lee)

전문 임상심리학자이며 버크셔 트라우마 스트레스 센터(Berkshire Traumatic Stress Service)의 소장이다. 런던 대학교 임상심리학과의 명예 선임 강사다. 17년간 성인 트라우마 분야의 전문가로 활동하고 있다.

역자 소개

김선경(Kim, Sunkyung)
서울대학교 대학원 교육학과 교육상담전공 박사
전 차의과학대학교 임상상담심리대학원 부교수
　　용문(현. 서울)상담심리대학원대학교 조교수
　　미국 앨라배마 대학교 외래교수
　　삼성전자 기흥사업장 여성상담소 소장
현 한국트라우마연구교육원 부원장
　　심리상담연구소 마음on마음 소장

〈주요 저·역서〉
초보자를 위한 학교상담 가이드: 사례 선정에서 종결까지(공저, 학지사, 2018)
심리치료 대토론: 마음의 치유는 어디에서 비롯되는가?(공역, 박영스토리, 2022)
가족의 무서운 진실: 어린 시절의 상처를 치유하고, 신뢰·건강한 경계·자존감을
　확립하는 방법(공역, 박영스토리, 2019)
직장인의 웰빙을 위한 기업상담의 통합적 접근(공역, 학지사, 2019)

강미숙(Kang, Misook)
차의과학대학교 일반대학원 의학과 임상상담심리전공 박사
전 연세대학교 미래캠퍼스 상담코칭센터 객원상담원
　　차심리상담센터 상담사
현 다움심리상담센터 수석연구원
　　금천구 청소년상담복지센터 객원상담사

왕선아(Wang, Sunah)

차의과학대학교 일반대학원 의학과 임상상담심리전공 박사수료

전 성북구 다문화건강가정지원센터 전문상담사

　　차심리상담센터 상담사

현 까리따스 가정폭력상담센터 전문상담사

이윤희(Lee, Yuni)

차의과학대학교 일반대학원 의학과 임상상담심리전공 박사수료

전 LG Display 트윈마음사랑상담실 전문상담사

현 Genpact Japan 객원상담사

조미나(Joh, Mina)

차의과학대학교 일반대학원 의학과 임상상담심리전공 박사수료

전 한국기술교육대학교 학생생활상담센터 객원상담사

　　차심리상담센터 상담사

현 파주고용센터 심리안정프로그램 심리상담사

트라우마 회복을 위한 자비의 마음 접근:
자비중심치료의 적용

The Compassionate Mind Approach to Recovering from Trauma:
Using Compassion Focused Therapy

2023년 9월 10일 1판 1쇄 인쇄
2023년 9월 15일 1판 1쇄 발행

지은이 • Deborah Lee
옮긴이 • 김선경 · 강미숙 · 왕선아 · 이윤희 · 조미나
펴낸이 • 김진환
펴낸곳 • ㈜ **학지사**

　　　　　04031 서울특별시 마포구 양화로 15길 20 마인드월드빌딩
대표전화 • 02-330-5114　　팩스 • 02-324-2345
등록번호 • 제313-2006-000265호

홈페이지 • http://www.hakjisa.co.kr
인스타그램 • https://www.instagram.com/hakjisabook

ISBN 978-89-997-2938-6 93180

정가 20,000원

출판미디어기업 **학지사**

간호보건의학출판 **학지사메디컬** www.hakjisamd.co.kr
심리검사연구소 **인싸이트** www.inpsyt.co.kr
학술논문서비스 **뉴논문** www.newnonmun.com
교육연수원 **카운피아** www.counpia.com